Globales Lernen im digitalen Zeitalter

AF280330

Waxmann Verlag GmbH
Steinfurter Straße 555, 48159 Münster
info@waxmann.com

Erziehungswissenschaft und Weltgesellschaft

herausgegeben von

Gregor Lang-Wojtasik (Weingarten)
Barbara Asbrand (Frankfurt)
Helmuth Hartmeyer (Wien)

Band 11

Nina Brendel, Gabriele Schrüfer,
Ingrid Schwarz (Hrsg.)

Globales Lernen
im digitalen Zeitalter

Waxmann 2018
Münster • New York

Bibliografische Informationen der Deutschen Nationalbibliothek

Die Deutsche Nationalbibliothek verzeichnet diese Publikation in der Deutschen Nationalbibliografie; detaillierte bibliografische Daten sind im Internet über http://dnb.d-nb.de abrufbar

Erziehungswissenschaft und Weltgesellschaft, Bd. 11

ISSN 1867-5891
Print-ISBN 978-3-8309-3900-9
E-Book-ISBN 978-3-8309-8900-4

© Waxmann Verlag GmbH, 2018

www.waxmann.com
info@waxmann.com

Umschlaggestaltung: Pleßmann Design, Ascheberg
Umschlagabbildung: © Ravil Sayfullin – Fotolia.com
Satz: Daniel Kuhmann
Lektorat: Gisa Ebener
Korrekturen: Eva Kuhlmeier und Frederike Bergner

Gedruckt auf alterungsbeständigem Papier, säurefrei gemäß ISO 9706

Printed in Germany

Vorwort

Die globalisierte Lebenswelt der gesamten Gesellschaft bildet sich in schulischen und außerschulischen Lernorten ab. Digitale Medien und virtuelle Lernumgebungen verändern fachdidaktische Zugänge, Inhalte und Methoden. Strategien zur „Bildung in der digitalen Welt" und der „Digitalen Grundbildung" werden derzeit in Deutschland und in Österreich im Kontext von Orientierungsrahmen, Lehrplänen und Unterrichtsfächern bildungspolitisch diskutiert.

Wie wird „gestaltbare" Globalisierung in sozialen Netzwerken erfahrbar und wie können partizipative Bildungsprozesse in Schulen, Hochschulen, in der außerschulischen Bildungsarbeit und für Lebenslanges Lernen entwickelt werden? Können digitale Reflexionsmedien beim Globalen Lernen, bei Bildung für Nachhaltige Entwicklung und bei Global Citizenship Education besonders unterstützend wirken?

Diesen Fragen wird im vorliegenden Sammelband mit vielfältigen Beiträgen zur Theorie und Praxis von Globalem Lernen und Digitalisierung nachgegangen.

Zum theoretisch-konzeptionellen Rahmen haben Gabriele Schrüfer und Nina Brendel im Aufsatz „Globales Lernen im digitalen Zeitalter" eine grundlegende Verknüpfung von Kompetenzen des Globalen Lernens und der Bildung für Nachhaltige Entwicklung mit der Strategie „Bildung in der digitalen Welt" vorgelegt.

René Danz und Stephanie Widholm diskutieren aus der Sicht der Zivilgesellschaft die Arbeit am Orientierungsrahmen für den Lernbereich „Globale Entwicklung" in der Schule, wo auch die Nutzung digitaler Medien und mediale Lebenswelten ausformuliert wurden.

Lisa Rosa widmet sich in ihrem Beitrag „Mobil in die Lernepoche. Das Ganze verstehen, um im Einzelnen erfolgreich zu handeln" dem Diskurs zur spezifischen Form des Lernens im Zeitalter der Digitalisierung. Sie geht der Frage nach, welche transformativen Möglichkeiten digitale (mobile) Endgeräte für die aktive Aneignung von Lerninhalten bieten.

Nina Brendel und Gabriele Schrüfer stellen weiters eine Studie vor, die sich mit Weblogs als Reflexionsmedium im Globalen Lernen beschäftigt. Studierende für das Lehramt Geographie haben in zwei Seminaren zum Globalen Lernen über ihr Lernen in Weblogs reflektiert. Die Kompetenzförderung durch Bloggen wird theoretisch und konzeptionell diskutiert und bietet konkrete Praxisbeispiele für die Hochschullehre.

Johanna Mäsgen stellt mit ihrem Beitrag einen Ansatz vor, in dem mit „schreibendem Handeln", d.h. ein Produzieren von kommunikativen Texten als ein Handeln im Unterricht, in eine Interaktion mit der (Welt-) Öffentlichkeit eingetreten werden kann.

Ingrid Schwarz, Jana Teynor und Matthias Haberl stellen in ihrem Beitrag „Globales Lernen 2.0: Digitale Lern- und Lehrumgebungen in der Praxis" konkrete Beispiele von Online-Tools, Learning-Apps und Webinaren vor. Global Citizenship und Empowerment sollen in einem offenen Austausch von Lehrenden und Lernenden weiterentwickelt werden.

Detlef Kanwischer, Uwe Schulze und Teresa Segbers präsentieren in ihrem Beitrag ein konkretes Beispiel aus der Hochschuldidaktik. In ihrem Artikel „Globales Lernen in der geographischen Lehrerinnen- und Lehrerbildung durch Service Learning: Ein Fallbeispiel im Kontext digitaler Geomedien und räumlicher Sozialisation" wird die Neukonzeption und Einbindung von digitalen Geomedien in das Projektmodul „Räumliche Sozialisation und Schule" in der Ausbildung vorgestellt.

Ein weiterer Beitrag zur Hochschulausbildung von Lehrerinnen und Lehrern kommt von Anne-Kathrin Lindau, Martin Lindner, Stefan Claus, Christina Schnorr und Silvia Vetter. In ihrem Beitrag „The Bittersweet Journey of Chocolate – eine virtuelle Exkursion als Beitrag zum Globalen Lernen 2.0 in der universitären Lehrerinnen- und Lehrerbildung" begeben sie sich auf die virtuelle Exkursion „The Bittersweet Journey of Chocolate", die im Rahmen eines geographiedidaktischen Seminars von Lehramtsstudierenden entwickelt worden ist.

Der Artikel von Anna Chatel und Gregor Falk „Globales Lernen mobil" beschäftigt sich mit konkreten Beispielen aus der universitären Praxis, wo die Smartphone-Nutzung bei der sozialräumlichen Spurensuche eingesetzt wird, sowie mit einer Projektbeschreibung von der eigenen App-Erstellung von Studierenden für die wissenschaftliche Projektarbeit. Alle vorliegenden Beiträge verfolgen das Ziel, die Perspektiven des kompetenzorientierten Unterrichts in Geographie und Wirtschaftskunde zu erweitern. Neue Umsetzungsideen und Reflexionsebenen zu Digitalität, Globale Verantwortung und Nachhaltigkeit sollen Lern- und Lehrprozesse bereichern und inspirieren.

Gabriele Schrüfer, Nina Brendel, Ingrid Schwarz
Herausgeberinnen

Inhalt

Gabriele Schrüfer, Nina Brendel

Globales Lernen im digitalen Zeitalter

Abstract

Sowohl Globales Lernen/BNE als auch der Einsatz digitaler Medien sind inzwischen politisch gefordert, wenn auch nicht überall gleichermaßen akzeptiert, und sollen mittelfristig als fester Bestandteil in allen Unterrichtsfächern verankert werden. Gerade der Einsatz digitaler Medien im Unterricht wird durchaus sehr emotional diskutiert. Im Zentrum der Diskussion um Chancen und Risiken steht oft der sogenannte „Mehrwert", ohne den ein Einsatz im Unterricht nicht sinnvoll erscheint.

Sowohl dem Globalen Lernen als auch dem Einsatz digitaler Medien liegt ein konstruktivistisches Lernverständnis zugrunde, und entsprechende Kompetenzen, die notwendigerweise erworben werden sollen, überschneiden sich teilweise. Diese gemeinsamen Grundlagen können dazu beitragen, dass sich die Kompetenzentwicklung gegenseitig befruchtet. Anhand von Beispielen zeigt der Beitrag auf, inwiefern Globales Lernen/BNE und der Einsatz digitaler Medien ineinandergreifen.

1. Bedeutung digitaler Medien und deren Nutzung für den Unterricht

Die Nutzung des Internets wird sehr kontrovers diskutiert. Dies gilt sowohl für die Nutzung durch Kinder und Jugendliche im Allgemeinen, vor allem aber im Speziellen für die Nutzung für Lehr- und Lernprozesse in institutionellen Bildungseinrichtungen. Während auf der einen Seite vielfältige Chancen gerade im Hinblick auf die Zukunftsfähigkeit von Schülerinnen und Schülern und die Potenziale neuer, digital unterstützter, Lehr- und Lernprozesse im Zusammenhang mit individueller Förderung betont werden, wird auf der anderen Seite vor mannigfaltigen Gefahren gewarnt, die vor allem das Ablenkungspotenzial, eine Unkontrollierbarkeit sowie körperliche und geistige Folgen im Fokus haben (Schaumburg, 2015). Inzwischen wird die Notwendigkeit eines kompetenten Umgangs mit dem Web 2.0 von weiten Teilen der Politik und der Gesellschaft akzeptiert. Der Schule wird daher der Bildungsauftrag zugeschrieben, in möglichst allen Fächern entsprechend Medienkompetenz zu fördern (Kultusministerkonferenz [KMK], 2017). Die notwendigen Rahmenbedingungen hierfür sollen finanziell und infrastrukturell durch den DigitalPakt geschaffen werden, wobei jedoch das Primat der pädagogisch-didaktischen Konzepte gilt, die von Seiten der didaktischen und bildungswissenschaftlichen Forschung und Lehrerbildung entwickelt werden müssen (Bundesministeriums für Bildung und Forschung [BMBF] & KMK, 2017). Die Kultusministerkonferenz (KMK) sieht in der Digitalisierung eine der wichtigsten Herausforderungen unserer Zeit und zeigt in ihrer Strategie „Bildung in der digitalen Welt" (KMK, 2016) Kompetenzen auf, die benötigt werden, um künftigen Anforderungen der digitalen Welt zu genügen. Medienkompetenz ist inzwischen zu einer wichtigen Kulturtechnik neben Lesen, Rechnen und Schreiben geworden (ebd.).

Vielfach wird gerade im Bildungskontext nach dem Mehrwert digitaler Medien gesucht, der sowohl in der Verbesserung der Schüler- und Schülerinnenleistung als auch der Unterrichtsqualität liegt (Schulz-Zander, 2005, S. 125). So wurde beispielsweise in einer Metastudie untersucht, „inwiefern digitale Unterrichtsmedien die kognitive Belastung von Schülerinnen und Schülern beim Lernen beeinflussen und wie damit erfolgreiche Lernprozesse gefördert werden können." (Hillmayr, Reinhold, Ziernwald, & Reiss, 2017, S. 6). In dieser Studie, die 79 Einzeluntersuchungen aus den Fächern Mathematik, Physik, Biologie und Chemie berücksichtigt, wird insgesamt ein positiver Effekt hinsichtlich der Motivation und des Lernerfolgs festgestellt. Dies wird jedoch dadurch eingeschränkt, dass auf verschiedene Faktoren hingewiesen wird, die zum Mehrwert im Sinne des Lernerfolgs beitragen: Zusätzlich zu den digitalen Medien soll traditionelles Material verwendet werden, digitale Medien sollten nicht auf Dauer eingesetzt werden, sondern nur kurzfristig, und Lehrkräfte sollten für den Einsatz digitaler Medien geschult sein. Darüber hinaus weist die Studie beim Einsatz von digitalen Medien in kooperativen Lernformen einen positiveren Effekt aus als in Einzelarbeit. Als bedeutsam wird auch herausgestellt, dass Schülerinnen und Schüler von den Lehrkräften Unterstützung erhalten müssen. Lehrkräfte sollten daher moderierend, strukturierend, unterstützend und begleitend in das Unterrichtsgeschehen involviert sein (Hillmayr et al., 2017,).

Mit dem Fokus auf dem Mehrwert des Internets, der gerade in der Diskussion im Zusammenhang mit dem Einsatz digitaler Medien im Bildungsbereich auffällt, wird das Internet lediglich als ein weiteres (neues) Medium oder Werkzeug wahrgenommen, das ergänzend im Unterricht eingesetzt werden kann, und eben nur dann eingesetzt werden sollte, wenn ein deutlicher Mehrwert gegenüber den traditionellen Medien zu erkennen ist. Rosa (2012) kritisiert diese Perspektive und

argumentiert, „dass sie additive Denkmodelle sind, die neue Kulturer-
scheinungen phänomenologisch zu bereits bestehenden hinzuzählen. In
diesem Verständnis bleibt die Kultur dieselbe wie vorher und wird nur
ergänzt ..." (Rosa, 2012, S. 7). Es sei aber vielmehr davon auszugehen,
dass die Digitalität, die als Beginn einer neuen Kulturepoche gesehen
werden kann, traditionelle Medien transformiere, ebenso wie der Buchdruck die gesellschaftliche Bedeutung der Schrift verändert hat. „Wichtig ist die ... Vorstellung eines Epochenwandels infolge eines Leitmedienwechsels, der die gesamte Gesellschaft bzw. Kultur erfasst und weder
optional noch reversibel ist" (Rosa, 2012, S. 8). Vielmehr wird sich die
Art und Weise des Lernens ändern, „situiertes, informelles, non-forma-
les, immersives Lernen und Lernen nach Bedarf" wird in den Vordergrund treten (Rosa, 2012, S. 10). Digitale Medien werden aus dieser Perspektive als Informations- und Kommunikationsmöglichkeiten verstanden, die Gesellschaft machen und verändern (Rosa, 2017). Es geht also
nicht darum, zu überlegen, ob und unter welchen Bedingungen das Internet bzw. die damit verbundenen digitalen Medien im Unterricht Verwendung finden sollten, um einen Mehrwert zu bieten. Dies würde voraussetzen, dass das neue Medium lediglich zur Optimierung der traditionellen Unterrichtspraxis dienen würde. Mit der Digitalisierung kann jedoch
eine Veränderung der Lernkultur einhergehen. Rosa (2014) betont, dass
es folglich eher darum gehen sollte, die Andersartigkeit der neuen Technologie zu untersuchen, und schlägt deshalb den Begriff des „Anders-
werts" vor. Forschungsfragen sollten entsprechend darauf gerichtet sein,
welche neuen Probleme, Ziele und Lösungen sich identifizieren lassen.
Dieses Lernverständnis basiert auf konstruktivistischen Lernkonzep-
ten und weniger auf instruktionalen Anteilen (Mandl, Reinmann-Rothmeier, G., & Gräset, C., 1989; Rosa, 2012, 2017). Konstruktivistische
Lernumgebungen betonen die aktive Konstruktion des eigenen Wissens
durch die oder den Lernenden. Lernen findet kooperativ und kollaborativ sowie selbstreguliert statt (Loyens & Gijbels, 2008). Lernsituationen
sollen authentisch sein, dabei durchaus komplex und vielschichtig. Die
Lehrperson ändert ihre Rolle vom Wissensvermittler zum Lernbegleiter
(Schulz-Zander, 2005; Rosa, 2012, 2017). In Tabelle 1 werden grundlegende Unterschiede zwischen „traditionellem" Lernen und Denken und
Lernen und Denken im digitalen Zeitalter beschrieben. Durch die Digitalisierung wird Denken systemischer, multiperspektivischer, perso-
nalisierter und findet im ständigen Austausch statt. Lernende können

eigenverantwortlicher Gegenstände des Lernens selbst bestimmen, Lernen findet kooperativ, ortsungebunden und individuell statt.

Tabelle 1: Denken und Lernen im Industriezeitalter und in der digitalen Kultur (Rosa, 2017).

Denken im Industriezeitalter	Lernen im Industriezeitalter	Denken im digitalen Zeitalter	Lernen im digitalen Zeitalter
linear: in Kausalketten	lehrerzentriert, „Einer an Alle", „Musik von vorne", Belehrung, Lehrgang, Instruktion	netzförmig; multikausal; interaktiv	lernerzentriert; „Alle an Alle"; forschendes Lernen; Projekt-lernen
zweiwertig: dichotomisch entweder/oder	richtig oder falsch; Frage: „ob"	drei- oder mehr-wertig; „sowohl als auch" und „weder noch"; (Denkmodelle: „Dialektik; „Emergenz")	ambivalenz-tolerant; Frage: „inwiefern"
„objektiv"	Material wird vor-gegeben; „richtige" Problemlösungen und Deutungen; Ergebnisse liegen von vornherein fest.	personalisiert; intersubjektiv; multi-perspekti-visch	Lerngegenstände werden individualisiert zugänglich; Deutungen werden ausgehandelt; Ergebnisoffenheit
im stillen Käm-merlein; „der einsame Gelehrte"	„auf dem Hosenboden sitzend"; an besonderen Lernorten; zu besonderen Lernzeiten	im ständigen Austausch	Persönliche Lernnetz-werke; Praxisgemeinschaf-ten; Projektgruppen; überall und immer
allgemeingültige Bedeutung	Lehrer bestimmt den Gegenstand des Lernens und die Lernziele; er stellt die konkreten Aufgaben für die Aneignung der objektiven Bedeu-tung	persönliche Sinn-bildung	Lernende bestim-men Gegenstände des Lernens und die Lernziele selbst und stellen sich eigene Aufgaben für ihre persön-liche Sinnbildung

Auch in der Strategie der Kultusministerkonferenz zur Bildung in der digitalen Welt (KMK, 2017) wird nicht nur eine neue Lernkultur gefordert, sondern explizit darauf verwiesen, dass die Digitalisierung unserer Welt als Chance für den gesamten Bildungsbereich gesehen wird, da sie „dazu beitragen kann, formale Bildungsprozesse – das Lehren und Lernen – so zu verändern, dass Talente und Potenziale individuell gefördert werden" (KMK, 2017, S. 3). Dies beinhalte allerdings auch die Herausforderung, dass „bisher praktizierte Lehr- und Lernformen sowie die Struktur von Lernumgebungen überdacht und neu gestaltet [...] werden müssen" (KMK, 2017, S. 3). Explizit werden „die Stärkung der Selbständigkeit" (KMK, 2017, S. 4), „die lernbegleitende Funktion der Lehrkräfte" sowie „individualisierte Lernarrangements" (KMK, 2017, S. 8) gefordert. Schülerinnen und Schülern soll „mehr Verantwortung für die Gestaltung des eigenen Lernens" übertragen werden, sie sollen sich „im Team organisieren", „gemeinsam Lösungen entwickeln" und „selbständig Hilfen heranziehen" (KMK, 2017, S. 8). Mit diesen Forderungen wird ebenso unterstrichen, dass Bildung mit digitalen Medien eine konstruktivistisch orientierte Lernumgebung nicht nur fordert, sondern auch fördert. Es zeichnet sich also ab, dass der Einsatz digitaler Medien im Unterricht trotz vielfältiger Herausforderungen mittelfristig Realität in unseren Schulen sein wird. Gleichzeitig soll dadurch dazu beigetragen werden, einen Wechsel der Lernkultur hin zu einem konstruktivistisch orientierten Lernverständnis zu vollziehen.

2. Globales Lernen/Lernbereich Globale Entwicklung

Einhergehend mit den Herausforderungen durch die Digitalisierung bzw. den neuen Kommunikationsinfrastrukturen sieht sich die Menschheit mit vielfältigen Herausforderungen wie etwa Umweltveränderungen, Verknappung natürlicher Ressourcen, Armut, Menschenrechtsverletzungen und Risiken einer vernetzten Weltwirtschaft konfrontiert (Wissenschaftlicher Beirat der Bundesregierung Globale Umweltveränderungen [WGBU], 2017). Nationale und internationale Beschlüsse messen einer transformativen Bildung mit dem Leitbild einer nachhaltigen Entwicklung immer mehr Gewicht bei (United Nations Educational, Scientific and Cultural Organization [UNESCO], 2014). Bildung für nachhaltige Entwicklung bzw. Globales Lernen sollen fester Bestandteil aller Fächer und aller Schularten sein (KMK & BMZ, 2016). Zentrales Leitziel dieses teilweise als normativ diskutierten Konzepts ist es, „die Menschen zu zukunftsfähigem Denken und Handeln [zu befähigen]. Sie ermöglicht es jedem Einzelnen, die Auswirkungen des eigenen Handelns auf die Welt zu verstehen und verantwortungsvolle Entscheidungen zu treffen" (bne-poertal.de). Bis 2030 soll sichergestellt werden, dass „alle Lernenden die notwendigen Kenntnisse und Qualifikationen zur Förderung nachhaltiger Entwicklung erwerben" (United Nations [UN], 2015, S. 19). Die UNESCO definiert dabei konkreter, welche Kompetenzen dabei als grundlegend gesehen werden:

Wissen erwerben: weitgehend selbstorganisiert zielorientiert Daten und Informationen aus verschiedenen Quellen mit unterschiedlichen Hilfsmitteln sammeln; deren Qualität beurteilen und Wissen konstruieren, das für Lösungen problembezogener Aufgaben hilfreich ist.

Probleme und Konflikte lösen: sich an der Kommunikation zur Lösung von strittigen Themen, Problemen und Konflikten beteiligen und auf lokaler, nationaler und globaler Ebene zur Überwindung von überzogenem Eigeninteresse, von soziokulturellen Barrieren, ideologischen Differenzen und Gewalt beitragen.

Kritisch denken: Informationen, Normen, Praktiken, Meinungen, Haltungen, Forderungen und Entscheidungen infrage stellen – einschließlich Selbstkritik und Anerkennung von Fehlern wenn über nicht nachhaltige Entwicklungen mit der Absicht nachgedacht wird, konstruktiv zu nachhaltigen Lösungen beizutragen.

Kommunizieren und aushandeln: konstruktiv und effektiv mündlich und schriftlich kommunizieren – als Vorbedingung für einen wirkungsvollen Lernprozess und in der Absicht, über strittige Themen lösungsorientiert zu verhandeln.

Systeme analysieren: Systeme und Entwicklungsprozesse analysieren; die Vernetzung zwischen lokalen, nationalen und globalen Handlungsebenen erkennen und die Wirkung menschlicher Eingriffe bewerten.

Sich der Zukunft stellen: Risiken analysieren und Zukunftsszenarien evaluieren, Innovationen mit nachhaltigen Entwicklungszielen verknüpfen, individuelle und kollektive Visionen schaffen, die Konsequenzen von Handlungen und Entscheidungen bewerten und mit Unsicherheit und Veränderungen umgehen.

Über Werte nachdenken: über eigene und andere Normen und Werte nachdenken, Grundsätze und Ziele von Nachhaltigkeit aushandeln (in einem Kontext von Interessenkonflikten, unsicherem Wissen und Widersprüchen), das eigene Wertesystem überprüfen und sich für ein Gleichgewicht zwischen Pluralismus und universellen Werten einsetzen.

Sich einbringen und kooperieren: sich an nachhaltigen Transformationsprozessen beteiligen, individuell und kollektiv Aktionsformen für die Verwirklichung eines nachhaltigen Entwicklungsziels entwerfen und umsetzen sowie engagiert und verantwortungsbewusst mit anderen zusammenarbeiten.

Perspektiven wechseln: die Lage anderer erkennen und Empathie für sie empfinden, kritisch über verschiedene Sichtweisen reflektieren und Situationen aus anderer Perspektive sehen sowie durch Veränderung der eigenen – bisher kaum hinterfragten – Weltsicht einen alternativen Bezugsrahmen entwickeln.

Inklusiv denken und handeln: mit Menschen ungeachtet ihres Geschlechts, ihrer Religion, ethnischen Zugehörigkeit oder sozialen Herkunft, ihrer kognitiven, physischen und psychologischen Vorbedingungen zusammenarbeiten, Toleranz üben, zur Integration beizutragen und Vielfalt wertzuschätzen.

Solidarität und Mitverantwortung zeigen: eine Haltung der lokalen und globalen Mitverantwortung entwickeln, sich solidarisch gegenüber Menschen zeigen, die unter Benachteiligungen leiden, und Verantwortung für ökologische Risiken übernehmen.

Abbildung 1: BNE-Kompetenzen (UNESCO/Mahatma Gandhi Institute of Education for Peace and Sustainable Development [MGIEP] 2017, S. 21)

Basierend auf den aufgelisteten BNE-Kompetenzen formuliert der Orientierungsrahmen für den Lernbereich Globale Entwicklung drei Kernkompetenzen: Erkennen, Bewerten und Handeln (KMK & BMZ, 2016, S. 95), die entsprechend den Zielen nachhaltiger Entwicklung ausgeschärft werden.

Erkennen: Um dem hohen Komplexitätsgrad globaler Zusammenhänge und ökonomischer, ökologischer, gesellschaftlicher und politischer Wechselwirkungen gerecht zu werden, wird die Kompetenz „Erkennen" mit Blick auf systemisches Denken ausgeschärft (Schrüfer, 2013, 2017). Unter Systemischem Denken versteht man die Fähigkeit, „einen komplexen Wirklichkeitsbereich sozialer und/oder natürlicher Prägung unterschiedlicher Maßstabsgröße in seiner Struktur und seinem Verhalten als System zu erkennen, zu beschreiben und zu modellieren sowie auf der Basis dieser Modellierung Prognosen und Maßnahmen zur Systemnutzung und –regulation zu treffen (Mehren & Rempfler, 2017). Da Herausforderungen globalen Wandels äußerst komplex sind, sollen die Lernenden befähigt werden, die Verflochtenheit komplexer Systeme tiefgründig zu verstehen (Mehren et. al, 2017). Schülerinnen und Schüler sollen nicht von einfachen linearen Ursache-Folge-Zusammenhängen ausgehen, sondern vielfältige Ursachen und deren Ursachen sowie Folgen und deren Folgen und Rückwirkungen verwoben miteinander erschließen können (Scheunpflug, 2001). Im Sinne einer nachhaltigen Entwicklung sollen diese auf ökonomischer, ökologischer, gesellschaftlicher und politischer Ebene betrachtet und analysiert werden. Dabei sind zudem unterschiedliche räumliche Maßstabsebenen zu berücksichtigen. Aufgrund der Komplexität der Systeme und deren Wechselwirkungen gibt es selten richtige oder falsche Lösungen. In diesem Spannungsfeld stellt Ambiguitätstoleranz eine weitere wichtige Kompetenz dar (Overwien, 2011).

Bewerten: Um bei globalen Herausforderungen adäquat Entscheidungen treffen zu können, benötigen Menschen „die Fähigkeit und Bereitschaft, die Abhängigkeit menschlichen Handelns von subjektiven Wertmaßstäben zu erkennen" (Rost, Lauströer & Raack, 2003) und unterschiedliche Wertvorstellungen und Normen bei komplexen Entscheidungen abzuwägen. In Verbindung mit systemischem Denken werden zunächst unterschiedliche Entscheidungs- und Handlungsmöglichkeiten, die dazugehörigen Argumentationslinien und deren vielfältigen Folgen diskutiert. Bevor eine Entscheidung gefällt wird, werden die jeweils zugrunde liegenden Normen und Werte analysiert. In diesem Zusammenhang spielt daher interkulturelles Lernen eine wichtige Rolle. Die eigene Wahrnehmung und Bewertung sowie die anderer wird als sozialisationsbedingtes Konstrukt verstanden, dem jeweils bestimmte teils tradierte Einstellungen, Überzeugungen, Wertvorstellungen und Normen zugrunde liegen. Diese gilt es zu dekonstruieren und die eigene Bewertung bzw. auch das eigene Urteilen und Handeln entsprechend reflektieren zu können.

Handeln: Als dritter Kompetenzbereich wird schließlich das Handeln bzw. die sogenannten Gestaltungskompetenz festgelegt. Hierunter wird die „Fähigkeit bezeichnet, Wissen über nachhaltige Entwicklung anwenden und Probleme nicht nachhaltiger Entwicklung erkennen zu können. Das heißt, aus Gegenwartsanalysen und Zukunftsstudien Schlussfolgerungen über ökologische, ökonomische und soziale Entwicklungen in ihrer wechselseitigen Abhängigkeit ziehen und darauf basierende Entscheidungen treffen, verstehen und individuell, gemeinschaftlich und politisch umsetzen zu können, mit denen sich nachhaltige Entwicklungsprozesse verwirklichen lassen" (Transfer-21, 2007, S. 12). Lernende sollen befähigt werden, das eigene Verhalten mit den Grundsätzen einer zukunftsfähigen Lebensgestaltung in Einklang zu bringen. Deshalb spielen weitere Fähigkeiten und Kompetenzen eine Rolle. Exemplarisch ist hier die Fähigkeit zur Konfliktlösung, zu Kooperation und Teamarbeit, Innovationsbereitschaft und die Ambiguitätstoleranz zu nennen.

Der Orientierungsrahmen für den Lernbereich Globale Entwicklung weist darauf hin, dass diese drei Kompetenzbereiche kein Nacheinander darstellen, sondern sich gegenseitig bedingen (KMK & BMZ, 2016).

Neben diesen drei zentralen Kompetenzbereichen weist Scheunpflug (2001) darauf hin, dass zu den wichtigsten Aufgaben Globalen Lernens die Reflexion gehöre. Globales Lernen beinhaltet u.a. ethische Reflexion, kritische Selbstreflexion und Reflexion über Grundlagen von Kultur und Gesellschaft. In dem dem Orientierungsrahmen für den Lernbereich Globale Entwicklung vorausgegangenen Dokumenten wird Reflexionsprozessen eine große Bedeutung zugeschrieben (Brendel, 2017).

Da Schülerinnen und Schüler befähigt werden sollen, verantwortungsbewusst zu handeln, sich aktiv zu beteiligen und Entscheidungen gemeinsam mit anderen auszuhandeln, sind aktivierende, handlungsorientierte Methoden sowie kooperative und kollaborative Lernformen sinnvoll. Darüber hinaus wird dem lebenslangen Lernen große Bedeutung beigemessen, da ständig neue Informationen verfügbar sind und neue Erkenntnisse bzw. neues Wissen generiert wird.

Lernende (und eigentlich alle Menschen in der Weltgesellschaft) benötigen daher Kompetenzen, stets selbständig (weiter) zu lernen, um den Herausforderungen einer sich ständig wandelnden Weltgesellschaft souverän entgegentreten zu können. Grundsätzlich richtet sich der Unterricht im Sinne Globalen Lernens an konstruktivistisch orientierten Lerntheorien aus. Lernende sind „aktiv in einen Prozess der Bedeutungskonstruktion sowie der entdeckenden Rekonstruktion und der kritischen Dekonstruktion der Welt eingebunden" (Schreiber, 2017, S. 14). Lernen wird als ein aktiver Prozess gesehen, bei dem Schülerinnen und Schüler in verfügbaren Informationen Ordnungen schaffen und Verknüpfungen erstellen. Sie sollen zu kritischer Reflexion angeregt werden und soziales Aushandeln von Positionen üben. Dazu sind Freiräume für selbstbestimmte Schüleraktivitäten und kollaborative Lernsituationen nötig. Die Lehrkraft berät und begleitet den Lernfortschritt.

3. Globales Lernen mit digitalen Medien

Wie bereits den Ausführungen zum Globalen Lernen und zum Einsatz digitaler Medien im Unterricht entnommen werden konnte, bestehen zwischen beiden einige Parallelen. Man könnte sogar feststellen, dass sich Globales Lernen und digitale Medien in zweierlei Hinsicht gegenseitig bedingen: Zum einen spielen digitale Medien eine zentrale Rolle für die Erreichung gemeinsamer Ziele globalen Lernens. Die UNESCO (2005) betont, dass die Menschheit auf dem Weg zu einer Informations- und/oder Wissensgesellschaft sei (UNESCO, 2005) und verbindet damit den Wunsch, dass alle Menschen gleichermaßen an Informationen teilhaben und Wissen generieren können sollen, um jene Kompetenzen zu erwerben, die eine Anschlussfähigkeit an eine globale Gesellschaft ermöglichen. Die hohe Bedeutung, die den neuen Medien zur Bewältigung globaler Herausforderungen zugeschrieben wird, wird auch daran deutlich, dass einige der Sustainable Development Goals (SDG) der UN ohne die Entwicklung, den Einsatz und die Anwendung neuer Informations- und Kommunikationstechnologien nicht zu erreichen sind. Vor allem sei hier die Verpflichtung erwähnt, allen Menschen Zugang zu Möglichkeiten des lebenslangen Lernens zu gewährleisten, „damit sie sich das Wissen und die Fertigkeiten aneignen können, die sie benötigen, um ... uneingeschränkt an der Gesellschaft teilhaben zu können" (UN, 2015, S. 8). Die UN hat sich beispielsweise verpflichtet, eine Online-Plattform zu schaffen, die u. a. „die Verbreitung frei zugänglicher einschlägiger wissenschaftlicher Publikationen erleichtern" soll (ebd. S. 33). Zum anderen könnten Kompetenzen Globalen Lernens durch den Einsatz digitaler Medien stärker gefördert werden. Ähnlich wie das Globale Lernen basiert Lernen mit digitalen Medien auf einem konstruktivistischen Lernverständnis. Für beide Konzepte ist das didaktische Prinzip des eigenaktiv-konstruierenden und kooperativen Lernens kennzeichnend. Entsprechend geht es nicht darum, einzelne Medien durch Apps zu ersetzen, die unter Umständen einen – wie auch immer definierten – Mehrwert bieten, sondern ein neues Lernverständnis bzw. eine neue Lernkultur zu entwickeln, die sowohl über das Paradigma nachhaltiger Entwicklung gefordert werden als auch über den Einsatz digitaler Medien im Unterricht. Gleichwohl beginnen der Wandel des Lernverständnisses und die Kompetenzentwicklung durch den Einsatz erster Apps und durch die Substitution einzelner analoger Medien durch digitale Medien, wie Puentedura in seinem Modell beschreibt (Puentedura, 2006, zitiert nach Grabner, 2016):

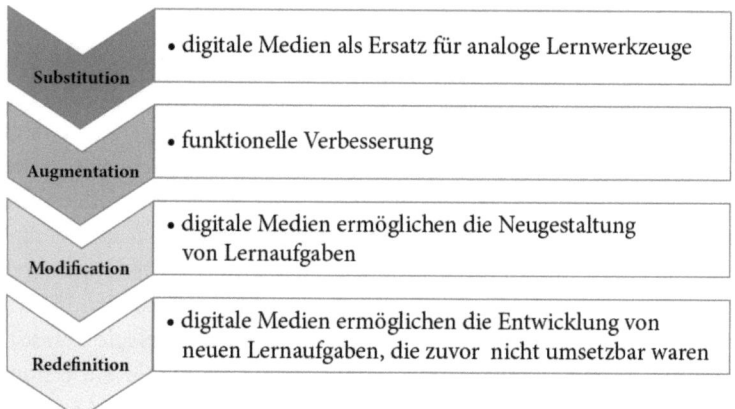

Abbildung 2: SAMR-Modell zur Integration digitaler Medien im Unterricht (eigene Darstellung nach Puentedura, 2006)

Nachdem einzelne digitale Anwendungen erprobt und geübt wurden (Substitution), wird im zweiten Schritt (Augmentation/Erweiterung) eine funktionale Verbesserung sichtbar, die mit analogen Medien nicht möglich wäre. Zum Beispiel ermöglichen digitale Karten, dass die Farbgestaltung leicht verändert werden kann. So kann die Wirkung von Farben bei der Wahrnehmung von Karten dargestellt und diskutiert werden. Eine wirkliche Transformation von Aufgaben beginnt erst auf der Ebene der

Modification (Änderung). Nun werden Werkzeuge eingesetzt, die eine Neugestaltung von Aufgaben zulassen. Die Aufgaben werden dabei mehr und mehr so gestaltet, dass Lehrende selbstständig Lösungswege und Lösungen finden können. Beispielhaft sei hier die Integration von visuellen und auditiven Werkzeugen sowie von Kommunikationsmöglichkeiten erwähnt. Auf der letzten Ebene (Redefinition/Neubelegung) werden schließlich Aufgaben so gestaltet, dass sie ohne Unterstützung digitaler Medien nicht gelöst werden könnten. Puentedura erwähnt hier beispielsweise Werkzeuge zur Visualisierung schwer verständlicher Inhalte (Puentedura, 2006).

Dies kann damit einhergehen, dass Lernende, unterstützt durch angepasste digitale Medien in Form von Apps und Web 2.0-Anwendungen, eigene individuelle Lernwege und somit persönliche Zugänge zum Lerninhalt finden. Eine Vernetzung mit der Klasse und außerhalb des Klassenverbundes ermöglicht zusätzlich den Dialog und den Austausch mit anderen Experten und Expertinnen in einer Community of Practice.

Sowohl ein kompetenter Umgang mit neuen Technologien und digitalen Daten als auch Kompetenzen im Sinne Globalen Lernens bzw. einer Bildung für nachhaltige Entwicklung gelten als zentrale Voraussetzung für eine erfolgreiche, verantwortungsbewusste gesellschaftliche Teilhabe. Ein Vergleich der jeweils geforderten Kompetenzen macht deutlich, dass teilweise ähnliche Kompetenzen angestrebt werden, um „Schülerinnen und Schüler angemessen auf das Leben in der derzeitigen und künftigen Gesellschaft [vorbereiten] und sie zu einer aktiven und verantwortlichen Teilhabe am kulturellen, gesellschaftlichen, politischen, beruflichen und wirtschaftlichen Leben [...] befähigen" (KMK, 2017, S. 5). Ein Vergleich der Kompetenzen, die einerseits in der KMK-Strategie „Bildung in der digitalen Welt" (KMK, 2016) und andererseits im Orientierungsrahmen für den Lernbereich Globale Entwicklung (BMZ & KMK, 2016) und von der UNESCO (UNESCO/MGIEP, 2017) vorgeschlagen werden, soll diese Parallelen aufzeigen. In Abbildung 4 werden aus den genannten Dokumenten diejenigen Kompetenzen aufgeführt, die eine deutliche Überschneidung aufweisen.

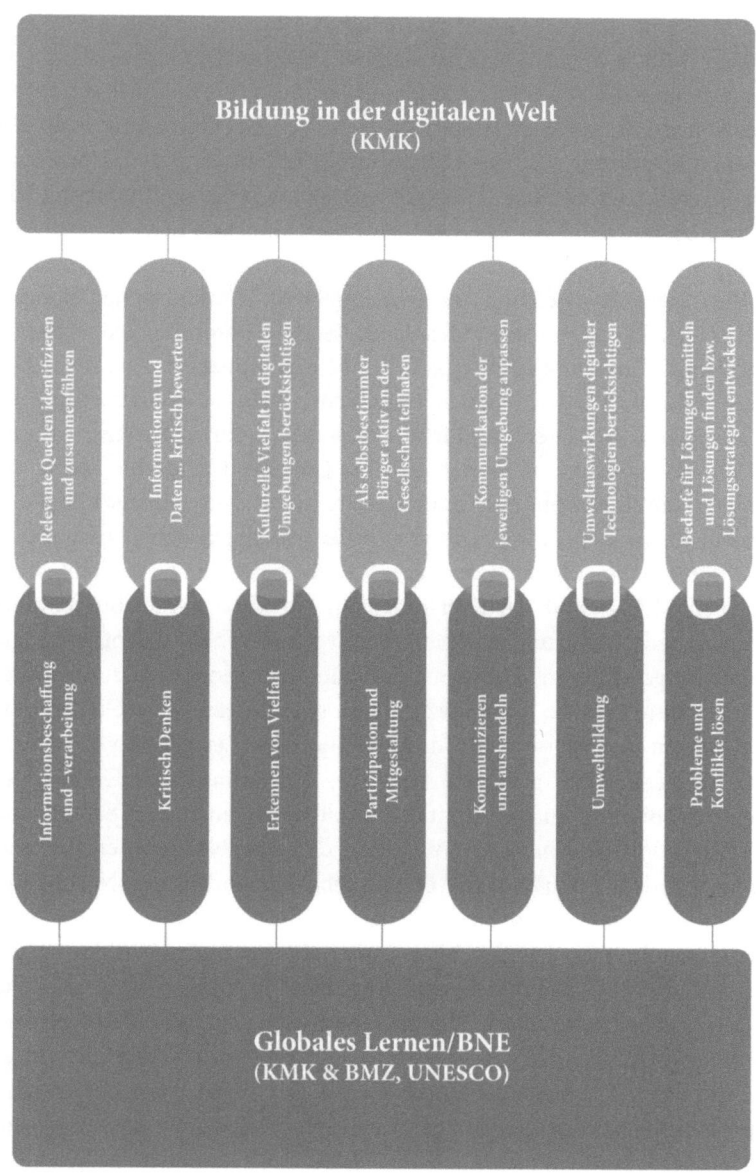

Abbildung 3: Ausgewählte Kompetenzen Globalen Lernens/BNE und der
Strategie „Bildung in der digitalen Welt" (eigene Grafik)

Sowohl beim Globalen Lernen/BNE als auch in der Bildung in der digitalen Welt geht es zunächst darum, Schülerinnen und Schüler zu befähigen, sich Wissen eigenständig anzueignen, relevante Quellen zu finden, sie zusammenzuführen und vor allem die Informationen sowie die Informationsquellen kritisch zu hinterfragen und zu bewerten. Innerhalb der Medienkompetenzen soll die kulturelle Vielfalt in digitalen Umgebungen berücksichtigt werden. Dies gilt vor allem im Zusammenhang mit Kommunizieren und Kooperieren. Im Bereich Globalen Lernens spielt das Erkennen von Vielfalt ebenso eine große Rolle. Letztendlich sollen auch hier die Lernenden befähigt werden, im Sinne interkultureller Kompetenz respektvoll und für alle zufriedenstellend zu kommunizieren und zu kooperieren. Kommunikation spielt bei beiden Konzepten eine wichtige Rolle. Während es unter digitalen Gesichtspunkten vor allem darum geht, Umgangsregeln in unterschiedlichen digitalen Settings zu kennen und diese jeweils anpassen zu können, möchte Globales Lernen die Menschen befähigen, durch Kommunikation Probleme und Lösungen auszuhandeln. Auch hierfür ist es u.U. notwendig, sich der jeweiligen Umgebung anpassen zu können. Sowohl der Umgang mit digitalen Medien als auch Globales Lernen/BNE möchte dazu befähigen, als selbstbestimmter Bürger aktiv an der Gesellschaft zu partizipieren und Gesellschaft verantwortungsbewusst mitgestalten zu können. Probleme zu erkennen, Lösungsstrategien zu ermitteln sowie Konflikte zu lösen, stellen dazu weitere notwendig Kompetenzen dar, die sowohl im Sinne Globalen Lernens/BNE als auch durch Medienbildung gefördert werden sollen. Innerhalb der Kompetenzen zur Bildung in der digitalen Welt spielt auch der Schutz von Natur und Umwelt eine Rolle. Während dies im Rahmen der Umweltbildung mit dem Fokus auf die ökologische Dimension der Nachhaltigkeit bei Globalem Lernen bzw. bei der BNE eine zentrale Komponente darstellt, beschränkt sich der Blick innerhalb der digitalen Bildung vor allem auf die Umweltauswirkungen digitaler Technologien. Ausgehend von den sich teilweise überlappenden Kompetenzen und einem gemeinsamen (konstruktivistisch orientierten) Lernverständnis liegt die These nahe, dass sich Globales Lernen/BNE und der Einsatz digitaler Medien entsprechend gegenseitig ergänzen und ausgewählte Kompetenzen gegenseitig fördern können. Ob Globales Lernen mit digitalen Möglichkeiten gelingen kann, hängt davon ab, ob entsprechende Rahmenbedingungen geschaffen werden; d.h., „ob medienpädagogische Kompetenzen erworben werden können, um aus komplexen Informationen Wissen zu schaffen und mit Nichtwissen umgehen zu lernen, um Unsicherheiten angesichts veränderter Zeitbezüge und einer zunehmend wahrnehmbareren offenen Zukunft aushalten zu können sowie eine Auseinandersetzung mit einer Vielfalt von Beurteilungsmaßstäben, Verstehenshorizonten und Handlungsperspektiven zu ermöglichen, und um individuell bedeutsame Fakten zu erschließen, Orientierungen zu finden und Handlungsoptionen zu erproben" (Kammerl & Lang-Wojtasek, 2006, S.4). Im Folgenden sollen jedoch Beispiele gezeigt werden, wie Kompetenzen Globalen Lernens durch den Einsatz digitaler Medien gefördert werden können.

3.1 Beispiele zur Förderung von Kompetenzen Globalen Lernens/BNE mithilfe digitaler Medien

Die aufgezeigten Beispiele sind angelehnt an den Kompetenzen Globalen Lernens: „Wissen/Systemisch Denken" (u.a. Informationsbeschaffung und –verarbeitung, kritisch Denken, systemisch Denken/Systeme analysieren), „Bewerten" (u.a. Erkennen von Vielfalt, über Werte nachdenken, Perspektivenwechsel) und „Handeln" (u.a. Partizipation und Mitgestaltung, Probleme und Konflikte lösen, Kommunizieren und Handeln). Kammerl & Lang-Wojtaschek stellen fest, dass das Internet ein „adäquates Medium für Globales Lernen [sei], weil Komplexität, globale Vernetzung und interkultureller Austausch wahrnehmbar sind" (Kammerl et al. 2006, S. 3).

Förderung von Systemkompetenz: Durch die Bereitstellung vielfältiger Informationen im Internet können sich zunächst Schülerinnen und Schüler im Bereich nachhaltiger Entwicklung zielgerecht informieren und müssen lernen, die Informationen kritisch zu reflektieren. Mithilfe eines *Webquests* können Schülerinnen und Schüler zunächst angeleitet vorgehen. Dabei sollen Schülerinnen und Schüler nicht nur mit Faktenwissen konfrontiert werden; sie sollen vielmehr zu vernetztem Denken animiert werden (Reuschenbach & Lenz, 2012). Um einzelne Informationen als Systeme zu erkennen, können Elemente und deren Wechselwirkungen systemisch in Form einer digitalen Concept Map dargestellt werden. Der Vorteil bei der Verwendung einer App im Vergleich zu Papier liegt vor allem darin, dass das System jederzeit verändert werden kann und Elemente verschoben werden können. Durch die kollaborative Erstellung von *Wikis* können Elemente miteinander verknüpft und Zusammenhänge aufgezeigt werden.

Förderung von Bewertungskompetenz: Mit der Nutzung des Internets kann auf einen umfassenden Pool von Werteinstellungen und Orientierungsmöglichkeiten zurückgegriffen werden (Kammerl, Lang-Woitasik, 2006). Moje (2004) stellt fest, dass das Zusammenfügen unterschiedlicher Informationen Schülerinnen und Schüler dazu befähigt, die Verbindungen und Widersprüche zwischen dem eigenen Verständnis der Welt und dem anderer zu erkennen. Durch die unerschöpfliche Vielfalt unterschiedlicher Quellen können unterschiedliche Wahrnehmungen sichtbar gemachte werden. *Twitter* eignet sich hierfür gerade bei aktuellen Themen. Informationen sind ungefiltert den verschiedenen Nutzern und Nutzerinnen mit unterschiedlichen Interessen, Perspektiven und Wahrnehmungen zugänglich. Darüber hinaus werden neue und unbegrenzte Möglichkeiten der Kooperation weltweit eröffnet. Auch hiermit können unterschiedliche Wahrnehmungen und Perspektiven aufgezeigt werden. Die Kommunikation, auch in Form von Schulpartnerschaften, kann durch Chatprogramme, soziale Netzwerke, Videokonferenzen oder virtuelle Exkursionen gefördert werden. Digital Storytelling bieten die Möglichkeit, Personen sprechen zu lassen und deren Perspektiven zu zeigen.

Förderung von Handlungskompetenz: Das Web 2.0 bietet vielfältige Möglichkeiten, an Diskussionen in der Gesellschaft teilhaben zu können. Erarbeitete Ergebnisse können beispielsweise mittels Blogs, Podcasts, Videocasts öffentlich oder nur innerhalb eines bestimmten Personenkreises zur Diskussion gestellt werden. Gleichermaßen ist es durch Kommentare in diesen Werkzeugen auch möglich, ggf. weltweit mitzudiskutieren. Durch vielfältige Vernetzungsmöglichkeiten ist kollaboratives Arbeiten möglich; Hilfen können auch von außerhalb des Klassenzimmers in Anspruch genommen werden. Der Dialog mit Experten und Expertinnen in einer Community of Practice (CoP) führt zur Einbettung von Unterricht in einen größeren Kontext und ermöglicht damit die „Gestaltung von Räumen und Raumprozessen sowie [die] Mitgestaltung von globalen, multiperspektivischen Diskursen" (Brendel & Schrüfer, 2014, S. 41).

Gerade im Zusammenhang mit Globalem Lernen wird die Bedeutung von Weblogs immer wieder hervorgehoben. Scheunpflug & Schröck betonen beispielsweise das hohe demokratische Potenzial von Weblogs. Hierdurch könnte vor allem die Idee der globalen Gerechtigkeit forciert werden (Scheunpflug & Schröck, 2000). Franz sieht Weblogs auf der Schnittstelle zwischen globalem, nationalem, regionalem und lokalem Handeln. „Beiträge über regionale Themen können über die Vernetzung mit anderen Beiträgen zu einem ähnlichen Thema in eine globale

Perspektive eingebunden werden" (Franz, 2006, S. 22). Gleichzeitig stehen sie für „die Pluralität von Wahrheiten und Informationen" (Franz, 2006, S. 23). Durch die Vielfalt von Weblogs können Leserinnen und Leser verschiedene Meinungen, Standpunkte oder Interessen von Autorinnen und Autoren vergleichen und bewerten. Aber auch durch das Schreiben eigener Weblogs können Kompetenzen erworben werden. Durch das Strukturieren von themenorientierten Beiträgen, verbunden mit Recherchepraktiken, können fachliche Kompetenzen verstärkt werden. Ein themen- bzw. textorientierter Diskurs kann kommunikative Kompetenzen stärken. Eine vertiefende Diskussion um den Einsatz von Weblogs zur Kompetenzförderung im Globalen Lernen wird in diesem Band im Beitrag von Brendel und Schrüfer dargelegt.

3.2 Exkurs: „Digitale Geomedien" und Globales Lernen

Die Geographie sieht sich als zentrales Fach für Globales Lernen/BNE. Dies beruht u.a. darauf, dass viele der vorgeschlagenen Themen, die sich besonders für Globales Lernen eignen, Themen des Geographieunterrichts darstellen. Der Orientierungsrahmen für den Lernbereich Globale Entwicklung gibt eine Liste von Themenbereichen vor (KMK & BMZ, 2016) und betont, dass die Themen u. a. Globalisierung und globale Entwicklungsprozesse aufgreifen sollen, relevantes Orientierungswissen präsentieren und die Mehrdimensionalität des Leitbilds der nachhaltigen Entwicklung aufgreifen sollen (KMK & BMZ, 2016). Die Mehrzahl dieser Themen findet sich in den Geographielehrplänen wieder. Die Geographie versteht sich als Fach, das durch die „Auseinandersetzung mit den Wechselbeziehungen zwischen Natur und Gesellschaft in Räumen verschiedener Art und Größe" zur Welterschließung beiträgt (Deutsche Gesellschaft für Geographie [DGfG] 2014, S. 5) und ein mehrperspektivisches, systemisches und problemlösendes Denken fördert. Entsprechend sieht sich die Geographie als Systemwissenschaft. Das Hauptbasiskonzept des Faches ist das Systemkonzept (DGfG, 2014, S. 10). Nachhaltige Entwicklung gilt etwa seit der Jahrtausendwende als das Leitbild des Fachs (Schrüfer & Schockemöhle, 2012) und ist entsprechend in den meisten Lehrplänen verankert.

Geographie definiert sich darüber hinaus traditionell als medienintensives Fach, in dem Anschaulichkeit und Aktualität eine zentrale Rolle spielen. Dadurch haben Schülerinnen und Schüler die Möglichkeit, „sich mit einer Vielzahl von traditionellen oder computergestützten Medien vertraut zu machen" (DGfG, 2014, S. 6). Zu diesen Medien zählen in erster Linie sogenannte Geomedien wie Karten, Luftbilder und Satellitenbilder. Da Geographie – bedingt durch Exkursionen, außerschulische Lernorte und Anschauung vor Ort – als mobiles Fach gilt, nimmt die Bedeutung von mobilen Endgeräten wie Tablets oder Smartphones in den letzten Jahren deutlich zu.

Mit dem alltäglichen Einsatz digitaler Geomedien und vor dem Hintergrund, dass die traditionelle Wissensvermittlung an Schulen abgelöst wird durch ein konstruktivistisch orientiertes Lernverständnis, gewinnen kritisch-reflexiven Fähigkeiten an Bedeutung. Kanwischer (2014, S. 14 f.) bezeichnet das Durchschauen der bei der Nutzung digitaler Geomedien stattfindenden „Filterungs- und Konstruktionseffekte" als zentrale Herausforderung geographischer Bildung. Nach Gryl und Jekel (2012) stellen die Fähigkeit zur Teilhabe an der Geoinformationsgesellschaft („Spatial Citizen") und die darauf fußenden räumlichen Analysekompetenzen („Spatial Analyst") die Hauptziele der schulischen Geomedienbildung dar. Mit Hilfe von digitalen Geomedien sollen Personen in der Lage sein, sich „an gesellschaftlichen Prozessen zu beteiligen, diese zu initiieren, dominante Diskurse zu hinterfragen und diese gegebenenfalls durch die Herstellung, Kommunikation und Aushandlung alternativer räumlicher Konstruktionen zu verändern" (Kanwischer, 2014, S. 15). „Schülerzentriertes, aktives Lernen wird durch einen entsprechenden Einsatz computerunterstützter Lernumgebungen gefördert" (Lindner-Fally, 2013, S. 51). Schülerinnen und Schüler sollen zum kritischen und reflektierten Umgang mit (digitalen) Bildern, Karten sowie Geographischen Informationssystemen befähigt werden sowie konstruktive Kommunikations- und Partizipationsmöglichkeiten in räumlichen Entscheidungsprozessen durch Geo-Medien erwerben.

Reuschenbach und Lenz (2012) weisen darauf hin, dass digitale Medien vor allem bei der Darstellung raum-zeitlicher Prozesse ein besonderes Potenzial besitzen und problemorientiertes Lernen fördern.

Innerhalb der Geographie(didaktik) wird die Diskussion um den Einsatz digitaler Medien vor allem durch die erwähnten Geomedien bestimmt. Eine Reduzierung auf diese Medien wird dem Potenzial digitaler Medien für das Fach jedoch keinesfalls gerecht. Zwar kann die Neuausrichtung des Umgangs mit Geomedien auf kritische Reflexion und Partizipation an der Gesellschaft durch Produktion, Kommunikation und Aushandlung einen Beitrag im Sinne einer raumorientierten

Handlungskompetenz mit dem Leitbild nachhaltiger Entwicklung beitragen. Um jedoch den Schülerinnen und Schülern die Fähigkeit zum effektiven und reflektierten Umgang mit Medien zu vermitteln (DGfG, 2014), reicht es nicht, dass sich der Medienbegriff innerhalb der Geographie auf die sog. Geomedien beschränkt und andere Dienste und Werkzeuge des Web 2.0 wie soziale Netzwerke, (Micro-)Blogs, kollaborative Enzyklopädien (z.B. Wikipedia) etc. auszublenden. Vielmehr sollte grundsätzlich das Potenzial digitaler Medien genutzt werden, Schülerinnen und Schüler aktiv in das Unterrichtsgeschehen einzubinden, sie einen individuellen Zugang zum Lerninhalt finden zu lassen, sich weltweit zu vernetzen, unterschiedliche Perspektiven zu erfahren und entsprechend raumorientierte Handlungskompetenz oder Gestaltungkompetenz zu erwerben.

4. Fazit

Digitale Medien haben einen festen Platz in unserem Alltag eingenommen. Dies ist gleichsam mit Hoffnungen und Ängsten in der Gesellschaft verbunden. Der Schule wird die Aufgabe übertragen, Kompetenzen zu vermitteln, die zu einem verantwortungsbewussten, kritisch-reflektierten Umgang mit digitalen Medien befähigen. In diesem Zusammenhang eröffnen sich vielfältige Möglichkeiten von Lernen und Lehren, die wiederum Ziele der Konzepte Globales Lernen und Bildung für nachhaltige Entwicklung unterstützen. Selbstgesteuerte innovative Lernprozesse, in denen komplexe Zusammenhänge in neue Darstellungsformen und Kontexte gebracht werden können, kooperative Arbeitsweisen und abwechslungsreiche Möglichkeiten zur Partizipation an gesellschaftlichen Prozessen auf unterschiedlichen Maßstabsebenen sind nur einige Beispiele hierfür. Der Einsatz digitaler Medien im Unterricht trägt dazu bei, konstruktivistisch orientierte Lehrprozesse zu fördern. Diese sind wiederum Bedingung zur Förderung von Kompetenzen im Sinne Globalen Lernens/ Bildung für nachhaltige Entwicklung.

In der Praxis stehen dieser Entwicklung jedoch einige Hindernisse entgegen, die den Prozess erschweren: Für viele Lehrkräfte bedeutet der Einsatz von Medien und der damit verbundenen Möglichkeit der eigenen Informationsbeschaffung bzw. -überprüfung sowie der persönlichen Ablenkungsmöglichkeiten einen subjektiv empfundenen Kontrollverlust. Der Wechsel des Verständnisses der Lehrkraft hin zur Rolle eines Lernberaters/einer Lernberaterin im Sinne einer ergänzenden Vermittlung und Moderation ist daher für viele nicht einfach zu vollziehen. Unsicherheiten bezüglich des Umgangs mit Urheberrechten und mit Datenschutz erschweren zusätzlich die Akzeptanz. In der LehrerInnenbildung fehlen teilweise entsprechende ausgereifte Kompetenzen und Konzepte sowohl zum Einsatz digitaler Medien als auch zum Globalen Lernen in den meisten Fächern. Diese Hindernisse gilt es jedoch zu überwinden, nimmt man die gesellschaftlichen Entwicklungen und die globalen Herausforderungen ernst. Dazu ist es hilfreich und notwendig, die momentan noch dominant geführte „Mehrwert-Diskussion" zu verlagern – hin zu einer „Anderswert-Diskussion". Das wiederum setzt die Akzeptanz digitaler Medien auch im Bildungsbereich voraus. Gesellschaftliche Entwicklungen mit derartiger Reichweite können nicht vom Unterricht ausgeschlossen werden. Vielmehr muss man sich die Fragen stellen, wie ein kompetenter Umgang mit digitalen Medien vermittelt werden kann und wie die durch digitale Medien entstandenen neuen Möglichkeiten Unterricht und Lernen verändern. Der Einsatz digitaler Medien im Unterricht fördert und erfordert einen Wandel der Lernkultur. Dieser Wandel ist wiederum notwendig und hilfreich für die Förderung von Kompetenzen im Sinne Globalen Lernens/BNE.

Literatur

Barth, M. & Rieckmann, M. (2009). Nachhaltigkeit virtuell lernen? Potenziale Neuer Medien für das Globale Lernen in der Hochschullehre. *Zeitschrift für internationale Bildungsforschung und Entwicklungspädagogik (ZEP)*, 32(3) 19–24. Verfügbar unter http://www.pedocs.de/volltexte/2014/9660/pdf/ZEP_3_2009_Barth_Rieckmann_Nachhaltigkeit_virtuell_lernen.pdf [20.02.2018]

Bertschy, F., Gingins, F., Künzli, Ch., Di Giulio, A., & Kaufmann-Hayoz, R. (2007). *Bildung für eine Nachhaltige Entwicklung in der Grundschule. Schlussbericht zum Expertenmandat der EDK: «Nachhaltige Entwicklung in der Grundschulausbildung – Begriffsklärung und Adaption».* Verfügbar unter http://www.Hedudoc.ch/record/24373/files/BNE_Schlussbericht_2007_d.pdf [20.02.2018]

Bohrer, C., Gorzolla, P., Klees, G., & Tillmann, A. (2012). Fachübergreifendes Arbeiten an IWBs mit ConceptMaps, In T. Knaus, & O. Engel, (Hrsg.), *fraMediale – digitale Medien in Bildungseinrichtungen (3. Band)* (S. 75–92), München: kopaed.

Brendel, N. (2017). *Reflexives Denken im Geographieunterricht. Eine empirische Studie zur Bestimmung von Schülerreflexion mithilfe von Weblogs im*

Kontext Globalen Lernens. Erziehungswissenschaft und Weltgesellschaft, Bd. 10. Münster: Waxmann.

Brendel, N., & Schrüfer, G. (2014). Vernetzung, Bewertung und Reflexion. Einsatzmöglichkeiten mobiler Endgeräte im Geographieunterricht. *Lernchancen* (101), 40-43.

Budke, A. (2013). Bildung für nachhaltige Entwicklung durch virtuelle Exkursionen. In A. Sigmund (Hrsg.), *Digitale Medien in der Bildung für nachhaltige Entwicklung – Potentiale und Grenzen* (S. 178–181). Heidelberg.

Bundesministerium für Bildung Forschung, & Kultusminister Konferenz (2017). *DigitalPakt Schule von Bund und Länder.* Verfügbar unter: https://www.dstgb.de/dstgb/Homepage/Aktuelles/2017/DStGB%20zu%20 den%20Eckpunkten%20der%20Bund-Länder%20Vereinbarung%20 „DigitalPaktSchule"/Ergebnis_Eckpunkte_St-AG_230517.pdf [03.04.2018]

Deutsche Gesellschaft für Geographie (Hrsg.) (2014). *Bildungsstandards im Fach Geographie für den Mittleren Schulabschluss.* Bonn.

Ehlers, M., Michel, U., & Siegmund, A. (2013). *Potenzial und Grenzen von digitalen Geomedien und mobilen Medien in der Umweltbildung/Bildung für nachhaltige Entwicklung.* Verfügbar unter https://www.dbu.de/OPAC/ab/ DBU-Abschlussbericht-AZ-29282.pdf [20.02.2018]

Franz, J. (2006). Globales Lernen in Weblogs? *Zeitschrift für internationale Bildungsforschung und Entwicklungspädagogik (ZEP), 29* (3), 21–23.

Grabner, J. (2016). *Digitale Kompetenzentwicklung im dem SAMR-Modell.* Zentrum für lernende Schulen. NMS-Entwicklungsbegleitung, 51. Verfügbar unter http://www.nmsvernetzung.at/pluginfile.php/13019/ mod_forum/post/24343/5MF_No51_Digitale%20Kompetenzentwicklung %20nach%20dem%20SAMR-Modell.pdf [17.03.2018]

Gryl, I., & Jekel, T. (2012). Re-centering geoinformation in secondary education: Toward a spatial citizenship approach. *Cartographica: The International Journal for Geographic Information and Geovisualization 47* (1), 18-28.

Hillmayr, D., Reinhold, L., Ziernwald, F., & Reiss, K. (2017). *Digitale Medien im mathematisch-naturwissenschaftlichen Unterricht der Sekundarstufe. Einsatzmöglichkeiten, Umsetzung und Wirksamkeit.* Münster.

Höhnle, S., Applis, S., & Uphues, R. (2012). Globales Lernen. Eine Ideencollage für den Geographieunterricht. In N. Scharfenort (Hrsg.), *„Lokal verankert, weltweit vernetzt" – Geographien der Globalisierung* (S. 3–16). Mainz.

Hoffmann, T. (2012). Globale Entwicklung – Globales Lernen. In Landesinstitut für Schulentwicklung und Seminar Stuttgart (Hrsg.): *Globales Lernen – globale Entwicklung* (S. 4–14). Stuttgart.

Kammerl, R., & Lang-Wojtasik, G. (2006). Globales Lernen und Neue Medien. Lernherausforderungen, Bildungsmöglichkeiten und didaktische Arrangements. *Zeitschrift für internationale Bildungsforschung und Entwicklungspädagogik (ZEP), 29*(3), 2–6.

Kanwischer, D. (2014): Digitale Geomedien und Gesellschaft. Zum veränderten Status geographischen Wissens in der Bildung. *Geographische Rundschau, 66* (6), 12–17.

Kanwischer, D., Burger, D., & Nauss, T. (2014). Citizen Science and Digital Geomedia – Implementing a Biodiversity Information System in Cabo Verde. In R. Vogler, A. Car, J. Strobl, & G. Griesebner (Hrsg.), *GI_Forum 2014. Geospatial Innovation for Society* (S. 299 – 308). Berlin.

Kanwischer, D., & Gryl, I. (2012). Der Einsatz von digitalen Karten und Globen zur Förderung der Argumentationskompetenz. In A. Budke (Hrsg.), *Diercke Kommunikation und Argumentation* (S. 77–85). Braunschweig.

Kultusminister Konferenz (2016). *Bildung in der digitalen Welt. Strategie der Kultusministerkonferenz.* Berlin.

Kultusminister Konferenz, & Bundesministerium für wirtschaftliche Zusammenarbeit (Hrsg.) (2016). *Orientierungsrahmen für den Lernbereich Globale Entwicklung im Rahmen einer Bildung für nachhaltige Entwicklung.* Berlin.

Lenz, T., & Reuschenbach, M. (Hrsg.) (2012). *Digitale Medien.* geographie heute, 303.

Lindner-Fally, M. (2012). Lehren und Lernen neu: digitale Geo-Medien im Schulunterricht. *Bildungsforschung, 9*(1), 47–67.

Loyens, S. M. M., & Gijbels, D. (2008). Understanding the effects of constructivist learning environments: Introducing a multi-directional approach. *Instructional Science, 36,* 351–357.

Mandl, H., Reinmann-Rothmeier, G., & Gräset, C. (1998). *Gutachten zur Vorbereitung des Programms „Systematische Einbeziehung von Medien, Informations- Kommunikationstechnologien in Lehr- und Lernprozesse".* Materialien zur Bildungsplanung und Forschungsförderung, 66. Bonn: Bund-Länder-Kommission für Bildungsplanung und Forschungsförderung.

Mehren, R., & Rempfler, A. (2018). Systemisches Denken. In A. Brucker, J.-B. Haversath, & A. Schöps (Hrsg.): *Geographie-Unterricht. 102 Stichworte* (S. 205–206). Baltmannsweiler.

Moje, E. B. (2004). Powerful spaces: Tracing the out-of-school literacy spaces of Latino/a youth. In K. Leander, & M. Sheehy (Hrsg.), *Spatializing literacy research and practice* (S. 15–38). New York.

Ohl, U., & Klebel, C. (2012). Simulationsspiele in der Bildung für nachhaltige Entwicklung (BNE). In M. Pingold, & R. Uphues (Hrsg.), *Jenseits des Nürnberger Trichters – Ideen für einen zukunftsorientierten Geographieunterricht.* Tagungsband zum 15. Bayerischen Schulgeographentag (S. 75–61 & 143–144). Nürnberg.

Overwien, B. (2011). Kompetenzmodelle im Lernbereich Globale Entwicklung – Bildung für nachhaltige Entwicklung. In H. Gritschke, C. Metzner, & B. Overwien (Hrsg.), *Erkennen Bewerten (Fair-)Handeln. Kompetenzerwerb im globalen Wandel* (S. 24–49). Kassel.

Puentedura, R. (2006). *Transformation, Technology and Education.* Verfügbar unter http://www.hippasus.com/resources/tte/ [09.03.2018]

Reuschenbach, M., & Lenz, T. (2012). *WWW, Webquest, Whiteboard & Co.: Digitale Medien im Geographieunterricht.* geographie heute, 303/304.

Rosa, L. (2012). *Lernen 2.0 – Projektlernen mit Lehrenden im Zeitalter von Social Media.* Verfügbar unter https://shiftingschool.files.wordpress.com/2009/10/lernen20_projektlernenmitlehrendenimdigitalenzeitalter.pdf [09.02.2018]

Rosa, L. (2014). *Medienbegriff, Lernbegriff und Geschichtslernen im digitalen Zeitalter.* Vortrag auf der Tagung Geschichtsdidaktische Medienverständnisse. Verfügbar unter https://shiftingschool.wordpress.com/2014/04/29/medienbegriff-lernbegriff-und-geschichtslernen-im-digitalen-zeitalter/ [09.02.2018]

Rosa, L. (2017). *Lernen im digitalen Zeitalter.* Verfügbar unter https://shiftingschool.wordpress.com/2017/11/28/lernen-im-digitalen-zeitalter [20.02.2018]

Rost, J., Lauströer, A., & Raack, N. (2003). Kompetenzmodelle einer Bildung für Nachhaltigkeit. *Praxis der Naturwissenschaften – Chemie in der Schule, 52,* 10–15.

Schaumburg, H. (2015). *Chancen und Risiken digitaler Medien in der Schule. Medienpädagogische und -didaktische Perspektiven.* Bertelsmann Stiftung. Verfügbar unter https://www.bertelsmannstiftung.de/fileadmin/files/BSt/Publikationen/GrauePublikationen/Studie_IB_Chancen_Risiken_digitale_Medien_2015.pdf [15.04.2018]

Scheunpflug, A. (2001). *Biologische Grundlagen des Lernens.* Berlin: Cornelsen.

Schreiber, R. (2017). Der Orientierungsrahmen für den Lernbereich Globale Entwicklung (OR)/Bildung für nachhaltige Entwicklung (BNE). In Kultusminister Konferenz, & Bundesministerium für wirtschaftliche Zusammenarbeit (Hrsg.), *Orientierungsrahmen für den Lernbereich Globale Entwicklung. Kurzfassung.*

Schrüfer, G. (2013). Globales Lernen. In D. Böhn, & G. Obermaier (Hrsg.), *Wörterbuch der Geographiedidaktik* (S. 109–110). Braunschweig.

Schrüfer, G. (2018). Globales Lernen. In A. Brucker, J.-B. Haversath, & A. Schöps (Hrsg.), *Geographie-Unterricht. 102 Stichworte* (S. 87–88). Baltmannsweiler.

Schrüfer, G., & Schockemöhle, J. (2012). Nachhaltige Entwicklung und Geographieunterricht. In J.-B. Haversath (Hrsg.), *Geographiedidaktik* (S. 107-132). Braunschweig.

Schuler, S., & Kanwischer, D. (2013). Bildung für nachhaltige Entwicklung: Globales Lernen und Umweltbildung im Geographieunterricht. In D. Kanwischer (Hrsg.), *Geographiedidaktik. Ein Arbeitsbuch zur Gestaltung des Geographieunterrichts.* Studienbücher der Geographie (S. 164–175). Stuttgart: Borntraeger.

Schulz-Zander, R. (2005). Veränderung der Lernkultur mit digitalen Medien im Unterricht. In H. Kleber (Hrsg.), *Perspektiven der Medienpädagogik in Wissenschaft und Bildungspraxis* (S. 125–140) München. Verfügbar un-

ter https://www.lmz-bw.de/fileadmin/user_upload/Medienbildung_MCO/
fileadmin/bibliothek/schulz-zander_lernkultur/schulz-zander_lernkultur.
pdf [20.02.2018]

Schulze, U., Gryl, I., & Kanwischer, D. (2015). Spatial Citizenship education and digital geomedia: composing competences for teacher education and training. *Journal of Geography in Higher Education*, 39 (3), 369–385. http://dx.doi.org/10.1080/03098265.2015.1048506

Schweizer, K., & Horn, M. (2014). Kommt es auf die Einstellung zu digitalen Medien an? Normative Überzeugungen, personale Faktoren und digitale Medien im Unterricht: Eine Untersuchung mit Lehrpersonen und Lehramtsstudierenden. *Merz – Medien und Erziehung, Zeitschrift für Medienpädagogik*, 58(6), 50–62.

Siegmund, A. (2014). Reale und virtuelle Welten im Verbund – Verknüpfung von Geländemethoden und digitalen (Geo-)Medien in der Umweltbildung und BNE. In P. Bellendorf, A. Bittner, V. Exner, F. Gruber, U. Peters, T. Pyhel, & U. Witte (Hrsg.) *Nachhaltigkeit gestalten – Trends und Entwicklungen in der Umweltkommunikation* (S. 200–209). München.

Siegmund, A., Michel, U., Forkel-Schubert, J. & Jahn, M. (o.J.): Digitale Medien. In U. Michel, A. Siegmund, M. Ehlers, M. Jahn, & A. Bittner (Hrsg.), *Digitale Medien in der Bildung für nachhaltige Entwicklung. Potenziale und Grenzen* (S. 18–22). Verfügbar unter http://static.onleihe. de/content/oekom/20131108/978-3-86581-556-9/v978-3-86581-556-9.pdf [20.02.2018]

Transfer-21 (2007). *Orientierungshilfe Bildung für nachhaltige Entwicklung in der Sekundarstufe I: Begründungen, Kompetenzen, Lernangebote*. Verfügbar unter http://www.transfer-21.de/daten/materialien/Orientierungshilfe/ Orientierungshilfe_Kompetenzen.pdf [20.02.2018]

United Nations (2015). *Transformation unserer Welt. Die Agenda 2030 für nachhaltige Entwicklung*. Verfügbar unter http://www.un.org/depts/ german/gv-70/a70-l1.pdf [20.02.2018]

United Nations Educational, Scientific and Cultural Organization (2014). *Roadmap for Implementing the Global Action Programme on Education for Sustainable Development*. Verfügbar unter http://unesdoc.unesco.org/ images/0023/002305/230514e.pdf [03.04.2018]

United Nations Educational, Scientific and Cultural Organization, & Mahatma Gandhi Institute of Education for Peace and Sustainable Development (2017). *Textbook for Sustainable Development: A Guide to Embedding*. New Delhi. Verfügbar unter http://unesdoc.unesco.org/ images/0025/002599/259932e.pdf [15.03.2018]

Vasbø, K. B., Silseth, K., & Erstad, O. (2013). Being a Learner Using Social Media in School: The Case of Space2cre8. *Scandinavian Journal of Educational Research*, 58 (1), 110–126.

Voß, K., Hodam H., & Goetzke, R. (2009). Kontrastprogramm – Methoden digitaler Bildverarbeitung. *Schulen ans Netz e.V.*; Fachredaktion Naturwissenschaften. Verfügbar unter http://www.lehrer-online.de/ kontrastprogramm.php [20.02.2018]

Wissenschaftlicher Beirat der Bundesregierung Globale Umweltveränderungen (2017). *Globaler Wandel*. Verfügbar unter http://www.wbgu.de/ueber-uns/auftrag/ [20.02.2018]

René Danz, Stephanie Widholm

Digitale Medien im Umsetzungsprozess des Orientierungsrahmens Globale Entwicklung

Abstract

Im Umsetzungsprozess des Orientierungsrahmens Globale Entwicklung (OR) rücken Digitale Medien immer stärker in den Fokus. Im folgenden Beitrag liegt der Schwerpunkt auf Open Educational Resources (OER), die häufig online in digitaler Form Verbreitung finden. Nach einer kurzen Einführung zu Nutzungsmöglichkeiten und Lizenzen werden zunächst die Potenziale von OER für Bildungskultur, Didaktik und Schulentwicklung skizziert. Exemplarisch wird anschließend beschrieben, wie OER den Kompetenzerwerb von Lernenden im Sinne einer BNE unterstützen können. Als Beispiel für digitale Medien und BNE wird das virtuelle Schulaustauschprogramm „Go! Global" vorgestellt. Eine kurze Zusammenfassung und der Ausblick auf das Diskussionspapier „BNE in einer digitalen Welt", das als Ergebnis der 8. Fachtagung zur Umsetzung und Weiterentwicklung des OR entwickelt wurde, bilden den Abschluss.

1. Digitale Medien im Umsetzungsprozess des OR

In einem gemeinsamen Projekt haben die Kultusministerkonferenz (KMK) und das Bundesministerium für wirtschaftliche Zusammenarbeit und Entwicklung (BMZ) unter Mitarbeit zahlreicher Fachleute aus Wissenschaft und Zivilgesellschaft einen Orientierungsrahmen für den Lernbereich Globale Entwicklung (KMK, BMZ, Engagement Global, 2015) in der Schule erstellt.

Der Orientierungsrahmen für den Lernbereich Globale Entwicklung (OR) verfolgt das Ziel, Bildung für Nachhaltige Entwicklung (BNE) in der Primar- und Sekundarstufe I zu verankern und Nachhaltige Entwicklung zum Leitbild der Unterrichtsfächer sowie der schulischen Aktivitäten zu machen. Im OR werden die bisherigen Erfahrungen der entwicklungspolitischen Bildung, des Globalen Lernens, der Umweltbildung und anderer nahestehender Bildungsansätze aufgegriffen und in einer BNE integriert. Es werden dabei Anschlüsse zu aktuellen Reformen der schulischen Bildung – zum Beispiel hinsichtlich Inklusion und des Einsatzes digitaler Medien – sowie zu einer Weiterentwicklung von BNE in der Oberstufe hergestellt. Der OR versteht sich als Beitrag zum Weltaktionsprogramm „Bildung für Nachhaltige Entwicklung". Das übergeordnete Bildungsziel besteht darin, grundlegende Kompetenzen für eine zukunftsfähige Gestaltung des privaten und beruflichen Lebens, für die Mitwirkung in der Gesellschaft und die Mitverantwortung im globalen Rahmen zu erwerben. Der OR betont im Kapitel „Nutzung digitaler Medien und mediale Lebenswelten" (KMK et al., 2015, S. 65-71) die Bedeutung der wechselseitigen Ergänzung von digitalen Medien und BNE. Die Chancen liegen vor allem in der Förderung eines kompetenz- und handlungsorientierten Lernens, das an den gesellschaftlichen Herausforderungen ausgerichtet ist und Eigenverantwortlichkeit und Selbstorganisation fördert (Schreiber, 2018, S. 6-16). Die Möglichkeiten des Einsatzes digitaler Medien in der Umsetzung des OR sind vielseitig und spielen im Umsetzungsprozess schon jetzt eine große Rolle.

Die Umsetzung des OR erfolgt seit dem ersten Erscheinen sowie der Veröffentlichung der erweiterten und aktualisierten Neuauflage im Jahr 2015 in unterschiedlicher Weise: zum Beispiel durch die Bildungsinstitute der Bundesländer in Kooperation mit Engagement Global im Rahmen der Umsetzungsprojekte bzw. seit 2016 durch die Länderinitiativen[1], durch Schülerinnen und Schüler im Rahmen des Schulwettbewerbs zur Entwicklungspolitik[2] sowie durch Expertinnen und Experten des internationalen Netzwerks ESD Expert Net[3]. Darüber hinaus gibt es eine Vielzahl weiterer Projekte, Initiativen, Netzwerke und Materialien, die sich auf die Umsetzung und Weiterentwicklung des OR (oder generell auf Globales Lernen) beziehen, die aber in anderen Projektkonstellationen erarbeitet wurden[4].

Digitale Medien spielen auch im Umsetzungsprozess des OR eine große Rolle. Im Folgenden werden Beispiele für die Verwendung digitaler Medien und BNE aus dem OR-Umsetzungsprozess vorgestellt: die Erstellung und Verwendung von Open Educational Resources sowie das virtuelle Schulaustauschprojekt „Go! Global". Der Fokus liegt im Folgenden auf OER: Neben den allgemeinen Nutzungsmöglichkeiten wird insbesondere das Potential von OER für die Verankerung von BNE an Schule skizziert. Eine Zusammenfassung und ein Ausblick, u.a. auf das Diskussionspapier „BNE in der Digitalen Welt", schließt diesen Beitrag ab.

---

1 Siehe www.engagement-global.de/lernbereich-globale-entwicklung.html [06. März 2018].
2 Siehe www.eineweltfueralle.de [06. März 2018].
3 Siehe www.esd-expert.net [06. März 2018].
4 Siehe www.globaleslernen.de [06. März 2018].

2. Open Educational Resources (OER)

2.1 Nutzungsmöglichkeiten und Lizenzen

OER sind Bildungsmaterialien mit unterschiedlichem Strukturierungs- und Komplexitätsgrad (vom Einzelmaterial bis hin zu einer umfassenden Unterrichtssequenz), die unter einer offenen Lizenz stehen (d. h. vielfältige Nutzungsmöglichkeiten einräumen), häufig online in digitaler Form verbreitet und nach Möglichkeit gebührenfrei für alle zur Verfügung gestellt werden (Muuß-Merholz, 2015b)[5].

Die Nutzungsmöglichkeiten von OER lassen sich grundsätzlich als „5 V" (Muuß-Merholz, 2015a) zusammenfassen. Nutzerinnen und Nutzern werden folgende Rechte eingeräumt:

- Verwahren/Vervielfältigen – das Recht, Kopien des Inhalts anzufertigen, zu besitzen und zu kontrollieren (z.B. Download, Speicherung und Vervielfältigung);

- Verwenden – das Recht, den Inhalt in unterschiedlichen Zusammenhängen einzusetzen (z.B. im Klassenraum, in einer Lerngruppe, auf einer Website, in einem Video);

- Verarbeiten – das Recht, den Inhalt zu bearbeiten, anzupassen, zu verändern oder umzugestalten (z.B. einen Inhalt in eine andere Sprache zu übersetzen);

- Vermischen – das Recht, einen Inhalt im Original oder in einer Bearbeitung mit anderen offenen Inhalten zu verbinden und aus ihnen etwas Neues zu schaffen (z.B. beim Einbauen von Bildern und Musik in ein Video) sowie

- Verbreiten – das Recht, Kopien eines Inhalts mit anderen zu teilen, im Original oder in eigenen Überarbeitungen (z.B. einem Freund einer Freundin eine Kopie zu geben oder online zu veröffentlichen).

---

5 Der Begriff OER wurde international maßgeblich durch die United Nations Educational, Scientific and Cultural Organization (UNESCO) geprägt. Als wichtige Veranstaltung gelten vor allem die UNESCO-Weltkongresse OER im Juni 2012 in Paris sowie 2017 in Ljubljana. Auf dem zweiten Weltkongress in Ljubljana wurde ein Aktionsplan zur weltweiten Förderung von OER verabschiedet. Siehe: UNESCO, 2017. www.unesco.de/fileadmin/medien/Dokumente/Bildung/ OER-Aktionsplan_von_Ljubljana_DUK_%C3%9Cbersetzung_final.pdf [06. März 2018].

Anders als bei traditionellen Bildungsmaterialien veröffentlicht der Rechteinhaber bzw. die Rechteinhaberin das Material unter einer offenen Lizenz, d.h. den Nutzerinnen und Nutzern werden weitgehende Nutzungsrechte eingeräumt; also „some rights reserved" im Gegensatz zu „all rights reserved", wie bei der Erstellung von traditionellen Bildungsmaterialien.

Die Lizenzen von Creative Commons (CC) gelten als Standard für OER. CC bietet insgesamt sechs Lizenzen an; jede Lizenz beinhaltet eines oder mehrere von vier grundlegenden Lizenzmodulen, jeweils dargestellt durch Piktogramme und Abkürzungen (Kreuzer, 2016, S. 29-69):

- BY, Namensnennung: Der Urheber des Werks muss genannt werden.
- NC, nicht-kommerziell: Das Werk darf nicht für kommerzielle Zwecke genutzt werden.
- ND, keine Bearbeitung: Das Werk darf nicht verändert werden,
- SA, Weitergabe unter gleichen Bedingungen: Das Werk darf verändert werden und die geänderten Versionen veröffentlicht, jedoch nur unter der gleichen oder einer kompatiblen Lizenz.

Mit dem Public-Domain Werkzeug CC0 kann der Rechteinhaber das urheberrechtlich geschützte Werk für gemeinfrei erklären.

Der Rechteinhaber entscheidet selbst, welche CC-Lizenz der jeweiligen Publikationsstrategie entspricht. Hierzu können die einzelnen Lizenzmodule zu einer konkreten CC-Lizenz kombiniert werden (siehe Abbildung 1).

2.2 Potenziale

Bereits der Titel des Zweiten UNESCO-Weltkongresses „OER for Inclusive and Equitable Quality Education: from Commitment to Action" deutet große Bedeutung an, die OER seitens der UNESCO zur Erreichung des vierten Nachhaltigkeitszieles der Agenda 2030 beigemessen wird. Im dort verabschiedeten Ljubljana Action Plan (UNESCO, 2017) werden die transformativen Potenziale von OER vor allem hinsichtlich der neuen Möglichkeiten für den Wissensaustausch und die Zusammenarbeit zwischen Lehrenden, Institutionen und Ländern unterstrichen und konkrete Handlungsempfehlungen in fünf strategischen Bereichen formuliert. Implikationen finden sich für den Bereich Schule zum Beispiel hinsichtlich Bildungskultur, Didaktik und Schulentwicklung.

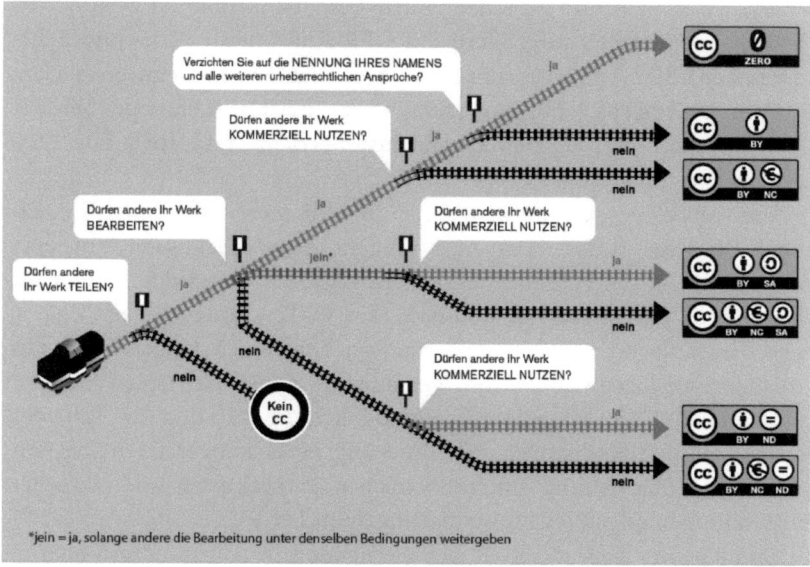

Abbildung 1: „Welches ist die richtige CC-Lizenz für mich?" (Grafik von Barbara Klute und Jöran Muuß-Merholz für wb-web unter CC BY SA 3.0)

Lehrende erstellen in der Regel individuell Materialien für den eigenen Unterricht. Oft ist nicht klar, welche Nutzung erlaubt ist und wo die Grenzen liegen. Durch die CC-Lizenzen wird der Umgang mit den Materialien transparent. Es gilt: „Jedermann darf das Material in bestimmter Weise nutzen, ohne fragen zu müssen, solange er/sie sich an bestimmte Auflagen hält" (Muuß-Merholz, 2018, S. 42). OER-Lern- und Lehrmaterialien können somit rechtssicher für den jeweils spezifischen Bildungskontext angepasst, Aktualisierungen vorgenommen und unterschiedliche Perspektiven einbezogen werden. Durch OER wird die arbeitsteilige Erstellung von Materialien und dadurch die Zusammenarbeit von Lehrenden einer Schule aber auch schulübergreifend gefördert. Erleichtert wird die Zusammenarbeit insbesondere durch neue technische Möglichkeiten, zum Beispiel in Form von USB-Sticks, Cloud-Speichern, kollaborative Textbearbeitungen und Lernmanagementsysteme. Online-Communities tragen nicht nur zum Austausch von Materialien, sondern auch zum Austausch von Erfahrungen bei (Muuß-Merholz, 2018). Viele von Lehrenden erstellte OER finden sich bereits jetzt auf privat betriebenen Webseiten[6]. Durch Lesezeichen zu allen Lernressourcen erleichtert es Edutags (www.edutags.de), Materialien zu speichern, zu ordnen, zu suchen und zu teilen. Auch Lernplattformen zu bestimmten Themen und Fächern vergrößern das OER-Angebot an Lern- und Lehrmaterialien. Die Lernplattforum SEGU Geschichte (www.segu-geschichte.de) der Universität Köln unterstützt zum Beispiel Lehrende bei der Durchführung eines offenen Geschichtsunterrichts und stellt über 200 Lernmodule zur Verfügung.

Sinnvoll eingesetzt werden OER im Rahmen von Open Educational Practices (OEP). Darunter versteht man didaktische Konzepte und Methoden, die Lehren und Lernen mit OER – und damit auch die Verwendung und Wiederverwendung von OER – unterstützen (Ehlers, 211). Vieles davon ist nicht neu, sondern bereits seit langem etwa aus der Reformpädagogik bzw. dem gemäßigten Konstruktivismus bekannt (Schreiber, 2017). Dazu gehören hauptsächlich die Stärkung der Rolle der Lernenden im Lernprozess, die Förderung eines kooperativen Lernens sowie die Einbeziehung unterschiedlicher Perspektiven und aktueller Entwicklungen oder Projektorientierung beim Lernen.

Damit wird auch die Rolle von Lernenden im Lernprozess gestärkt. So können diese selbst zu Produzenten von Bildungsmaterialien werden, bereits bestehende Materialien anpassen und verbessern sowie eigene Lernergebnisse als OER veröffentlichen. Die so entstandenen Materialien zu unterschiedlichen fachlichen Inhalten vermitteln in idealer Weise die Sichtweisen, Perspektiven und den Lebensweltbezug der Lernenden. Das von der Medienanstalt Berlin-Brandenburg gemeinsam mit der Evangelischen Schule Berlin Zentrum entwickelte Projekt „SchülerInnen machen OER" (siehe: www.metaversa.de/oer) ist ein Beispiel, bei dem Lernende als Produzenten von OER-Materialien in Erscheinung treten. Im Projektzeitraum des ersten Schulhalbjahres 2013/2014 entstanden schülereigene Lehrmaterialien, bei denen die außerschulischen Lern- und Lebenswelten der Lernenden in schulische Inhalte einbezogen werden konnten. Das Projekt fand im Rahmen des obligatorischen, jahrgangsgemischten Projektunterrichts statt (Jankow, Leonhard, Riemer, Lüdecke, & Lange, 2014). Aktuell bietet die Plattform Serlo.org (www.serlo.org) rund 450 Artikel, Kurse, Videos und über 3.600 Aufgaben mit Musterlösungen aus dem Bereich Mathematik an. Die

---

6   Siehe zum Beispiel: www.schulbyod.de [06. März 2018].

Plattform richtet sich direkt an Lernende. Inhalte können – wie auch bei Wikipedia – selbstständig bearbeitet und hinzufügt werden.

Die überkonfessionelle Plattform RPI-virtuell (www.rpi-virtuell.de) für Religionspädagogik und Religionsunterricht bietet Lernenden die Möglichkeit, Materialien zu nutzen und gemeinsam weiterzuentwickeln. Aber auch Einzelinitiativen von Lehrenden zeigen immer wieder erfolgreiche Ansätze, Lernende aktiv in die Erstellung eigener Lernmaterialien einzubeziehen (Busch, 2017).

Durch die zunehmende Verbreitung von OER und die wachsende politische Unterstützung (Orr, Neumann, & Muuß-Merholz, 2017), die sich unter anderem auch in OER-Qualifizierungsmaßnahmen für Multiplikatorinnen und Multiplikatoren[7] zeigt, ist zu erwarten, dass es in den nächsten Jahren zu einer verstärkten Nutzung von OER kommen wird – auch mit Auswirkungen auf die Institution Schule. Die stärkere Rolle von Lernenden im Lernprozess bietet vielseitige methodischen Möglichkeiten, den Unterricht kompetenz- und projektorientierter zu gestalten. Durch den Austausch von Materialien bieten sich Chancen für Lehrende und Lernende, starre Fächergrenzen zu überwinden und interdisziplinäres Arbeiten umzusetzen. Schulen selbst können durch eine gezielte Erstellung und Kombination von Materialien zu einem Thema oder der Erstellung und Umsetzung von Lernprozessen, vielseitige Möglichkeiten schaffen um das Schulprofil zu schärfen oder auszubauen.

2.3 Kompetenzerwerb im Rahmen der BNE

Pädagogische Lernformen und eine entsprechende Lernumgebung, bei der Lernende weitestgehend eigenständig Wissen und Kompetenzen erwerben, haben wesentlichen Eingang in BNE gefunden. Förderlich für die Entwicklung der BNE-Kernkompetenzen (KMK et al.) sind unter anderem lernerzentrierte, problemlösende, interaktive, selbst- und demokratisch bestimmte Lernaktivitäten sowie Problemstellungen, die auf

---

7   Ein Beispiel ist das Projekt „Mainstreaming OER – Kompetenzentwicklung für Multiplikatorinnen und Multiplikatoren" der Universität Duisburg-Essen. Von November 2016 bis April 2018 sollen Akteure in den Sektoren Schule, Hochschule und Erwachsenenbildung in Nordrhein-Westfalen für das Lernen mit digitalen Medien sensibilisiert und qualifiziert werden, um in den jeweiligen Institutionen und Bildungsbereichen das Thema OER zu vermitteln. Weitere Informationen unter: https://learninglab.uni-due.de/forschung/projekte/mainstreamingoer [06. März 2018].

nachhaltige Lösungen ausgerichtet sind. Die methodische Gestaltung des Unterrichts verändert zugleich die traditionelle Rolle der Lehrenden. In diesem Verständnis sollen Lehrende (Schreiber, 2017, S. 14):

- weniger vorgeben und vermitteln;
- Freiräume für selbstbestimmte Schüleraktivitäten schaffen;
- mehr und genauer beobachten, beraten und ermutigen;
- wo immer notwendig und möglich, über Fachgrenzen hinausgehen;
- wechselnde kollaborative Lernsituationen ermöglichen;
- zu kritischer Reflexion anregen und soziales Aushandeln von Positionen üben;
- Selbstorganisation und eigenständigen Wissenserwerb fördern.

Die Nutzung von OER ist insbesondere aus diesen Gründen für die Umsetzung von BNE im Sinne des OR naheliegend. Im Folgenden sollen die Potenziale von OER insbesondere für BNE genauer betrachtet werden. Die besondere Bedeutung von OER als Material, Mittel, aber auch Methode für die Verankerung von BNE lässt sich gut anhand der einzelnen Kompetenzbereiche Erkennen, Bewerten und Handeln nachvollziehen.

Im OR-Kompetenzbereich Erkennen geht es darum, den selbstbestimmten und zielgerichteten Wissenserwerb von Lernenden zu fördern. Dazu gehört es, Vielfalt erkennen, Informationen analysieren und bewerten zu können. Lernende sollen Daten und Informationen zu Fragen der Globalisierung und Entwicklung beschaffen, themenbezogen verarbeiten und Handlungsebenen vom Individuum bis zur Weltebene (in ihrer jeweiligen Funktion für Entwicklungsprozesse) berücksichtigen. Im Gegensatz zu feststehenden und unveränderbaren Materialien ermöglichen OER ständig Weiterentwicklungen und Aktualisierungen. Inhalte mit verschiedenen Sichtweisen und unterschiedlichen Perspektiven können neu zusammengestellt werden. Lernende werden auf diese Weise zur eigenen Wissenskonstruktion herausgefordert. Aktuelle Themen wie Klimawandel, Globalisierung und Dieselskandal können schneller in Lern- und Lehrmaterialien Eingang finden und fächerübergreifend behandelt werden.

Im Kompetenzbereich Bewerten geht es um das Erkennen und Abwägen unterschiedlicher Werte und um kritische Reflexion. Lernende sollen in die Lage versetzt werden, fremde und eigene Werte zu erkennen und zu hinterfragen. Dafür sind die Fähigkeit und Bereitschaft zu Empathie und Perspektivenwechsel erforderlich. OER ermöglichen, dass Materialien mit unterschiedlichen Hintergründen und Perspektiven durch Lernende zusammengestellt werden. Durch Metatags können aktiv Informationen über die unterschiedlichen Urheber der Materialien in Erfahrung gebracht werden. Die Analyse der einzelnen Materialien im Fachunterricht bietet für die Lernenden die Möglichkeit, den jeweiligen Entstehungskontext oder die Interessen des Materialerstellers zu erkennen, zu analysieren und auszuwerten.

Schließlich sollen im Kompetenzbereich Handeln Lernende Solidarität und Mitverantwortung als eine Herausforderung annehmen. Ziel ist es zu lernen, auf Grundlage einer mündigen Entscheidung die Erreichung der Ziele einer nachhaltigen Entwicklung im privaten, schulischen und beruflichen Berich aktiv mitzugestalten. OER unterstützen in besonderer Weise kollaboratives Lernen. Es gibt zahlreiche Beispiele, bei denen Lernende gemeinsam Materialien kreieren, bereits bestehende Materialien verändern und hierfür gemeinsam Wissen generieren. Im Sinne einer BNE könnte dieses Potenzial dadurch verstärkt werden, im Rahmen von Unterrichtskonzepten oder in Projekten kooperativ und „auf Augenhöhe" in den direkten Austausch mit Lernenden anderer Länder zu treten; zum Beispiel durch die Einbindung eines Twitter-Chats zum Globalen Lernen, eines Instagram-Contests mit einer Partnerschule im Globalen Süden ermöglichen oder die Nutzung eines Chatraums zum virtuellen Austausch. Auch die Nutzung von Digital Storytelling, interaktiver Landkarten und Open Data ist im Sinne einer BNE vielversprechend. Idealerweise erfolgt die Erstellung einer solchen Unterrichtseinheit auch unter maßgeblicher Beteiligung von Lernenden.

Vor diesem Hintergrund bieten sich für OER vor allem digitale Angebote an, die einfach und dynamisch weiterentwickelt werden können. Bei der Erstellung von OER-Materialien sollten zudem die didaktischen Aspekte berücksichtigt werden. In komplexe Unterrichtsbeispiele könnten zum Beispiel Hinweise für Lehrende und Lernende zur Umsetzung bzw. Anwendung im Unterricht erfolgen. Auch die Beschreibung ganzer oden, die den Kompetenzerwerb – auch im Sinne des OR – fördern, ist zielführend.

2.4 Geplante Maßnahmen im OR-Umsetzungsprozess

Im Rahmen des OR-Umsetzungsprozesses besteht ein Ziel darin, die Potenziale von OER in der Praxis zu erproben und nutzbare OER-Lern- und Lehrmaterialien bereitzustellen. Ein Schwerpunkt wird zunächst die Erstellung von offenen Unterrichtsmaterialien sein.

Begleitend zu den jeweiligen Fachkapiteln des OR oder den bereits veröffentlichten OR-Teilausgaben sollen zunächst offene Unterrichtsmaterialien entstehen, die durch Lehrende im Unterricht der verschiedenen Fächer fachübergreifend oder fächerverbindend eingesetzt, angepasst und entsprechend weiterentwickelt werden können. Jedem Material werden Hinweise zur Nutzung und Weiternutzung von OER angefügt. Zudem sind Fortbildungsangebote geplant, die insbesondere die Nutzung und Erstellung von offenen BNE-Unterrichtsmaterialien zum Thema haben. Alle Materialien werden über das Portal zum Globalen Lernen (EWIK) und Engagement Global kostenfrei zur Verfügung gestellt.

Zudem sind Workshops für Lehrende, Lernende und zivilgesellschaftliche Akteure geplant, um gemeinsam offene Materialien zu einem spezifischen BNE-Thema zu erstellen. Hierzu wird zunächst nach bereits bestehenden Materialien gesucht und deren Qualität anhand der an den OR gebundenen Kriterien überprüft. Anschließend sollen auf dieser Grundlage neue OER-Materialien entstehen, die auf die einzelnen Bedarfe abgestimmt sind. Alle Materialien werden auf dem EWIK-Portal zur Verfügung gestellt und können wiederum weitergenutzt und verändert werden.

Schon jetzt wurde auf der EWIK-Plattform[8] eine OER-Rubrik eingerichtet, unter anderem mit spezifischen Informationen zu CC-Lizenzen und Aspekten der Qualitätssicherung. Auch in der Suchfunktion zu den Bildungsmaterialien wurden bereits „OER" hinzugefügt. Perspektivisch ist es das Ziel, dass die EWIK-Plattform das Repositorium[9] für offene BNE-Bildungsmaterialien wird. Jedes OER-Material entspricht den Qualitätskriterien des OR und wird lizenzrechtlich geprüft.

---

8 Siehe: www.globaleslernen.de/de/node/13305 [06. März 2018].
9 Siehe: https://open-access.net/informationen-zu-open-access/repositorien [06. März 2018].

3. Go! Global

Die Chancen digitaler Medien für eine BNE und die Umsetzung des OR lassen sich zudem praxisnah am Beispiel „Go! Global"[10] verdeutlichen. Dabei handelt es sich um ein virtuelles Schulaustauschprogramm, welches Schülerinnen und Schülern die Möglichkeit gibt, sich über verschiedene Themen über Ländergrenzen hinweg auszutauschen. Thematisch liegt der Fokus des Erfahrungsaustausches auf Schulgärten und der Lebensmittelherstellung sowie auf Abfallvermeidung und Recycling. Durch den digitalen Austausch können Schülerinnen und Schüler nicht nur Gemeinsamkeiten und Unterschiede auf globaler Ebene entdecken, sondern auch Zusammenhänge erkennen, Erfahrung teilen und Denkanstöße für ihr eigenes Handeln auf lokaler Ebene mitnehmen.

Die Nutzung verschiedener digitaler Kommunikationsmöglichkeiten und Werkzeuge, wie zum Beispiel Videokonferenzen, Chats und der Austausch von Filmen und Fotos, ermöglicht den Austausch zwischen zwei, drei und mehr Schulen bzw. Lerngruppen in unterschiedlichen Teilen der Welt und gibt Schülerinnen und Schülern damit die Gelegenheit, eine Vielfalt an Perspektiven kennenzulernen, konkrete Kontakte aufzubauen und damit vereinfachende Sichtweisen zu hinterfragen.

Für Lehrkräfte und Multiplikatoren, die dieses Prinzip des virtuellen Austausches selbstständig umsetzen möchten, wurde außerdem eine Handreichung[11] entwickelt, die ausschließlich online verfügbar bzw. sinnvoll nutzbar ist und permanent weiterentwickelt wird. Angelegt ist dieses „Do-it-yourself-Manual" als interaktive Mind Map. Diese ermöglicht es, gemäß der eigenen Bedürfnisse und Erfordernisse beispielsweise das Prinzip des digitalen Austausches kennenzulernen und zu vertiefen oder sich mit bestimmten thematischen Aspekten auseinanderzusetzen. Die Handreichung ist im Rahmen des BNE-Expertennetzwerkes „ESD Expert Net" entstanden; in Zusammenarbeit von Lehr- und anderen Bildungsfachkräften aus Deutschland, Indien, Mexiko und Südafrika, ausschließlich unter Zuhilfenahme digitaler Tools (u.a. Videokonferenzen, gemeinsame online-basierte Bearbeitung von Dokumenten).

---

10 Siehe: https://esd-expert.net/go-global-virtueller-schulaustausch.html
    [06. März 2018].
11 Siehe: https://esd-expert.net/go-global-virtueller-schulaustausch.html
    [06. März 2018].

4. Zusammenfassung

Digitale Medien und Werkzeuge bieten im Umsetzungsprozess des OR auf unterschiedlichen Ebenen (organisatorisch, didaktisch, methodisch) vielseitige Möglichkeiten, Unterrichtsszenarien und Lernprozesse im Sinne der BNE umzusetzen und den Kompetenzerwerb zu unterstützen – zum Beispiel, um unterschiedliche Perspektiven kennenzulernen und tradierte Sichtweisen zu verändern. Die Nutzung der digitalen Materialien in Schule und Unterricht fördert zugleich wichtige digitale Kompetenzen.

Die Erstellung offener Unterrichtsmaterialien vom einfachen Arbeitsblatt bis hin zum komplexen Unterrichtsmaterial durch Lernende, aber auch durch Lehrende entspricht in hohem Maße den in der BNE präferierten pädagogischen Ansätzen (Stärkung der Rolle der Lernenden, learning by doing, kollaboratives Lernen, Kultur des Teilens, Einbeziehung unterschiedlicher Perspektiven und aktueller Entwicklungen). Um das Potenzial nutzen zu können, ist es für Lehrende wichtig, Grundlagenwissen in rechtlicher, didaktischer und technischer Hinsicht zu erwerben. Begleitende Fortbildungen erscheinen sinnvoll. So können Möglichkeiten der Nutzung und Weiterentwicklung von OER im Bereich der BNE aufgezeigt werden. Auch die Entwicklung von Unterrichtsmaterialien, die den Einsatz digitaler Werkzeuge im Fachunterricht oder in der Projektarbeit zu BNE-Themen zum Ziel haben, werden so gefördert.

5. Ausblick

Die wechselseitige Ergänzung von BNE und Digitaler Bildung[12] hat Auswirkungen auf die Gestaltung von Unterricht, Lernumgebung und Unterrichtsmaterialien und damit auf schuleigene Curricula, notwendige

---

12 Digitale Bildung wird hier wie in der Dagstuhl-Erklärung als Kurzform für „Bildung in der digital vernetzten Welt" als für die Kommunikation in diesem Kontext notwendiger (noch nicht gesicherter) Arbeitsbegriff verwendet, der umfassend die Herausforderungen der digitalen Welt aufgreift, sich auf die gesamte (schulische) Bildung bezieht und bisherige Bereiche wie Medienbildung, Informatik und IT-Bildung einschließt. Enge Berührungspunkte mit der BNE gibt es dabei v.a. in der „gesellschaftlich-kulturellen Perspektive, die die Wechselwirkungen der digital vernetzten Welt mit Individuen und der Gesellschaft untersucht." (Dagstuhl-Erklärung, März 2016, S. 3, URL: https://gi.de/themen/beitrag/dagstuhl-erklaerung-bildung-in-der-digital-vernetzten-welt-1 [06. März 2018].

Unterstützungsangebote sowie auf die Anforderungen der Lehrerinnen- und Lehrerbildung. Zu den grundlegenden Kompetenzen einer zukunftsfähigen Gestaltung des privaten und beruflichen Lebens zählen die Fähigkeiten zum Umgang mit digitalen Informations- und Kommunikationstechnologien. Hierzu gehört auch, nicht nachhaltige Entwicklungen in Verbindung mit Digitalisierungsprozessen erkennen zu können und digitale Medien zur Entscheidungsfindung zu nutzen, durch die sich nachhaltige Entwicklungsprozesse verwirklichen lassen. Die Ausbildung dieser Kompetenzen kann durch die Nutzung von digitalen Medien in Schule und Unterricht sinnvoll unterstützt werden.

Diese Aspekte wurden auf der 8. KMK/BMZ-Fachtagung „Umsetzung und Weiterentwicklung des Orientierungsrahmens Globale Entwicklung" 2017 in Bad Honnef mit Vertreterinnen und Vertretern der Politik, Wissenschaft, Bildung und Zivilgesellschaft diskutiert[13]. Teilnehmerinnen und Teilnehmer des Workshops „BNE und Digitale Bildung" der OR-Fachtagung äußerten den Wunsch, an einer konstruktiven Zusammenführung der Umsetzung und Weiterentwicklung von BNE und Digitaler Bildung in Schule weiterzuarbeiten und den Prozess kritisch zu begleiten. Im Ergebnis entstand ein gemeinsames Diskussionspapier „BNE in einer digitalen Welt".

Im Diskussionspapier geht es um die Frage, wie eine wechselseitige Ergänzung von BNE und Digitaler Bildung gestaltet werden kann. Hierzu werden Leitfragen zur Klärung des Verhältnisses von BNE und Digitalisierung in der schulischen Bildung gestellt und erste Impulse zur Beantwortung dieser Leitfragen benannt. Es soll eine breit geführte Diskussion angeregt werden, um gemeinsam Ideen für die weitere konzeptionelle Ausgestaltung der im Diskussionspapier entwickelten Ansätze einer wechselseitigen Ergänzung von BNE und Digitaler Bildung weiterzuentwickeln und erste Umsetzungsschritte anzustoßen (EG, 2018).

Literatur

Busch, M. (2017). OER im Unterricht – kreative Lernprodukte mit Creative Commons. *Synergie: Fachmagazin für Digitalisierung in der Lehre*, 3, 66–67.

---

13 Für die Dokumentation der 8. KMK/BMZ Fachtagung zur Umsetzung des OR siehe: www.engagement-global.de/achte-kmk-bmz-fachtagung-zum-orientierungsrahmen.html [06. März 2018].

Engagement Global (Hrsg.). (2018). Orientierung gefragt – BNE in einer digitalen Welt. Diskussionspapier zur wechselseitigen Ergänzung von Bildung für Nachhaltige Entwicklung und Digitaler Bildung im Bereich Schule. Verfügbar unter https://www.engagement-global.de/lernbereich-globale-entwicklung.html?file=files/2_Mediathek/Mediathek_EG/Angebote_A_Z/Lernbereich_Globale_Entwicklung_in_der_Schule/Diskussionspapier_Orientierung_gefragt_BNE_in_einer_digitalen_Welt.pdf [18.07.2018]

Ehlers, U. D. (2011). From Open Educational Resources to Open Educational Practices. *eLearning Papers 23*. Verfügbar unter https://www.oerup.eu/fileadmin/_oerup/dokumente/media25161__2_.pdf [06.03.2018]

Jankow, S., Leonhard, J., Riemer, M., Lüdecke, M., & Lange, M. (2014). *Projektbericht Schüler und Schülerinnen machen OER*. Verfügbar unter http://metaversa.de/oer/wp-content/uploads/2014/04/Projektbericht_OER_2014-03_print.pdf [06.03.2018]

KMK, BMZ & Engagement Global (Hrsg.). (2015). *Orientierungsrahmen für den Lernbereich Globale Entwicklung im Rahmen einer Bildung für nachhaltige Entwicklung* (2. aktualisierte und erweiterte Auflage). Bonn.

Kreuzer, T. (2015). *Open Content – Ein Praxisleitfaden zu Creative-Commons-Lizenzen*. Verfügbar unter https://irights.info/wp-content/uploads/2015/10/Open_Content_-_Ein_Praxisleitfaden_zur_Nutzung_von_Creative-Commons-Lizenzen.pdf [06.03.2018]

Muuß-Merholz, J. (2015a). *Zur Definition von „Open" in „Open Educational Resources" – die 5 R-Freiheiten nach David Wiley auf Deutsch als die 5 V-Freiheiten*. Verfügbar unter https://open-educational-resources.de/5rs-auf-deutsch [06.03.2018]

Muuß-Merholz, J. (2015b). *UNESCO veröffentlicht neue Definition zu OER*. Verfügbar unter https://open-educational-resources.de/unesco-definition-zu-oer-deutsch [06.03.2018]

Muuß-Merholz, J. (2018). *Freie Unterrichtsmaterialien finden, rechtssicher einsetzen, selbst machen und teilen*. Weinheim: Beltz.

Orr, D., Muuß-Merholz, J., & Neumann, J. (2017). *German OER Practices and Policy – from Bottom-up to Top-down initiatives*. Moscow.

Schreiber, R. (2017). *Kurzfassung zum KMK/BMZ Orientierungsrahmen Globale Entwicklung*. Verfügbar unter www.engagement-global.de/files/2_Mediathek/Mediathek_EG/Weitere_Publikationen/01_OR-GE_Kurzfassung_bf.pdf [06.03.2018]

UNESCO (Hrsg.). (2017). *Ljubljana OER Action Plan 2017*. Verfügbar unter https://open-educational-resources.de/wp-content/uploads/Ljubljana_OER_Action_Plan_2017.pdf [06.03.2018]

Lisa Rosa

Mobil in die Lernepoche[1]. Das Ganze verstehen, um im Einzelnen erfolgreich zu handeln

Abstract

Der Leitmedienwechsel vom Buchdruck zur Digitalität ist im Begriff, unsere gesamte (Welt-)Gesellschaft zu transformieren. Die Versuche der letzten 15 Jahre, in unterschiedlichen Varianten das Digitale in der Schule bloß als zusätzliche Option und nur als neues Werkzeug zu verstehen – mit dem effizienter gelernt werden kann, was bisher schon immer gelernt wurde – haben sich in der Praxis als kurzsichtig erwiesen. Inzwischen verbreitet sich die Erkenntnis, dass die Transformation viel tiefer geht. Tatsächlich verändert sich das, *was* ab jetzt gewusst und gekonnt werden muss, um mit den ökonomischen, politischen und nicht zuletzt ökologischen Tatsachen der Gegenwart und Zukunft adäquat umgehen zu können. Gleichzeitig hat sich mit den digitalen Medien auch die *Art und Weise* der Wissensgenerierung, Wissensverbreitung und der Wissensaneignung verändert. Die Bildungssysteme müssen sich dementsprechend umbauen. Das ist viel mehr als die Einführung digitaler Geräte und Tools in den ansonsten gleich bleibenden Fachunterricht. Ein reduktionistischer Medienbegriff (auf Geräte und Tools) ist dabei ebenso zu überwinden wie die Reduktion von Lernen auf systematisches Lernen im Fachunterricht. Die historisch spezifischen Formen des Lernens sind unter den Bedingungen der Digitalität neu zu bestimmen, und die Art und Weise, das gesellschaftlich und individuell notwendige Wissen und Können zu erwerben, sind für die nächsten Generationen institutionell neu zu organisieren. Noch sind viele Fragen dabei offen. Einige Eckpunkte und Tendenzen sind jedoch heute schon klar: Es geht um eine neue Betonung von Fähigkeiten wie selbstständige Wissensaneignung, kritisches Denken, Kreativität, Zusammenarbeit und weltweite Vernetzung. Dazu rücken passenderweise informelle Lernformen, problemorientiertes Lernen und Projektarbeit in den Vordergrund.

---

1 Lernkultur nennen Erdmann und Rückriem die nächste Kulturepoche, die Andere Informationsgesellschaft, Wissensgesellschaft oder – inhaltlich offen – Next Society nennen. Der Fokus ist dabei interessanterweise eben nicht auf die Ergebnisse (Wissen) oder die Ressource (Information), sondern auf den spezifischen Operationsmodus (Lernen) gesetzt, mit dem die neue Gesellschaftsformation ihr Epochenmerkmal verknüpft. Erdmann & Rückriem, 2010. Verfügbar unter https://georgrueckriem.files.wordpress.com/2011/10/lernkultur2010.pdf [1.9.2017]

1. Einführung

Der Begriff „mobiles Lernen" geht von den Möglichkeiten aus, die ein tragbares digitales Gerät (in der Regel ein Smartphone, Tablet oder Laptop) für das Lernen eröffnet. Diese Möglichkeiten – auch fachspezifisch – auszuloten ist gewiss nützlich und notwendig. Dabei muss man sich jedoch *erstens* klarmachen, dass die Geräte-Ebene nur die technische Seite der digitalen Medien und keinesfalls das Informations- und Kommunikationsmedium als Ganzes repräsentiert. Ein Informations- und Kommunikationsmedium enthält außer der technischen Seite der Geräte und Tools eine unsichtbare und darum häufig übersehene gesellschaftliche Ebene. Diese ist jedoch vor allem in Bezug auf Wissen und Lernen diejenige Ebene, die die bedeutsamen Unterschiede zur vorigen Kultur (also der unter den Bedingungen des vorigen Mediums) trägt. Nicht das mobile Gerät mit seinen Funktionen oder die äußerliche Tätigkeit wie das Texten, Sprechen, Berühren oder Wischen sind die Träger der wesentlichen kulturellen Neuerung, sondern die durch diese Technologie ausgelösten Veränderungen der inneren Strukturen und Eigenschaften der Kommunikation. Aber selbst die Benennung dieser Strukturen und Eigenschaften – ständiger und ubiquitärer Zugang potenziell Aller zu potenziell allen Informationen und Kommunikationen – beschreibt noch nicht deren gesellschaftliche Auswirkungen auf die Art und Weise, wie die Gesellschaft und das Individuum kommuniziert, Wissen produziert und lernt. Der folgende Beitrag geht davon aus, dass erst mit dem Verständnis dieser letzten Ebene der gesamte Horizont der transformativen Möglichkeiten digitaler (mobiler) Geräte für das Lernen erkennbar und dann für das Lernen in der Schule fruchtbar werden kann. Erst dann ist auch der Charakter der Geräte als Kulturzugangsgeräte (Rosa, 2014) (= aktive Aneignung) anstatt als „Endgeräte" (= passives Empfangen) verstanden.

Daher muss man sich *zweitens* auch davor hüten, zu voreilig im eigenen Verstehensprozess des Gesamten auf eine fachspezifische Ebene zu springen, d.h. bevor man die allgemein-didaktische geklärt hat. Dabei ist es unumgänglich, auf der neuen Kulturstufe auch die Didaktik überhaupt zu re-definieren und das Lernen bei all dem Lehren als Gegenstand der Überlegungen wieder in den Blick zu nehmen (Erdmann, 2006).

Der Beitrag verlegt daher einen ersten Fokus von den Devices (Geräten) und Tools (Medienformen) zunächst auf das Verständnis der historisch spezifischen Form des Lernens im Zeitalter der Digitalität. Die Vorstellung, Lernen im digitalen Zeitalter drücke sich vor allem in der

Nutzung von digitalen Geräten und Tools aus, folgt einem auf den technischen Aspekt reduzierten Medienbegriff. Und selbst dann, wenn der „Einsatz der Technik um ihrer selbst willen" kritisiert und die Forderung nach dem Primat der Pädagogik erhoben bzw. nach dem sogenannten „didaktischen Mehrwert" gefragt wird, bleibt der Begriff in der technizistischen Reduktion gefangen, denn er reduziert die Medien auf ihren Werkzeugcharakter als dienendes Mittel (stellvertretend für die Überfülle an Statements dieser Kategorie aktuell Lembke, 2017). Dem wird hier ein umfassender Medienbegriff entgegengesetzt, der der Technologie eine gesellschaftliche Dimension nicht hinzufügt, sondern den grundsätzlich kulturkonstituierenden Charakter von Informations- und Kommunikationsmedien reflektiert.[2] Nur mit einem solchen Medienbegriff sind die Ergebnisse der Analyse der gesellschaftlichen Entwicklung mit den neuen normativen Orientierungen überhaupt in Übereinstimmung zu bringen.

Darüber hinaus folgt der Beitrag einem kulturhistorischen Wissens- und Lernbegriff, der beide konsequent historisiert: Wie Wissensproduktion bzw. Lernen stattfinden und was als Wissen und Lernen gilt, gibt es nicht abstrakt-allgemein, sondern immer nur in je kulturell bedingter, historisch konkreter Form. Auch dies ist ein entscheidender Unterschied zu den vorherrschenden Konzepten, die Wissen und Lernen als ahistorische Größen verstehen. Wissen und Lernen kann solchen Vorstellungen folgend nur in ihrem Funktionieren als verbesserungsfähig, aber nicht in ihrer Art und Weise als veränderlich verstanden werden. Nur mit einem umfassenden kulturhistorischen Verständnis von Medium, das eine Re-Formulierung des Wissens- und Lernbegriffs einschließt, können jedoch die emanzipatorischen Potenziale – ebenso wie die dadurch neu entstehenden Begrenzungen und Probleme – der digitalen Medienrealität erkannt und zur erfolgreichen Bearbeitung der globalen Probleme der Menschheit verwirklicht bzw. in Rechnung gestellt werden.

Im zweiten Fokus wird der Beitrag daher das neu verstandene Wissen und Lernen wieder re-kontextualisieren – nämlich auf die gegenwärtigen Bedingungen. Dabei wird deutlich, dass durch dieses Vorgehen nicht nur andere Geräte, Tools und Methoden, sondern auch andere Lernformen und Lernsettings sowie vor allem andere Aufgaben für Lehrkräfte wie für Lernende in den Vordergrund treten als bei einer Vorstellung, die sich auf eine Anwendung der mobilen Geräte oder Tools als bloße Mittel

---

2   Der Beitrag fußt weitestgehend auf dem Medienbegriff des Kommunikationswissenschaftlers, Medienhistorikers und Medientheoretikers Michael Giesecke, Giesecke, 2002

im bestehenden Unterricht zur Verbesserung eines immer schon gleichen Lernens beschränkt. In diesem Sinne wird hier der Begriff „mobiles Lernen" in einem weit umfassenderen Sinne verstanden, nämlich als ein „in Bewegung gekommenes Lernen" anstatt bloß als Lernen unterwegs mit beweglichen Geräten.

Zunächst wird also im 2. Kapitel das oben geforderte Medienverständnis erläutert. Anschließend wird kurz die globale Problemlage, auf die der Orientierungsrahmen reagiert, unter besonderer Berücksichtigung des Leitmedienwechsels und der Transformation in eine Epoche der Digitalität skizziert (Kapitel 3). Im 4. Kapitel steht die Definition der Fähigkeiten im Vordergrund, die nötig sind, um mit der globalen Problemlage erfolgreich umzugehen. Danach wird im 5. Kapitel geklärt, wie sich infolge der digitalen Medien Wissen und Lernen neu definieren lassen. Im 6. Kapitel des Beitrags geht es um die prinzipiellen Konsequenzen dieser Neudefinition für den Unterricht, ergänzt durch ein Beispiel aus dem Bereich des „Globalen Lernens", das diesen Prinzipien im Unterricht einer Hamburger Stadtteilschule folgt. Der Beitrag schließt im 7. Kapitel mit Überlegungen zur Lehrerbildung.

2. Medienbegriff

Medien werden – nicht nur im pädagogischen Alltag – meist als Vermittler verstanden, als leere Container, die mit beliebigen Inhalten befüllt werden und diese von einem Ort zum anderen transportieren. In pädagogischen Kontexten sieht das Verständnis dann so aus: Ein Subjekt will oder soll sich einen Gegenstand lernend aneignen. Das geht nicht direkt, indem es sich ihn im Wortsinne einverleibt, wie man spätestens seit Vygotskij weiß. Auch schon die Wahrnehmung über die biologischen Sinne ist kein direkter und auch kein bloß biologischer Vorgang, sondern ein immer schon gesellschaftlich vermittelter, der auf sozial erworbenen kulturhistorisch spezifischen Wahrnehmungsprogrammen beruht (Donald, 2002). Wahrnehmen und Lernen brauchen schon immer instrumentelle Mittler. Diese vermittelnden Objekte sind jedoch nicht identisch mit Medien. Jedenfalls nicht nach dem modernen wissenschaftlichen Medienbegriff, auch wenn sie im Alltagsgebrauch meist gleichgesetzt werden. Nach dem modernen Medienbegriff sind Medien, speziell Informations- und Kommunikationsmedien, auf einer anderen epistemologischen Ebene angesiedelt als die „vermittelnden Gegenstände"

Vygotskijs. Diese vermittelnden Gegenstände sind auf der Ebene von Instrumenten bzw. Tools zu verorten, einer Ebene, die gleichwohl Teil des umfassenderen Mediums ist. Zum besseren Verständnis des modernen Medienbegriffs[3] soll die folgende Grafik dienen:

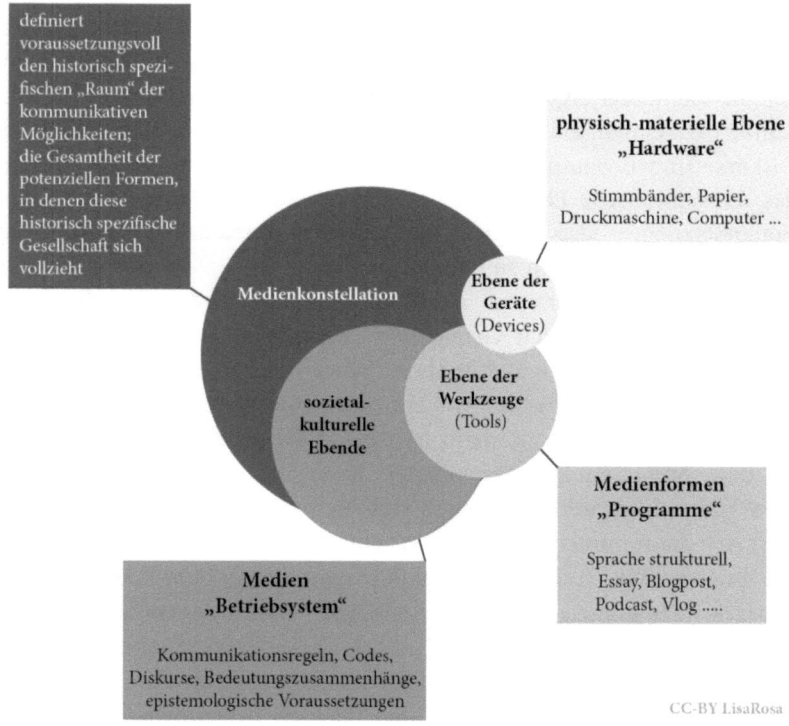

Abbildung 1: Medienbegriff. Die drei Ebenen der Medienkonstellation

Sinnvollerweise müssen wir von einer Medienkonstellation sprechen, in der alle Medien – alte und neue – in einem historisch spezifischen Gefüge zusammenhängen. Gesellschaft ist – systemtheoretisch gesehen – immer Voraussetzung *und* Ergebnis, Prozess *und* Produkt von Kommunikationen. Diese brauchen schon von jeher Medien, nicht erst seit den berühmten „Neuen Medien". Medien sind komplex, bestehend aus verschiedenen Ebenen: Wir haben erstens die *Ebene der Geräte* – das

---

3 Zum „modernen Medienbegriff" verweise ich v.a. auf Michael Giesecke, Kurt Röttgers, Georg Rückriem und Johannes Werner Erdmann - um nur einige der wichtigen deutschen Theoretiker zu nennen.

ist die physische Ebene, die jeweils spezifische materielle Zugangsvoraussetzung; in Computersprache: die Hardware. Dazu gehören auch die biologischen Geräte, wie z.B. Kehlkopf und Stimmbänder, ohne die das Medium „gesprochene Sprache" nicht möglich ist. Zweitens gibt es die *Ebene der Instrumente oder Tools* – das ist die Ebene der Medienformen oder Programme. Auf das Medium Sprache bezogen wären das die linguistische Ebene und die Formen oder Gattungen. Und drittens gibt es die umfassende mediale Ebene, die eine sozietale bzw. kulturelle Ebene ist; im Computerjargon könnte man sie als das „Betriebssystem" der Kultur bezeichnen. Sie betrifft die Kommunikationsregeln, die Codes, die Diskurse und Bedeutungszusammenhänge. Die Sprache betreffend wäre das die semiotische Ebene. Sie enthält aber auch die epistemologischen Voraussetzungen, also das, was die Menschen verstehen müssen, um an dieser Kultur teilnehmen zu können.

Ich plädiere dafür, nur diese letztgenannte Ebene „Medium" zu nennen. Denn wenn ich Geräte und Instrumente schon als „Medien" bezeichne, dabei Geräte und Tools zu Synonymen mache und dann auch noch jeden Einzelgegenstand wie ein Buch, eine Webseite oder ein Video unter diesen Begriff fasse, dann ist die Gefahr groß, dass ein Verständnis des komplexen Zusammenhangs dieser verschiedenen Seiten nicht mehr möglich ist, weil alle Ebenen verschwimmen. Das Verständnis reduziert sich dann immer wieder auf das oben aufliegende Sichtbare, nämlich auf die materielle Technologie. Ein auf Gerät und Tool reduzierter Medienbegriff, der günstigstenfalls „Gesellschaft" additiv hinzufügt – als das, worauf die Technologie „einwirkt", führt in der Praxis häufig dazu, nicht die gesamte Bildung als kulturhistorisch vom Leitmedium abhängiges gesellschaftliches (Sub-)System in den Blick zu bekommen, sondern die neuen Geräte nur in die bestehenden Verhältnisse einzuspeisen.

Nach Michael Giesecke ist ein neues „Leitmedium" jedoch epochemachend, indem es alle Bereiche der Gesellschaft – und selbstverständlich damit auch wieder sich selbst – transformiert. Medien konstituieren demnach Kultur (vgl. Abb. 2).

Nicht überraschend ist dieser Medienbegriff selbst in seinen Vorstellungen an dieses neue Leitmedium gebunden, indem er von Programmen und Betriebssystemen spricht. Das ist nach kulturhistorischem Verständnis auch gar nicht anders möglich, nach dem es ein abstrakt-allgemeines Verständnis ja nicht geben kann. Komplexität als Begriff der Art und Weise der Beziehung zwischen den Elementen und dem Ganzen (hier die medialen Ebenen) und systemisches Denken auf der historischen

Stufe der Systemtheorie sind – und können gar nichts anderes sein als – „Kinder" des Computerzeitalters, die sich mit dem Computer ko-evolutionär in dieser Zeit entwickelten. Sie haben das vordem herrschende mechanisch-industriell geprägte Weltbild als additives und linear-kausales Verständnis vom Zusammenhang der Teile abgelöst. Das neue Verständnis erfordert jedoch ein höheres Abstraktionsvermögen, erkennbar allein schon daran, dass es im Unterschied zum mechanischen Weltverstehen des Maschinenzeitalters (Zahnräder, die sich ineinander drehen) nicht so einfach zu visualisieren ist.

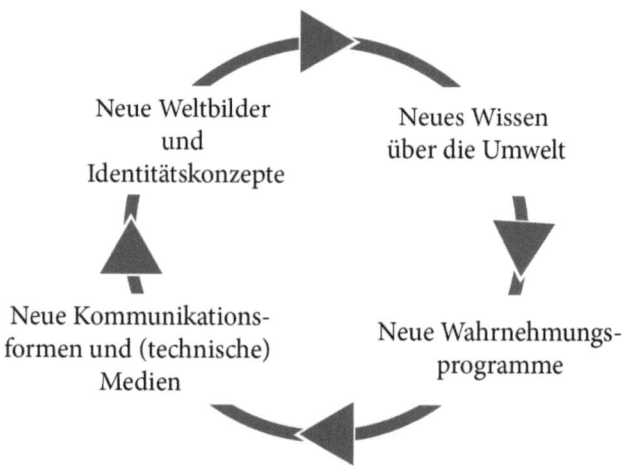

Abbildung 2: Michael Giesecke, Innovationsspirale. Die mediale Konstruktion der Welt (Giesecke, 2002, S. 121, verändert)

In allen Bereichen unserer (Welt-)Gesellschaft entstehen tatsächlich längst zu beobachtende Neu-Konstruktionen von Weltbildern (Theorien), die das Netzwerk gegenüber der Hierarchie (bzw. der Baumstruktur) als historisch neue und bestimmende Struktur betonen. Hier ein Beispiel des kanadischen Wissensmanagementexperten Harold Jarche, der nicht nur Unternehmen, sondern auch Kommunen und öffentliche Einrichtungen beim Netzwerken berät (Jarche, 2017b).

Während Jarches +Modell nichts darüber aussagt, in welchem Verhältnis die bereits bestehenden Strukturen zur jeweils neuesten Errungenschaft stehen, identifiziert Giesecke *Leitmedien*, die jeweils die dominierende Struktur bestimmen, der sich die historisch älteren Medien und Gesellschaftsstrukturen unterordnen, und dabei einen neuen Platz im System der Medienkonstellation bekommen. Nicht alle informationstechnologischen Innovationen haben dabei den Charakter eines epochemachenden Leitmediums. Michael Giesecke nennt als Leitmedien die *Oralität* (mündliche Sprache), die *Schrift*, den *Buchdruck* und aktuell die *Digitalität*.

Harold **Jarche** > *working in perpetual beta*

The T+I+M+N Era

Based on TIMN model by David Ronfeldt

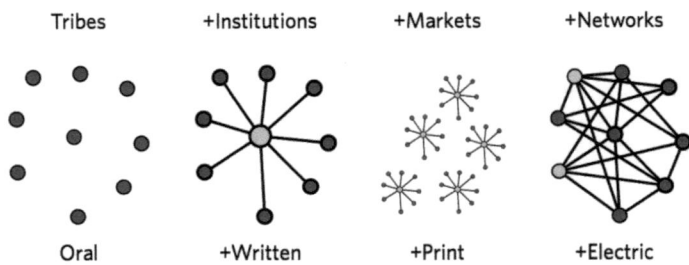

Abbildung 3: Harold Jarche, Epochenmodell (Jarche, 2017a)

Er versteht sie als Voraussetzung und als Katalysatoren für die Herausbildung der jeweils neuen Kulturstufen bzw. Gesellschaftsformationen der Menschheitsentwicklung: Stammesgesellschaften, antike Hochkulturen und Feudalismus, Moderne (bzw. Industriegesellschaft bzw. Kapitalismus), Informationsgesellschaft (bzw. Wissensgesellschaft, Netzgesellschaft, Postmoderne, Next Society, Lerngesellschaft ...). Die unterschiedlichen Begriffe für die neue Epoche zeigen, welche Vielfalt und zugleich noch Offenheit derzeit im Verständnis der globalen Veränderungen besteht.

Michael Giesecke ist zugleich der einzige Medientheoretiker, der die Übergangszeit zwischen den Epochen als eigenen „Gesellschaftstypus" denkt. Wir stehen laut Giesecke noch am Beginn einer solchen Übergangszeit, deren Charakteristika er am vorigen Leitmedienwechsel (Buchdruck) studiert. Das Wesen von Übergangsgesellschaften besteht demnach in der Gleichzeitigkeit alter und neuer Strukturen, alter und neuer Denkweisen, alter und neuer Produktionsweisen, deren Anteil und Beziehung zueinander sich in einem widerspruchsvollen Prozess neu organisiert. Die Verhältnisse sind darum wesentlich von Zuspitzungen der Widersprüche und daraus folgenden Spannungen und Konflikten gekennzeichnet. Dass wir mittendrin leben, erschwert die klare Sicht. Giesecke's Verständnis der

Gegenwart als Übergangszeit in eine neue Epoche erklärt augenfällig die von vielen als Beschleunigung, Desorientierung, Irritation, Werteverfall und dgl. negativ wahrgenommenen Verhältnisse. Es schärft auch gleichzeitig den Chancenblick auf die Möglichkeiten, die in dem noch ‚weichen‘, d.h. bearbeitungsfähigen Zustand der Verhältnisse liegen, nämlich als Real-Life-Entwicklungslabor für neue Formen des Zusammenlebens, des Wirtschaftens und des Umgangs mit der Umwelt. Für das ‚Globale Lernen‘ also hochinteressant.

3. Die globale Problemlage unter Berücksichtigung des Leitmedienwechsels

Die Lage ist in dreifacher Hinsicht herausfordernd: *Erstens* ist eine besondere und neuartige Problematik dadurch entstanden, dass der *Klimawandel* der Menschheit für die anstehende Entwicklungsaufgabe zwei historisch neue und unhintergehbare Aspekte hinzugefügt hat: die global interdependente Betroffenheit und den Zeitdruck. Noch nie zuvor in der Geschichte hatten Ereignisse an einem Ort so deutliche Effekte für den gesamten Planeten. Und noch nie zuvor in der Geschichte saß der Lösung der epochalen Problematik ein solcher Zeitdruck im Nacken. Die Überbeanspruchung des weltweiten Ökosystems durch die Art und Weise des Wirtschaftens weit über die Grenzen seiner Regenerationsfähigkeit hinaus hat möglicherweise schon zu einem Point of no return geführt (Hoekstra & Wiedmann, 2014; Raworth, 2012).

Eine *zweite* Herausforderung besteht darin, dass die Gatekeeper-Funktion für den *Informationszugang* und die damit verknüpfte Deutungshoheit dieser Informationen, die bis vor kurzem ausschließlich durch ausgewiesene Wissenschaftler, „Qualitäts"-Medien und andere Experten wahrgenommen wurde, ihre absolute Macht verloren hat. Nicht nur kann im Internet jeder theoretisch gleichberechtigt Informationen erhalten, bearbeiten und verbreiten. Eine neue Macht ist mit der Gatekeeper-Fähigkeit auf den Plan getreten: Die algorithmisch gesteuerten Plattformen bestimmen Richtung und Auswahl der Inhalte von Kommunikationen mit (Drösser, 2012). Dieser Wechsel erfordert eine neue Art und ein höheres Niveau der Urteilsfähigkeit der Menschen. Man kann dem, was populärsprachlich „Postfaktisches Zeitalter" genannt wird, jedoch nicht durch eine Rückkehr zu den alten Autoritäten und ihren durch Konvention abgesicherten, vermeintlich objektiven Wahrheiten entkommen. Zu deutlich ist nämlich durch die neuen Möglichkeiten des Internet auch die Begrenztheit der bis dahin mehr oder weniger unhinterfragten Wahrheiten zutage getreten. In der Übergangsgesellschaft wird zudem die „herrschende Meinung" als Meinung der Herrschenden (Marx) wieder deutlicher sichtbar und dadurch auch leichter angreifbar. Die Wahrnehmung der gesamten Gesellschaft als menschengemachtes Konstrukt statt als Naturgegebenheit stellt deutlicher sichtbar als zu Marxens Zeiten alles infrage:

> „Die philosophischen, theoretischen und politischen Fundamente, Prinzipien oder Werte, auf denen die Gesellschaft errichtet ist, erweisen sich als brüchig. Das bedeutet aber nicht, dass alle Fundamente verschwunden wären. Etwas anderes ist geschehen: Was in der gegenwärtigen Situation erkennbar wird, ist nicht das völlige Verschwinden aller Fundamente, sondern der strittige, umkämpfte Charakter eines jeden Fundaments." (Marchart, 2010, zit. n. Schürmann, 2014, S. 79)

Drittens hat sich durch den Leitmedienwechsel nicht nur das Arbeitsplatzangebot drastisch verschlechtert, sondern auch der Charakter der Arbeit entscheidend verändert. Nach dem, was das World Economic Forum (WEF) in seiner Studie „Die Zukunft der Arbeit" als 4. Industrielle Revolution bezeichnet, werden bis 2050 nicht nur die Hälfte der bisherigen Arbeitsplätze durch Künstliche Intelligenz ersetzt, sondern ganze Berufe (weforum.org, 2017). Dies macht keineswegs vor akademischen Berufen Halt.[4] Gleichzeitig werden an die verbleibenden und neu entstehenden menschlichen Arbeitsaufgaben neue Anforderungen gestellt, die als 21stCentury Skills durch das WEF benannt und jedes Jahr neu fünf Jahre im Voraus gerankt werden. Die Vorhersage für 2020 ergab folgende Top 10-Liste:

> „1. Complex Problem Solving, 2. Critical Thinking, 3. Creativity, 4. People Management, 5. Coordination with Others, 6. Emotional Intelligence, 7. Judgment and Decision Making, 8. Service Orientation, 9. Negotiation, 10. Cognitive Flexibility." (weforum.org, 2017)

---

4   Hier lässt sich die Vorhersage der Wahrscheinlichkeit des Aussterbens von bestimmten Berufen durch die Automatisierung auf der KI-Stufe nachsehen http://gfx.sueddeutsche.de/pages/automatisierung/ (1.9.2017)

Generell ist eine Tendenz zur De-Industrialisierung und zur immer deutlicheren Verlangsamung des Wirtschaftswachstums weltweit zu beobachten und kein Ende abzusehen (weforum.org, 2017).

Die durch die neue Technologie-Stufe ausgelösten Arbeitsmarktprobleme verschärfen einerseits die Gesamt-Problemlage; andererseits kann der Leitmedienwechsel durch seine Aufweichung der alten Hierarchiekultur und die weltweit zunehmende Vernetzung in allen gesellschaftlichen Bereichen auch neue Mittel dafür entwickeln helfen, die komplexen Probleme der Weltgesellschaft nicht nur besser zu verstehen, sondern auch adäquate Lösungsmöglichkeiten zu entwickeln und umzusetzen. So ist z.B. die not-for-profit-Ökonomie der Commons und des Peer-to-Peer ohne das Internet, seine Funktionsweise und seine Vernetzungsmöglichkeiten undenkbar (Helfrich & Bollier, 2015).

Die Vorstellung vom Menschen, der nur auf seinen Eigennutz sich konzentrieren müsse, dann sorge der Markt schon „von Natur aus" dafür, dass sich aus den einzelnen Eigennutzen der vielen der Gemeinnutzen für alle ergibt, hat sich nicht nur längst als irreführend, sondern in den vergangenen Dekaden neoliberaler Ökonomie als geradezu toxisch für das globale Gemeinwohl herausgestellt. Immer mehr Ereignisse zeigen, dass der Markt als selbststeuerndes Prinzip – selbst wenn er in Teilbereichen und in bestimmten Fällen staatliche Regulierung erfährt – auf längere Sicht ein menschenfreundliches Zusammenleben, ja das Leben überhaupt gefährdet, wenn nicht verunmöglicht. Aber nahezu alle derzeit gelehrte Wirtschaftstheorie beruht noch immer auf der klassischen ökonomischen Lehre. Die transnationale Vernetzung einer Wissenschaftscommunity, die sich mit dem Klimawandel und dem dafür verantwortlichen Wirtschaftssystem beschäftigt, zeigt demgegenüber im Ansatz die Möglichkeiten einer sich vernetzenden Welt, buchstäblich mit vereinten Kräften an der Entwicklung neuer Wirtschaftsmodelle zu arbeiten, um rechtzeitig vor einem drohenden Point of no return die Produktion von Treibhausgasen entscheidend herunterzufahren (Research & Degrowth, 2017). Ihre Hauptfrage lautet: Wie kann eine Wirtschaftsordnung aussehen, die nicht mehr wie bisher auf dem Wachstumsprinzip beruht und dabei eine wachsende Menschheit von bald 9 Mrd. Individuen ernährt? Dabei wird deutlich, dass nicht nur eine weltweite, sondern auch eine transdisziplinäre Vernetzung nötig ist; denn es kommen neben den ökonomischen auch technische, politische, psychologische und gesellschaftstheoretische Fragen in den Blick, die auf ganz praktischen Problemen beruhen erstens: Wie bringt man große Massen an Menschen dazu, ihren Konsumstil von

„wachsend" auf „ausreichend" umzustellen? Und zweitens: Wie bringt man ganze ökonomische und politische Systeme, die derzeit in der Regel kurzfristige Lösungen bevorzugen, dazu, auf langfristiges Denken umzuschalten? Und nicht zuletzt: Braucht die Welt zur Umsetzung dieser beiden Aufgaben autoritäre Herrschaftssysteme, die die Menschen dazu zwingen, oder braucht es im Gegenteil mehr Demokratie, die den Paradigmenwechsel der Systeme erzwingt?

Die Erfindungen und Entdeckungen Einzelner in Kooperation mit einzelnen Unternehmerpersönlichkeiten, wie sie für die Innovationen der industriellen Revolution typisch und für die damaligen historischen Probleme passend waren, sind für die Lösung dieser neuen historischen Fragen nicht mehr ausreichend. Die Problemlage ist hochkomplex, sie im Einzelnen und gleichzeitig im Gesamtbild, lokal wie global, auf diese klassische Weise zu bearbeiten, ist unmöglich. Stattdessen sind die vernetzten kollaborativen Denk- und Arbeitsmöglichkeiten des digitalen Zeitalters eine entscheidende Voraussetzung für die erfolgreiche Bearbeitung dieser neuartigen Aufgaben.

4. Die Kompetenzen des Gobalen Lernens in Übereinstimmung mit den Global Goals – die normative Antwort auf die Problemlage

Neue Aufgaben unter neuartigen Bedingungen zu bewältigen, erfordert neuartige Kompetenzen. Der „Orientierungsrahmen für den Lernbereich Globale Entwicklung" formuliert diese Kompetenzen für die Schulen in Deutschland unter dem „Leitbild für nachhaltige Entwicklung" (Schreiber & Siege, 2016). Dabei identifizieren die Autoren „elf Kernkompetenzen" (Schreiber & Siege, 2016, S. 95), die auf die neue Lage antworten. Vom multiperspektivischen, empathischen und kritischen [Denken] über Verständigung und Konfliktlösen, Solidarität und „Handlungsfähigkeit im globalen Wandel" bis hin zu Partizipation und Mitgestaltung scheinen vergleichbare Vorstellungen gelistet, wie sie oben aus der Perspektive des WEF als 21st-Century-Skills formuliert oder für die OECD in den „Global-competency-for-an-inclusive-world" (OECD, 2017) kürzlich publiziert wurden.

Allerdings zeigt der deutsche Orientierungsrahmen deutlichere Spuren des Problems, das sich aus dem Paradox der traditionellen

Fachunterrichts-Organisation bei fachübergreifender Problematik und Zielsetzung ergibt, während die transnationalen Geschwisterpapiere die Kompetenzen ohne konkrete Gegenstandsbezüge formulieren. Gleichwohl steht der deutsche Orientierungsrahmen auch in einer internationalen Perspektive, denn das Programm der BNE (Bildung für nachhaltige Entwicklung) ist die nationale Konkretisierung einer UNESCO-Initiative (Deutsche UNESCO-Kommission, 2017). Die allgemeinen Fähigkeiten wie Empathie und Perspektivenwechsel werden hier allerdings unmittelbar auf die Probleme der nachhaltigen Entwicklung als Gegenstand des Lernens bezogen. Die 21 Themenbereiche (Schreiber & Siege, 2016, S. 97) können leicht den verschiedenen gesellschafts- und geisteswissenschaftlichen Fächern (Politik, Geschichte, Geographie, Religion, Philosophie, Psychologie) zugeordnet werden. Dabei besteht allerdings auch die Gefahr, dass die Kompetenzen im immer noch üblichen Unterrichtsmodus zu sehr auf das Lernen der Gegenstände Erster Ordnung verkürzt werden und dabei sowohl ihre Neuartigkeit als auch ihr transdisziplinärer und im Wesentlichen methodologischer Charakter aus dem Blick gerät. Die Neuauflage verlegt sich darauf, dem genannten Paradoxon zu entkommen, indem sie die „BNE-Perspektive" in alle Fächer trägt, um so die Fixierung an die gesellschaftswissenschaftlichen Fächer aufzulösen und die Querschnittsaufgabe zu erfüllen (Kap. 4):

> „Sie stellen alle den jeweiligen Beitrag des Faches zum *Lernbereich Globale Entwicklung* dar, benennen fachbezogene Kompetenzen, die sich auf die elf Kernkompetenzen des Lernbereichs beziehen, schlagen geeignete Themen vor und führen ein kompetenzorientiertes Unterrichtsbeispiel aus." (Schreiber & Siege, 2016, S. 19)

Die „pädagogischen Herausforderungen" bzw. „didaktischen Leitlinien", deren Auswahl etwas voluntaristisch erscheint, machen aus dem überfachlichen Lerngegenstand („Wie sieht die neue Gesellschaft unter den Bedingungen der Digitalität und des Klimawandels aus?") Unterrichtsmittel und Methoden für den Fachunterricht. Sie vermischen außerdem die analytische mit der didaktisch-normativen Ebene (Leitbild) und die Ebene des Lehrens mit der des Lernens. Die normativen Aussagen bleiben dabei im Einzelnen leer („Umgang mit Vielfalt") – irgendein Umgang damit ist immer, aber wie genau soll er sein? „Fähigkeit zum Perspektivenwechsel" – und was soll dann mit den verschiedenen Perspektiven gemacht werden? Wenn diese Frage nicht bearbeitet wird, bleibt es in der

Regel praktisch beim Kulturrelativismus – „Kann jeder meinen, wie er will". Die „Kontext- bzw. Lebensweltorientierung" ist eine Anforderung an das Unterrichten – während die anderen Angaben sich auf zu erwerbende Kompetenzen der Schülerinnen und Schüler beziehen.

> „Orientierung am Leitbild der nachhaltigen Entwicklung; Analyse von Entwicklungsprozessen auf unterschiedlichen Handlungsebenen; Umgang mit Vielfalt; Fähigkeit zum Perspektivenwechsel; Kontext- bzw. Lebensweltorientierung."
> (Schreiber & Siege, 2016, S. 76)

Die „Nutzung digitaler Medien und mediale Lebenswelten" (Schreiber & Siege, 2016, S. 65-71) erscheint zunächst als besonders hervorgehoben ausreichend gewürdigt, da ihr ein eigenes Unter-Kapitel gewidmet wird. Die Digitalität wird jedoch ausschließlich in ihrem Mittel- und Werkzeugcharakter reflektiert; sie wird als ein Add-on behandelt, das zur „Lebenswelt" der Schüler und Schülerinnen gehört und darum in den Unterricht instrumentell einbezogen werden sollte. Die Digitalität als in die gesamtgesellschaftlichen Verhältnisse eingeschriebene Eigenschaft der heraufziehenden Epoche, ihre neuartigen Charakteristika sowie deren Konsequenzen für eine adäquate Bildung spiegeln sich daher auch nicht in den elf Kernkompetenzen wider. Insgesamt scheint der Zusammenhang zwischen Problemdefinition, Bildungszielen, Gegenständen, Methoden, Medien eher dem bereits bestehenden addierenden bzw. kausal ableitenden mechanischen Denken als einem konsequenten systemischen Blick auf das komplexe Ganze zu folgen.

Auch eine stichprobenartige Prüfung an vier Fachbeispielen des Orientierungsrahmens (Musik, Politik, Fremdsprachen, Mathematik) ergibt für eine Arbeit mit digitalen Medien keine wirklich befriedigenden Konzepte, in denen das Neue zu erkennen wäre. Den elf Kernkompetenzen angepasst, erschöpft sich das vordergründig verstandene Digitale in der Informationsbeschaffung im Internet. Im Beispiel Fremdsprachen, das ausdrücklich „projektartig" angelegt ist, ist das Projekt (Adivasi-Teaprojekt) ein bereits etabliertes, fertig ausgearbeitetes Projekt und den Schülern als solches vorgegeben; eine „aktive Teilnahme" daran beschränkt sich auf einen Wochenendworkshop mit dem Ziel der Ausbildung zum Multiplikator/zur Multiplikatorin bereits bestehender Projektinhalte bzw. zur Teilnahme an einem „thematischen Input". In Mathematik sind alle Materialien (Daten) und Fragestellungen vorgegeben und der BNE-Gehalt besteht in der Erarbeitung mathematischer Kompetenzen *anhand von*

BNE-bezogenen Daten, sodass sich BNE-Informationen zu mathematischen Kompetenzen hinzuaddieren.

Der in Kapitel 5 angesprochene überfachliche Bezug ("Der *Lernbereich Globale Entwicklung* als Aufgabe der ganzen Schule") verlegt das Transdisziplinäre dann – wie aus dem Programm "Demokratie Lernen und Leben" (Bund-Länder-Kommission, 2002-2007) bekannt – gleich ganz aus dem Unterricht hinaus in die außerunterrichtliche Schulwelt. Dort verbleibt es außerdem im freiwilligen und Appell-Status, solange das "Kerngeschäft" der Fachunterricht ist – von den Einschränkungen außerunterrichtlicher Möglichkeiten unter den Bedingungen von Lehrermangel und Zentralabitur ganz zu schweigen.

Insgesamt wird das Problem "Nachhaltigkeit" im Orientierungsrahmen – entgegen der Absichtserklärung, für eine "nachhaltige Perspektive" in allen Fächern anstatt für zusätzliche Themen zu sorgen – als *Unterrichtsthema*, als Gegenstand der unterrichtlichen Behandlung, als Unterricht *über* die globalen Probleme mit dem Ziel einer nachhaltigen Einstellung bearbeitet. Die große Aufgabe besteht aber darin, die Problemlage zum Anlass zu nehmen, die Bildungssysteme in ihrer Funktions*weise* unter den neuen welt-gesellschaftlichen Bedingungen zu adjustieren und den *Unterrichtsmodus* und seine strukturellen und personalen Voraussetzungen so umzugestalten, dass die oben benannten neuartigen Fähigkeiten gelernt werden können, und so die *Funktionsfähigkeit* des Bildungssystems für die Gesellschaft überhaupt erhalten bleibt. Diese Fähigkeiten kommen nicht zu den bisher geforderten fachlichen Fähigkeiten (etwa als soziale und personale) einfach nur hinzu, sondern betreffen eine neue Stufe der Selbstständigkeit, der Denkfähigkeit, der Ethik und der Fähigkeit zur Zusammenarbeit. Sie erfordern eine andere Art, Unterricht zu organisieren, nämlich in erster Linie die Fachsystematik einer konsequenten Problemorientierung unterzuordnen und die Art und Weise des Lernens konsequent auf Vernetzung, Personalisierung und Kollaboration umzustellen.

Unter den oben genannten epochenspezifischen neuen Herausforderungen der Globalität der Probleme unter gleichzeitig enormem Zeitdruck scheint mir der Orientierungsrahmen daher trotz aller guten Absichten und Ansätze nicht radikal genug. Unbestritten könnte seine Umsetzung für das Thema sensibilisieren und kognitives Wissen *über* sowie Einstellungen *zu* den Fragen der nachhaltigen Entwicklung verbessern. Die Injektion der Thematik in den bestehenden Fachunterricht, der dann an diesem Material die jeweiligen Fachmethoden exekutiert, scheint mir jedoch zu kurz gedacht. Und wenn in jedem Fach der Klimawandel und die globale Problematik zum Gegenstand wird, könnte der Schuss auch nach hinten losgehen und am Ende etwas herauskommen, was keiner gewollt hat: Wie die Erfahrungen mit dem Unterrichts-Gegenstand „Holocaust" zeigten, bei dem genau diese Strategie viele Jahre verfolgt wurde, könnte es bei einer Behandlung in allen Fächern und Stufen *unter Beibehaltung der üblichen Unterrichtsweise* zu einer gefühlten „Übersättigung" kommen, und zwar ohne dass gleichzeitig das entscheidende Wissen und die entscheidenden Kompetenzen, mit dem Problem erfolgreich umgehen zu können, erworben worden sind (Rosa, 2010).

Wir brauchen junge Erwachsene, die nicht nur über den Klimawandel Bescheid wissen, bereitwillig beim Unverpackt- oder Fair-Trade-Laden einkaufen und auf ihren persönlichen Öko-Fußabdruck achten; die nachwachsende Generation muss die Fähigkeiten und Bereitschaft erwerben, die globalen Probleme über ihren individuellen Lebensstil hinaus auf der gesellschaftlichen Ebene erfolgreich zu bearbeiten, d.h. den notwendigen gesamtgesellschaftlichen Paradigmenwechsel betreiben zu können, der sich leider nicht bloß aus der Summe der erwünschten privaten Konsumverhaltensweisen aller Einzelnen ergibt. Denn der Paradigmenwechsel erfordert auch eine neue Produktionsweise und neue gesellschaftliche Verhältnisse, und er muss daher in einer widerspruchsvollen komplexen Gesellschaftlichkeit durchgesetzt werden. Dafür müssen die entscheidenden Generationen kritisch denken können und sich nichts vormachen lassen; sie müssen die unkonventionellen (kreativen), funktionierenden nachhaltigen Lösungen (er-)finden und in Gang bringen; sie müssen systemisch, historisch und transdisziplinär denken, hoch spezialisiert und gleichzeitig mit einem realistischen Verständnis des Gesamtbilds arbeiten können; sie müssen langfristig denken und daher individuelle Eigeninteressen nur im Einklang mit dem Gemeinwohl (d.i. heute das Wohl des gesamten Planeten) verstehen, politisch bevorzugen und entwickeln; sie müssen vernetzt mit vielen ihnen unbekannten Menschen an einer „gemeinsamen dritten Sache" (Brecht) arbeiten wollen und können.

5. Neues Leitmedium – neuer Wissensbegriff und Lernbegriff

Dass Wissen sich nicht auf „Fakten"- oder Informationssammlungen reduzieren lässt, ist eine Binsenweisheit. Die Universität Kassel bietet gar einen eigenen Studiengang „Philosophie der Wissensformen" an (Universität Kassel, 2017). Die moderne Informatik als Wissenschaft und das Wissensmanagement als Kind der Systemtheorie haben entscheidenden Anteil an der Entstehung eines kulturhistorisch neuen Wissensbegriffs, der einerseits die alltagsbegriffliche Einengung auf Kognition und explizites, deklaratives Wissen auflöst und ihn andererseits von Information und Daten unterscheidet. Zwei wichtige Einsichten spielen dabei eine Rolle: Erstens wird Wissen nicht mehr als ein fixer Gegenstand gesehen, der in Gehirnen als Speicherorganen deponiert werden kann, sondern als Ergebnis von Konstruktionsprozessen, die Informationen verarbeiten. Diese Verarbeitung fügt den Informationen (= strukturierte Daten) Bedeutungen hinzu, wodurch erst Wissen entsteht. Die Bedeutungen enthalten immer auch die Perspektiven des Konstrukteurs – durch die Auswahl der Informationen, ihre Interpretation und Einordnung in einen voraussetzungsvollen Erklärungszusammenhang: *Wissen ist Ergebnis von Arbeit* nach verbindlichen Prozeduren (,state of the art'). *Wissen ist Arbeitsergebnis und Arbeitsprozess.* Die Perspektiven können noch so gut begründet sein – sie lassen sich nicht aus dem Produkt „herausrechnen". *Wissen ist immer perspektivisch.*

Zweitens: Nicht nur in der not-for-profit-Ökonomie der Commons, auch in Wissenschaftstheorie und Wissenstheorien wird die *Gesellschaftlichkeit der Wissensbildung*, -verbreitung und -vermittlung dabei (wieder) als hoch bedeutsam verstanden. Teilen ist ein Schlüssel in diesem Verständnis. Teilen bedeutet nicht einen begrenzten Kuchen in kleine Stücke zu zerschneiden, sondern die vernetzte Mit-Teilung, die für die Ressource Wissen Vervielfältigung und Anreicherung ermöglicht und generell eine Voraussetzung zur Wissensbildung überhaupt darstellt.[5]

Wissen ist sozial. Wissen ist vernetzt. Und nicht nur das: Nach den Medientheoretikern Michael Giese und David Weinberger enthält das Wissen auch seinen „Inhalt" betreffend Spuren dieser Vernetzung. Auch das Medium (die digitale Vernetzung) ist also nicht aus dem Wissen ,herauszurechnen'.[6]

Mit einem neuen Wissens-Verständnis muss auch die Vorstellung von dem, was Lernen ist, überdacht werden; denn Lernen ist die Opera-

---

5   Weinberger, 2013; Seine Hauptthese: In einer vernetzten Welt existiert   das Wissen nicht in Büchern und in den Köpfen der Menschen, sondern im Netzwerk selbst.

6   Ebenda; Giesecke spricht davon, dass an den Inhalten Medienmaterial „klebt". Giesecke, 2002

tionsweise für Wissensgenerierung bzw. Aneignung von Wissen. Mit der Psychologie der kulturhistorischen Schule (Aneignung durch Lernen *als* Tätigkeit und Lernen *in der* Tätigkeit, Fichtner, 2008) und historisch später mit neuen Lerntheorien im Anschluss an die Systemtheorie (Konstruktivisten) bzw. Netzwerktheorie (Konnektivisten) haben sich bereits im 20. Jh. historisch neue Vorstellungen vom dem entwickelt, was Lernen zu nennen ist. Diese entsprechen – nicht von ungefähr – den gesamtgesellschaftlichen Transformationen infolge der Erfindung von Computer und Internet und dem neu entstandenen Wissensbegriff besser als das traditionelle und in unseren Bildungs-Institutionen immer noch übliche Lern- (und Wissens-)Verständnis aus der Zeit der Ausdifferenzierung der Wissenschaften und der Entstehung der allgemeinbildenden Pflichtschule. Daher werden sie neuerdings, wo die Digitalität als gesellschaftlich ubiquitäre Tatsache nicht mehr zu übersehen ist, zusehends über den engen Kreis der theoretischen Psychologen und Lerntheoretiker hinaus verbreitet. Dabei spielt einerseits die Wiederaufnahme der Tradition der Reformpädagogik als Schulpädagogik eine Rolle, und andererseits haben Weiterbildung und betriebliche Bildung eine besondere Vorreiterrolle bekommen. Konzepte unter dem Motto „Working out loud" (Workplace Learning) nehmen die in Konzeptualisierungen eines neuen Lernbegriffs zentrale Forderung nach einer neuen Wertschätzung des Learning by Doing, des problemorientierten und des informellen Lernens auf, die in der allgemeinbildenden Schule durch die Monokultur des systematischen Fächerlernens als anerkannte Lernformen verloren gegangen waren.[7] Nicht zufällig wird dabei wieder am Konzept des Projektlernens des philosophischen Pragmatisten John Dewey aus der vorigen Jahrhundertwende angeknüpft. Dies steht auch in Zusammenhang mit der Entdeckung der Ingenieurswissenschaften und Unternehmen, die die Projektform mit relativ autonom arbeitenden und divers zusammengesetzten kleinen Teams als potenteste Organisationsform ihrer Innovationsmaschine vor allem über die erfolgreiche Arbeitsweise in der Software-Entwicklung ausgemacht haben.[8]

(Selbstständig) lernen zu können als Inhalt von Literalität, wie sie seit der Reformpädagogik der 1920er Jahre und aktualisiert in Konzepten des

---

7 Vgl. zu den historischen Möglichkeiten und Beschränkungen des Lernbegriffs durch einseitige Prämierung bestimmter Lernformen die Geschichte des Lernens bzw. Lernbegriffs bei Fichtner, 2008; ebenso bei Giesecke, 2002; das Working-out-loud-Prinzip ist modellhaft besonders ausgearbeitet bei Jarche, 2014

8 Dewey ,1910; ein ganz kurzer Überblick über das wesentliche Prinzip bei Messner, o.J.

Lebenslangen Lernens gefordert wird, reicht jedoch heute nicht mehr aus, auch wenn selbst diese Forderung noch längst nicht allgemeine Wirklichkeit geworden ist.[9] Denn Literalität – verstanden als die Beherrschung grundlegender „Kulturtechnik" – muss im Zeitalter der Digitalität noch eine Stufe weiter gehen. Diese neue Stufe orientiert sich an den Netzprinzipien; sie bestimmen unter dem neuen Leitmedium die dominierende Art und Weise der Kommunikation, der sozialen Beziehungen und die Art und Weise von Wissen und Lernen. Die Prinzipien, nach denen das WWW funktioniert, kann man auf allgemeinster Ebene so benennen:

- offen
- überall, immer
- verknüpft (vernetzt)
- multiperspektivisch und intersubjektiv
- personalisiert und kooperativ
- re-kontextualisiert und situativ
- selbstgesteuert und selbstbestimmt (Rückriem, 2010).

Hatten zu Beginn des Programms „Schulen ans Netz" in den späten 1990er Jahren die meisten Kinder und Jugendlichen noch keinen eigenen Computer zu Hause, kommen seit der Erfindung des Smartphones 2007 immer mehr Jugendliche unkontrolliert und jederzeit ins Netz, und dies vor allem und oft sogar ausschließlich außerhalb der Schule. Der Umstand, dass der Umgang mit dem smarten Kulturzugangsgerät ausschließlich außerhalb des formellen systematischen Lernens erfolgt, verstärkt Bedeutung und Möglichkeiten der informellen, situierten, freiwilligen Aspekte des Lernens, das, was mit „wildem Lernen" begrifflich sehr gut eingefangen ist (Sturzenhecker, 2000, S. 7). Dieses selbstbestimmte jugendliche Lernen gab es zwar immer schon als Gruppenaktivitäten in unkontrollierten selbststeuernden Jugendgangs auf der Straße und in den Bastelkellern. Dass dabei gelernt wird (z.B. Skateboarding-Fähigkeiten, Computer-„Schrauben") wurde unter der Dominanz des formalen systematischen Lernbegriffs und der Schul-Curricula als Referenz bisher nicht als ernstzunehmendes Lernen verstanden. Die Art und Weise dieses selbststeuernden Lernens gewinnt jedoch zunehmend an Bedeutung in der Netzwerkgesellschaft (Castells, 2001) – möglicherweise

---

9 Berühmt geworden ist zur Definition der Literacy im 21. Jh. v.a. diejenige von Alvin Toffler, Herbert Gerjuoy zitierend: „Der Analphabet von morgen ist nicht der Mensch, der nicht lesen kann, es ist der Mensch, der nicht lernen gelernt hat." (Toffler, 1970, S. 367, engl.)

wird sie sogar zur entscheidenden (aber nicht ausschließlichen) Lernform (Mitra & Crawley, 2014). Weitere Entgrenzungen des Lernbegriffs ergeben sich aus der Verflüssigung der bisher als selbstverständlich gegoltenen Unterscheidungen in der individuellen Lernbiographie: Spielen (Kindheit), Lernen (Jugend) und Arbeiten (Erwachsener) lassen sich immer weniger klar voneinander trennen – weder in den Lebensphasen noch in den einzelnen Tätigkeiten selbst. Auch diese Tatsache weist darauf hin, dass die Vorstellung davon, was in unserer Gesellschaft bzw. Kultur unter Lernen zu verstehen ist, einer gründlichen Re-Konzeptualisierung bedarf – inklusive der daraus folgenden Änderungen für die Organisation des Lernens in den dafür zuständigen Institutionen.

Die folgende Tabelle liefert eine Übersicht über den Zusammenhang zwischen Denken (Wissen) und Lernen einerseits und über die Veränderungen im Epochenwandel vom Industrie- zum Post-Industriezeitalter bzw. medienspezifisch von der Buch- zur Digitalkultur andererseits.

Angegeben ist der Wechsel der *historisch jeweils dominierenden* Aspekte, Strukturen und Formen. Dass diese Wechsel nicht als abrupte Abbrüche zu verstehen sind, sondern – wie eben in einer dazwischen liegenden langen und hier nicht dargestellten Übergangszeit zu erwarten – als ein widerspruchsvolles Nebeneinander auf verschiedenen Ebenen, ist mit Blick auf Kap. 2 vorausgesetzt. Dargestellt sind also Tendenzen der Entwicklung. Tendenzen bedeuten nicht, dass sich etwas deterministisch und gar „von selbst" vollzieht – denn kontingenterweise kann es historisch immer auch anders kommen, und es muss „gemacht" werden. Tendenzen sind in der Gegenwart analytisch beobachtbar und erzeugen Gegentendenzen. Auch diese sind in der Gegenwart zu beobachten. Gegentendenzen bestehen hier konkret in den umfassenden und starken Anstrengungen zur vollständigen Unterwerfung der Bildung unter privatwirtschaftliche Interessen (entgegen dem allgemeinen Vergesellschaftungsprinzip des Netzes), in denen sogar die Rücknahme historisch bereits durchgesetzter pädagogischer Fortschritte (z.B. in der didaktischen Entwicklung) in Kauf genommen wird.[10] Welche der Tendenzen schließlich die neue Epoche überwiegend prägen – die der Offenheit und Selbststeuerung oder die der Privatverwertung und Bevormundung – das ist eine Frage der Durchsetzung in den *gegenwärtigen* Aushandlungsprozessen und Kulturkämpfen.

---

10 Ein Rückfall besteht z.B. in der Wiederauflage des behavioristischen Lernverständnisses sowie in einer buchstäblichen Verarmung des Bildungsangebots durch die Maßgabe der Profitabilität, zu beobachten vor allem in den USA und in Großbritannien; Rosa, 2016b.

Aussageklarheit, Um- und Durchsetzungsfähigkeit normativer und strategischer Papiere wie z.B. des Orientierungsrahmens spielen dafür eine nicht geringe Rolle.

Tabelle 1: Lisa Rosa: Epochenvergleich (frei nach Michael Giesecke, 2002)

Industriezeitalter		Digitalzeitalter	
Denken	*Lernen*	*Denken*	*Lernen*
Lineal kausal mechanisch Baumstruktur	Lehrerzentriert Instruktion Lehrgang, Lehrbuch, systematisch	multikausal, systemisch vernetzt	Lernerzentriert forschendes Lernen, Projekt, Internet problemorientiert
zweiwertig	richtig oder falsch Frage: „ob"	mehrwertig Dialektik Emergenz	Ambiguitätstoleranz Frage: inwiefern"
objektivistisch (absolute Gültigkeit)	Material, Fragen, Ergebnisse sind vorgegeben	bedingt objektiv personalisiert intersubjektiv multiperspektiv	eigene Fragen ausgehandelte Deutungen Ergebnisoffenheit
„der einsame Gelehrte" im stillen Kämmerlein	Jeder für sich allein an besonderem Ort (Schule) zu besonderer Zeit (Unterrichtsstunde)	im ständigen Austausch 24/7 vernetzt	Persönliches Lernnetzwerk Professionelle Lerngemeinschaft
allgemeingültige Bedeutung	Gegenstand Lernziele, Aufgaben und Sinn vorgeben	Persönliche Sinnbildung	selbstbestimmt, was, wann, mit wem und warum

6. Konsequenzen für Lehren und Lernen in der Schule – Prinzipien und Beispiel

Nach dem oben beschriebenen Lernverständnis bedeutet „Globales Lernen" nicht nur Lernen über die globalen Probleme gepaart mit einer nachhaltigen Einstellung, sondern auch und zuallererst, was es eigentlich grammatisch korrekt verstanden heißt: Lernen im globalen statt im Klassenraummaßstab. Schon vor zehn Jahren schrieb der Internetforscher und Wissensphilosoph David Weinberger ein ganzes Buchkapitel zum schulischen Lernen unter der Überschrift „Von den Einzeltischen zum globalen Dialog" (Weinberger, 2008, S. 172), in dem er darauf hinwies,

> „(…) dass das Wissen sich nicht in unseren Köpfen befindet, sondern zwischen uns. Es ergibt sich aus dem öffentlichen und sozialen [im engl. Original: societal = gesellschaftlichen] Denken und bleibt dort, denn das soziale [gesellschaftliche] Wissen hat – wie die globalen Gespräche, bei denen es entsteht – kein Ende." (Weinberger, 2008, S. 176)

Er bestätigt und verstärkt damit für das digitale Zeitalter auf einer neuen Kulturstufe, was bereits im vorigen Jahrhundert unter pädagogischen Psychologen und Didaktikern zum fortgeschrittenen Verständnis gehörte: nämlich, dass Lernen als Wissensbildung verstanden werden muss und deren Gesetzmäßigkeiten folgend aus Interiorisieren, Exteriorisieren und Dialog besteht (Vygotskij, 2014) und insbesondere: immer „Dialogisches Lernen" ist (Gallin & Ruf, 1998).

Für das Lernen in der Schule bedeuten die Einsichten der vorigen Kapitel dreierlei: 1. konsequent *vernetztes* Lernen; 2. konsequent *problemorientiertes* Lernen; 3. konsequent *selbstbestimmtes* Lernen an den eigenen Fragen entlang. Dies betrifft keineswegs nur die Art und Weise, wie Schülerinnen und Schüler in der Schule lernen, sondern ebenso das Lernen der Lehrkräfte und die Art und Weise, wie Entscheidungsprozesse in der Schule als Tätigkeitssystem (Engeström, 2008) ablaufen. Dabei muss immer klar sein: Das Wie – die Art und Weise, die Methodologie – muss nicht nur implizit am Gegenstand erster Ordnung mitgelernt, sondern der Transferfähigkeit wegen auch explizit als eigener Gegenstand gelernt werden. Das gilt natürlich ganz besonders, wenn sich das Wie gesellschaftlich gerade neu konstituiert. Lernen lernen unter den Bedingungen der Digitalität bedeutet also auch Netzwerken zu lernen (1), Projektlernen zu lernen (2) und selbstbestimmt lernen zu lernen (3). Eigene Fragen zu

Problemen der Gegenwart zu formulieren, sie mitzuteilen, ihren gemeinsamen Gehalt zu identifizieren und sie gemeinsam erfolgreich zu bearbeiten ist nicht nur Mittel, sondern auch Ziel.

Für die *Vernetzung* heißt das vor allem, dass gelernt werden muss, ein Persönliches Lernnetzwerk (PLN; Jarche, 2015; Rosa, 2015; Richardson, 2011; Richardson, 2015) aufzubauen und zu pflegen, sowie zu lernen, in Communities of Practice (CoP) bzw. in Professionellen Lerngemeinschaften (PLG; Bonsen & Rolff, 2006; Altricher & Posch, 2007) zu lernen und zu arbeiten, die über das Tätigkeitssystem vor Ort hinausreichen (kommunal, national, global). Für die *Problemorientierung (Projektmethodologie)* bedeutet das, dass von Anfang an *in* Projekten gelernt wird, wie man die eigenen Fragen identifiziert und entwickelt und nach der Projektmethode kollaborativ bearbeitet. Projektlernen ist dann die Hauptlernmethode von Anfang an. Das heißt nicht, dass nicht auch systematisch gelernt würde. Das systematische Lernen in Lehrgangsform ist jedoch dem Projekt untergeordnet, kommt episodisch und situativ zum Einsatz, nämlich dann, wenn es situativ und im Kontext „Sinn macht".

Zwar spielen die digitalen Medien hier – nicht überraschend – eine bedeutsame Rolle. Sie sind aber weder auf ihre Geräte und Medienformen („Lern-Apps") für den Unterricht reduziert noch einzelnen Unterrichtszielen als bloße Mittel untergeordnet. Stattdessen wird ihnen als gesellschaftskonstituierenden Kommunikationsmedien Rechnung getragen durch die konsequente Umgestaltung des Unterrichts nach „Netzprinzipien", d.h. nach Prinzipien eines Lernens, das Individualisierung und zugleich Zusammenarbeit, persönliche Interessen und zugleich Gemeinwohl (Universalinteressen) im Fokus hat. Neben der Methodologie des Projektlernens nach Dewey spielt die Nutzung von Medienformen aus dem Bereich der interaktiven (Web 2.0) Medienformen eine große Rolle. Dass dafür nicht die Schule erst revolutioniert, umgestaltet oder gar abgeschafft werden muss, ist an einzelnen Beispielen im „ganz normalen Unterrichtsbetrieb" – wie unten – zu sehen (Rosa, 2013a). Damit aus solchen Einzelfällen die Regel wird, müssen sie jedoch systemisch werden, d.h. bildungspolitisch „gewollt sein", und das ist nicht voraussetzungslos. Zu den grundlegenden Voraussetzungen für die Systemwirksamkeit gehören neben einem stabilen WLAN und einer funktionierenden Beamer-Ausrüstung in ausreichender Anzahl v.a. dauerhafte Veränderungen struktureller Art: eine an Projektlernen und „digitales Lernen" angepasste Lehrerbildung, höhere Personalressourcen sowie Schulleitungen und

Behörden, die nicht nur das Ergebnis wollen, sondern auch seine Implikationen verstehen.

Als Beispiel für einen solchen Einzelfall dient hier ein Projekt, das 2014 an der Hamburger Stadtteilschule Bahrenfeld im laufenden Unterricht einer 12. Klasse im Fach Politik/Gesellschaft/Wirtschaft durchgeführt wurde. Das Projekt ist ausführlich dokumentiert und im Netz mit allen Materialien einzusehen (Rosa, 2016a). Die Dokumentation enthält außerdem grundsätzliche Artikel zur Projektarbeit sowie zur Arbeit mit einem Projektblog, das hier neben dem Etherpad zum Einsatz kam. Ein längeres Interview mit dem Lehrer fokussiert außerdem auf praktische Probleme und Tipps zu deren Vermeidung bzw. Behandlung. Die etwa 30 Unterrichtsstunden umfassende Arbeit der Schülerinnen und Schüler zum Gegenstand „Postwachstums-Ökonomie" enthält, was diese Schülergruppe für sich aus dem großen Horizont der Lernmöglichkeiten unter Anleitung des Lehrers Max v. Redecker gemacht hat: An einem gemeinsamen Gegenstand wurden individuelle Fragen individuell bearbeitet, mit den auftretenden Arbeitsproblemen und den erreichten Teilergebnissen in der Gesamtgruppe vorgestellt, diskutiert und beraten. Arbeitsmaterial wurde aus der Sammlung des Projektblogs für die individuelle Arbeit ausgewählt und auf dem Blog kommentiert. Arbeitsergebnisse wurden auf dem Blog präsentiert und teilweise diskutiert. Der gemeinsame Gegenstand wurde abschließend im Plenum face-to-face in Bezug auf die einzelnen Arbeits-Produkte diskutiert und die Methodologie sowie das Lernergebnis insgesamt und für jeden Einzelnen ausgewertet.

Die Methodologie bestand zusammengefasst darin, Prozessstrukturen und eine (Über-)Fülle an un-didaktisiertem, öffentlich zugänglichem Material, sowie laufende Beratung und vielfältige Online- wie Offline-Kommunikationsmöglichkeiten (vor-)zugeben. Nicht vorgegeben wurden außer dem gemeinsamen komplexen Gegenstand „Postwachstumsökonomie" hingegen Fragestellungen, konkrete Materialauswahl, Arbeitsvorhaben (Produktform und Vorgehensweise). Diese Art und Weise zu unterrichten und zu lernen ist an jedem Gegenstand, mit jeder Lerngruppe jeder Altersstufe und jeder Schulform/Hochschulform möglich. Selbstverständlich unterscheiden sich je nach den verschiedenen Voraussetzungen und Umständen die konkreten Ergebnisse. Der Lehrer/die Lehrerin versteht sich als ältester Teilnehmer einer gemeinsamen Expedition (Wolfgang Steiner). Er tut nicht neutral, sondern bringt sich und seine Perspektive zum Gegenstand und zur Arbeitsweise ein – ausdrücklich, als solche gekennzeichnet und darum auch kritisierbar. Aber er sagt nicht, wo es langgeht.

7. Überlegungen zur Lehrerbildung

Nur kurz sollen hier zum Abschluss die wichtigsten Konsequenzen für die Lehrerbildung angedeutet werden (Rosa, 2013b; Rosa 2013c). Es ergibt sich fast unübersehbar aus den Erkenntnissen der vorigen Kapitel, dass das Lernen der Lehrerinnen und Lehrer selbst ebenso dem gewandelten Lernbegriff angepasst werden muss wie das der Schülerinnen und Schüler. Das heißt vor allem, dass weder die Belehrung („Input") über das neue Verständnis noch die Rezeptvermittlung und Verteilung von Unterrichtsmaterial im neuen Unterrichtsmodus ausreichen, um das neue Lehren-Lernen zu lehren. Das heißt jedoch nicht, dass diese bekannten Formen nicht mehr gebraucht werden. Zentral und neu ist jedoch, dass sich Lehrkräfte in Aus- und Fortbildung über eigene reflexive Lern*tätigkeit* das neue Wissens- und Lernverständnis aneignen (kulturhistorisch gesprochen) bzw. konstruieren (konstruktivistisch gesprochen). Sie müssen ihre eigenen Erfahrungen mit den neuen Lernweisen machen, die sie selbst nicht aus ihrer eigenen Schülerzeit kennen. Und zwar nicht nur, um sie danach den Schülern lehren zu können, sondern um *selbst an der neuen Lernkultur teilzuhaben.* Dies gilt ganz unabhängig von ihrer Tätigkeit als Lehrer – aber für ihre Profession als Lehrende selbstverständlich erst recht. Solange jedoch die Auffassung vorherrscht, dass dies alles nur wegen der Schüler und ihrer *angeblich anderen Lebenswelt* nötig wäre oder gar deshalb, weil die Schülerinnen und Schüler mit den digitalen Medien etwa „besser zu motivieren" wären, wird diese Aufgabe verfehlt, weil sie gar nicht verstanden wird. Tatsächlich muss die Lehrerbildung selbst in Projektform, experimentierend, die eigene Praxis reflektierend (kontextuell) und kollaborativ im Web aus dem Seminarraum in die Welt hinausreichen. Lehrerinnen und Lehrer werden dabei schon im Studium ihre eigenen persönlichen Lernnetzwerke aufbauen und in professionellen Lerngemeinschaften gemeinsam in der Praxis neue Praxis entdecken, entwickeln, erproben, auswerten, modifizieren – und von vorne.

Die dazu passenden Fortbildungsformate für „fertige" Lehrkräfte sind konsequenterweise nicht die vereinzelten zweistündigen Lehrveranstaltungen sondern langfristige Werkstattformate von bis zu einem Jahr Dauer, die Entwicklung, Erprobung, Auswertung, Modifizierung im Austausch in der Lerngruppe enthalten und viel Arbeitszeit einnehmen – zumal es sich um gänzlich neue Erfahrungen, Denkleistungen und Praxiskreationen im Rahmen neuer Sichtweisen auf den Berufsgegenstand handelt, und nicht nur um ein Update des bereits Bekannten oder bloß um zusätzliche Ideen/Materialien/Skills/Tools/Konzepte.

Lernnetzwerke, neue Verbindung von Arbeiten und Lernen (Working-out-Loud-Prinzipien), Professionelle Lerngemeinschaften, Communities of Practice sind dabei nicht nur die Stichworte bezüglich des Lernens einzelner Lehrpersonen, sie bestimmen auch und sind im digitalen Zeitalter die Voraussetzung für das Lernen der entsprechenden Tätigkeitssysteme und Organisationen bzw. Institutionen.[11]

Literatur

Altrichter, H., & Posch, P. (2007). *Lehrerinnen und Lehrer erforschen ihren Unterricht*. Bad Heilbrunn: Julius Klinkhardt.

Bonsen, M., & Rolff, H.-G. (o. J.). Professionelle Lerngemeinschaften von Lehrerinnen und Lehrern. *Zeitschrift für Pädagogik, 52*(2), 167–184.

Bund-Länder-Kommission. (2002–2007). *Module*. Verfügbar unter http://blk-demokratie.de/programm/module.html [01.09.2017]

Castells, M. (2001). *Der Aufstieg der Netzwerkgesellschaft: Teil 1 der Trilogie Das Informationszeitalter*. Berlin: Springer.

Deutsche UNESCO-Kommission (2017). *UNESCO-Weltaktionsprogramm: Bildung für nachhaltige Entwicklung*. Verfügbar unter http://www.bne-portal.de/ [01.09.2017]

Dewey, J. (1910). *How We Think*. New York.

Donald, M. (2001). *A Mind So Rare. The Evolution of Human Consciousness*. New York: W. W. Norton.

Drösser, C. (2012). *Total berechenbar? Wenn Algorithmen für uns entscheiden*. Hanser. München.

Engeström, Y. (2008). *Entwickelnde Arbeitsforschung: Die Tätigkeitstheorie in der Praxis*. (Schriftenreihe International Cultural-historical Human Sciences, Bd. 25). Übersetzt und herausgegeben von Lisa Rosa. Berlin: Lehmanns.

Erdmann, J. W. (2006). *Transformation und Lernen – Lebensbegleitendes Lernen (,LLL') unter den Bedingungen globaler Transformation* (Habil.). Universität der Künste Berlin.

Erdmann, J. W., & Rückriem, G. (2010). Lernkultur oder Lernkulturen? Was heißt „(Neue) Lernkultur"? Ein Beitrag aus ,transformationstheoretischer'

---

11 Über den Zusammenhang von personalem und organisationalem Wissen vgl. z.B. Willke, 2002

Sicht. In H. Giest, & G. Rückriem (Hrsg.), *Tätigkeitstheorie und (Wissens-) Gesellschaft* (S. 15–52). Berlin: Lehmanns.

Fichtner, B. (2008). *Lernen und Lerntätigkeit. Ontogenetische, Phylogenetische und epistemologische Studien.* Berlin: Lehmanns.

Gallin, P., & Ruf, U. (1998). *Dialogisches Lernen in Sprache und Mathematik* (Bd. 1). Seelze: Friedrich.

Giesecke, M. (2002). *Von den Mythen der Buchkultur zu den Visionen der Informationsgesellschaft.* Frankfurt/Main: Suhrkamp.

Helfrich, S., Bollier, D., & Heinrich-Böll-Stiftung (Hrsg.). (2015). *Die Welt der Commons. Muster gemeinsamen Handelns.* Bielefeld: transcript.

Hoekstra, A. Y., & Wiedmann, T. O. (2014). Humanity's unsustainable environmental footprint. *science, 344*(6188), 1114-1117.

Jarche, H. (2014). *Working and Learning Out Loud.* Verfügbar unter http://jarche.com/2014/11/working-and-learning-out-loud/ [01.09.2017]

Jarche, H. (2015). *You are only as good as your network.* Verfügbar unter http://jarche.com/2015/10/you-are-only-as-good-as-your-network/ [01.09.2017]

Jarche, H. (2017a). *network learning cities.* Verfügbar unter http://jarche.com/2017/06/network-learning-cities/ [01.09.2017]

Jarche, H. (2017b). *One person at a time.* Verfügbar unter http://jarche.com/2017/02/one-person-at-a-time/ [01.09.2017]

Lembke, G. (2017). *Meinung: Der beste Start ins digitale Zeitalter findet ohne Computer statt.* Verfügbar unter https://www.bpb.de/lernen/digitale-bildung/werkstatt/245294/meinung-der-beste-start-ins-digitale-zeitalter-findet-ohne-computer-statt [01.09.2017]

Marchart, O. (2010). *Die politische Differenz. Zum Denken des Politischen bei Nancy Lefort, Badiou, Laclan und Agamben.* Berlin: Suhrkamp.

Messner, R. (o.J.). John Deweys Weg zu Projektmethode und Projektunterricht. Verfügbar unter https://www.uni-kassel.de/fb01/fileadmin/datas/fb01/Institut_fuer_Erziehungswissenschaft/Dateien/ehemaliger_Prof._Messner/John_Dewey.pdf [06.07.2018]

Mitra, S., & Crawley, E. (2014). Effectiveness of Self-Organised Learning by Children: Gateshead Experiments. *Journal of Education and Human Development, 3*(3), 79–88.

Organization for Economic Co-operation and Development (2017). *Global Competency for an inclusive world.* Verfügbar unter https://www.oecd.org/education/Global-competency-for-an-inclusive-world.pdf [01.09.2017]

Raworth, K. (o.J.). A safe and just space for humanity: can we live within the doughnut. Oxfam Policy and Practice. *Climate Change and Resilience, 8*(1), 1–26.

Research & Degrowth (R&D) (o.J.). *Research and actions to consume less and share more.* Verfügbar unter https://degrowth.org/ [01.09.2017]

Richardson, W. (2011). *Personal Learning Networks: Using the Power of Connections to Transform Education.* Bloomington: Solution Tree Press.

Richardson, W. (2015). *From Master Teacher to Master Learner.* Bloomington: Solution Tree Press.

Rosa, L. (2010). Persönlicher Sinn und historisch-politisches Lernen. In H. Giest, & G. Rückriem (Hrsg.), *Tätigkeitstheorie und (Wissens-)Gesellschaft. Fragen und Antworten tätigkeitstheoretischer Forschung und Praxis* (S. 149–174). Berlin: Lehmanns.

Rosa, L. (2013a). Partizipatives und schülerorientiertes Lernen mit Web 2.0. Web 2.0-Medienformen zum Aufbau von Lernnetzwerken nutzen. *Lernende Schule, 2013*(64), 29–33.

Rosa, L. (2013b). Mit Lehrern „Lernen 2.0" lernen. Selbsterkundung und Unterrichtsexperimente als Formen der Lehrerfortbildung. *Journal für Lehrerinnen- und Lehrerbildung, 2013*(4), 34–37.

Rosa, L. (2013c). Lernen 2.0 – Projektlernen mit Lehrenden im digitalen Zeitalter. In C. Schumacher, F. Rengstorf & C. Thomas (Hrsg.), *Projekt: Unterricht. Projektunterricht und Professionalisierung in Lehrerbildung und Schulpraxis* (S. 245–269). Göttingen: Vandenhoeck & Ruprecht.

Rosa, L. (2014). *Kulturzugangsgerät, kleine Abhandlung.* Verfügbar unter https://shiftingschool.wordpress.com/2014/10/21/kulturzugangsgerat-kleine-abhandlung/ [01.09.2017]

Rosa, L. (2015). *PLN – Ein persönliches Netzwerk aufbauen – wozu und wie?* Verfügbar unter https://shiftingschool.files.wordpress.com/2009/10/handout.pdf [01.09.2017]

Rosa, L. (2016a). *Aspekte einer Postwachstums-Ökonomie. Das Dilemma zwischen dem Wachstumsgebot des Wirtschaftssystems und der Endlichkeit unserer physischen Welt.* (Band 5 der Reihe: Globales Lernen. Hamburger Unterrichtsmodelle zum KMK-Orientierungsrahmen Globale Entwicklung). Hamburg: Landesinstitut für Lehrerbildung und Schulentwicklung. Verfügbar unter http://li.hamburg.de/publikationen/5307326/globales-lernen-postwachstum/ [01.09.2017]

Rosa, L. (2016b). *Welche digitale Bildungsrevolution wollen wir?* Verfügbar unter https://shiftingschool.wordpress.com/2016/10/24/welche-digitale-bildungsrevolution-wollen-wir/ [01.09.2017]

Rückriem, G. (2013). *Anmerkungen zu Lisa Rosas re:publica13 Talk.* Verfügbar unter https://georgrueckriem.wordpress.com/2013 /05/16/lernen-lernen-lernen-anmerkungen-zu-lisa-rosas-republica13-talk/ [01.09.2017]

Schreiber, J.-R., & Siege, H. (2016). *Orientierungsrahmen für den Lernbereich Globale Entwicklung im Rahmen einer Bildung für nachhaltige Entwicklung* (Bd. 2, aktualisierte und erweiterte Auflage). Hamburg: Cornelsen.

Schürmann, V. (2014). *Souveränität als Lebensform. Plessners urbane Philosophie der Moderne.* München.

Sturzenhecker, B. (2000). *Jugendarbeit ist Bildung.* Verfügbar unter http://www.aba-fachverband.org/fileadmin/user_upload/user_upload_2006/sturzenhecker_jugendarbeit_ist_bildung.pdf [06.07.2018]

Toffler, A. (1970). *Future Shock.* New York: Random House.

Universität Kassel. (2017). *Module, Schlüsselkompetenzen, Vorlesungsverzeichnis, Studienordnungen, FAQ zum Master-Studiengang Philosophie der Wissensformen.* Verfügbar unter http://www.uni-kassel.de/philosophie/wissensformen/studium-faq.html [01.09.2017]

University of Oxford & Kühne, Steffen (o.J.). *Wie wahrscheinlich ist es, dass ich durch einen Computer ersetzt werde?* Verfügbar unter http://gfx.sueddeutsche.de/pages/automatisierung/ [01.09.2018]

Vygotskij, L. S. (2014). *Denken und Sprechen. Psychologische Untersuchungen.* Hrsg. v. G. Rückriem, & J. Lompscher. Weinheim: Beltz.

Weinberger, D. (2008). *Das Ende der Schublade. Die Macht der neuen digitalen Unordnung.* München: Hanser.

Weinberger, D. (2013). *Too Big to Know. Das Wissen neu denken, denn Fakten sind keine Fakten mehr, die Experten sitzen überall und die schlaueste Person im Raum ist der Raum.* Bern: Hans Huber.

Willke, H. (2002). Nagelprobe des Wissensmanagements: Zum Zusammenspiel von personalem und organisationalem Wissen. In K. Götz (Hrsg.), *Wissensmanagement. Zwischen Wissen und Nichtwissen* (S. 15–32). München: Rainer Hampp.

World Economic Forum. (2016). *The Future of Jobs. Employment, Skills and Workforce Strategy for the Fourth Industrial Revolution.* Verfügbar unter http://www3.weforum.org/docs/WEF_Future_of_Jobs.pdf [01.09.2017]

Nina Brendel, Gabriele Schrüfer

Weblogs als Reflexionsmedium im Globalen Lernen – Kompetenzförderung durch Bloggen mit Studierenden

Abstract

Die eigene Meinung mit der Welt zu teilen war noch nie so einfach wie heute: Soziale Netzwerke und das Web 2.0 im Allgemeinen befähigen uns, mit Menschen aus der ganzen Welt zu diskutieren und zu kollaborieren. Das Zusammenwirken von Digitalisierung und Globalisierung ermöglicht so auf der einen Seite eine gesteigerte und vereinfachte Partizipation vieler Individuen; auf der anderen Seite verlangt es allerdings auch vermehrt Reflexionskompetenz, um mit dieser Multiperspektivität sowie der Komplexität und Kontroversität, die vielen aktuellen Diskursen inhärent sind, souverän umzugehen.

Diese Fähigkeiten und Fertigkeiten bei Schülerinnen und Schülern aufzubauen, ist eine Kernaufgabe des Geographieunterrichts. Dazu müssen allerdings zunächst Lehrkräfte selbst über entsprechende Kompetenzen verfügen, um als Multiplikatorinnen und Multiplikatoren ihre Schülerinnen und Schüler auf die genannten Herausforderungen der Globalisierung und Digitalisierung vorzubereiten und entsprechende Kompetenzen anzubahnen.

Dieser Beitrag stellt eine Studie vor, in der erhoben wurde, inwieweit Studierende für das Lehramt Geographie über Globales Lernen reflektieren und was ihre Reflexionen bedingt.

Hierzu werden zunächst Weblogs als Medium zur Förderung von Kompetenzen im Bereich Globales Lernen theoretisch diskutiert und konzeptionell aufgearbeitet. Anschließend soll vorgestellt werden, wie Weblogs als Reflexionsmedium in der Hochschullehre eingesetzt wurden, um zu untersuchen, wie tiefgreifend Studierende für das Lehramt Geographie über Globales Lernern reflektieren und welche Einflüsse auf ihre Reflexionsperformanz erkennbar sind. Aufgrund ihres empirisch belegten reflexionsfördernden Charakters wurden als Erhebungsinstrument persönliche Weblogs genutzt, die die Studierenden zweier Seminare zum Globalen Lernen semesterbegleitend verfassten. Diese individuellen Weblogeinträge wurden mittels qualitativer Inhaltsanalyse codiert und die Reflexionsperformanz nach Brendel (2017) bestimmt. Die sehr heterogenen Reflexionsleistungen der Studierenden zeigen dabei Bezüge zu verschiedenen Kompetenzen Globalen Lernens, die in diesem Artikel dargelegt werden. Abschließend soll diskutiert werden, wie Weblogs in der universitären Ausbildung von angehenden Lehrkräften zur Reflexionsförderung im Bereich Globales Lernen eingesetzt werden können.

1. Einleitung

Kaum eine Entwicklung hat unsere heutige Lebenswelt so disruptiv verändert wie die Prozesse der Globalisierung und Digitalisierung (Biggiero, 2006; McIntyre, 2016) – sowohl auf globaler als auch auf der individuellen Ebene: Nahezu jede Person mit einem internetfähigen Rechner oder mobilen Endgerät kann über das Web 2.0[1] am öffentlichen Diskurs aktiv teilnehmen und (weitgehend) ungefiltert und in Echtzeit über Twitter-Tweets, Weblogs o.ä. über die aktuelle politische Lage oder Lebensumstände der Menschen vor Ort berichten (Brendel, 2013). Mit dieser neuen Befähigung zur globalen Partizipation und zu einem verantwortungsbewussten Umgang damit bekommen Kompetenzen wie systemisches Denken, Bewertungskompetenz und Reflexionskompetenz eine neue Relevanz. Globale Herausforderungen, wie sie in den Sustainable Development Goals für alle Staaten der Erde festgehalten sind (United Nations, o.J.), sind auf das Engagement und die souveräne und verantwortungsvolle Mitgestaltung jedes Einzelnen angewiesen – und erfordern damit umfängliche Kompetenzen, wie u.a. Kollaboration, kritisches Denken sowie Reflexion eigener und fremder Werte (United Nations Educational, Scientific and Cultural Organization [UNESCO], 2017).

Lernende auf diese komplexen, kontrovers diskutierten und mit Unsicherheit behafteten globalen Prozesse vorzubereiten und entsprechende Kompetenzen anzubahnen, ist das gesetzte Ziel Globalen Lernens (Schockemöhle & Schrüfer, 2012). Reflexionskompetenz spielt dabei eine herausragende Rolle (Applis, 2012; Asbrand, 2009; Bormann & de Haan, 2008; Hallitzky, 2008; Scheunpflug, 2001). Sowohl im Bereich der Bildung für nachhaltige Entwicklung (BNE) als auch im eng verwandten Globalen Lernen werden Reflexionsprozesse als Kernkompetenz verstanden, um „zu Globalisierungs- und Entwicklungsfragen Stellung [zu] beziehen" (Kultusminister Konferenz [KMK] & Bundesministerium für wirtschaftliche Zusammenarbeit und Entwicklung [BMZ], 2016, S. 95) und um eigene und fremde Werte und Normen einzuordnen (Applis, 2012; KMK & BMZ, 2016; UNESCO, 2017). Denn nur wer tiefgreifend über Prozesse oder Gegebenheiten reflektiert hat, kann zu einer fundierten Bewertung

---

1 Obgleich mitunter bereits die Begriffe Web 3.0 oder Web 4.0 verwendet werden, stützt sich die Terminologie in diesem Beitrag auf die Definition des Web 2.0 als partizipatives Netz des „Prosumenten", wie es nach Brendel und Schrüfer (2013, S. 289–290) für die Geographiedidaktik definiert wurde.

gelangen (Bewertungskompetenz), die das eigene Handeln in der Weltgesellschaft leitet (Handlungskompetenz) (KMK & BMZ, 2016).

Für Lehrende ergibt sich daraus die Aufgabe, Reflexionsleistung bei Lernenden zu diagnostizieren und individuell zu fördern. Dazu müssen sie allerdings zunächst selbst über vertiefte Reflexionskompetenz verfügen, um andere – im Sinne eines/-r konstruktivistisch geprägten Lernbegleiters/-in – bei der Entwicklung ebendieser Kompetenzen zu unterstützen. In der vorgestellten Studie wird daher untersucht, wie vertieft Studierende für das Lehramt Geographie selbst über Themen und Prozesse des Globalen Lernens reflektieren und wie ihre Reflexionskompetenz im Sinne Globalen Lernens gefördert werden kann.

Dazu werden im Folgenden zunächst die Konzepte der Reflexion und Reflexivität erklärt und auf Grundlage des Forschungsstands erläutert, weshalb im Rahmen dieser Studie mit Weblogs als Reflexionsmedien gearbeitet wurde. Anschließend wird die Studie zur Kompetenzförderung mittels Weblogs im Globalen Lernen vorgestellt, und die Ergebnisse werden vor dem Hintergrund der zuvor vorgestellten Konzeptualisierung von Weblogs als Medium der Kompetenzförderung im Sinne des Globalen Lernens diskutiert.

2. Theoretischer Hintergrund und Forschungsstand

2.1 Weblogs zur Reflexionsförderung

Da der Begriff der Reflexion häufig in sehr unterschiedlicher Definition verwendet wird, soll zunächst das Begriffsverständnis in diesem Artikel erläutert werden: In der Tradition des reflexiven Denkens nach Dewey (1910, 1933) wird Reflexion aufgefasst als „ein Nachdenken über Unterrichtsinhalte, Überzeugungen oder Vorstellungen" (Brendel, 2017, S. 19). Der Begriff der Reflexivität wird dagegen den Werken Schöns (1983) zur reflexiven Praxis zugeschrieben und „bezeichnet ein Nachdenken über eigene Handlungen oder Handlungsalternativen" (Brendel, 2017, S. 19).

Zur Förderung der inhaltsbezogenen Reflexion (Dewey) sowie der handlungsbezogenen Reflexivität (Schön) werden in Schule und Hochschule häufig Formen der schriftlichen Reflexion eingesetzt (Bain, Ballantyne, Packer, & Mills, 1999). Traditionell in Form von analogen Lerntagebüchern verfasst, werden heute vermehrt digitale Formen wie Weblogs oder e-Portfolios genutzt. Egal ob auf analogem oder digitalem Weg – reflexives Schreiben unterstützt Lern- und Reflexionsleistungen (Bain u.a., 1999; Lin & Yuan, 2006; Xie, Ke, & Sharma, 2008), erleichtert den Übergang von oberflächlichem zu vertieftem Lernen (*deep learning*) (Xie u.a., 2008) und ist ein Indikator für Reflexionsperformanz und kritisches Denken (Kember u.a., 2000).

Gegenüber analogen Lerntagebüchern, die meist nur für die Lehrkraft verfasst werden, zeichnen sich digitale Lerntagebücher durch eine Vielzahl an zusätzlichen Nutzungsmöglichkeiten aus: Anders als auf Papier verfasste Reflexionen können Weblog-Artikel unbegrenzt oft überarbeitet werden und multimedial (z.B. durch Bilder, Grafiken, Links, Videos etc.) aufgewertet werden. Das ermöglicht neue, kreative und individuelle Ausdrucksmöglichkeiten (Kang, Bonk, & Kim, 2011). Zudem kann der Adressatenkreis frei gewählt werden: Weblogs können privat verfasst oder mit anderen aus der Lerngruppe, mit externen Expertinnen und Experten oder öffentlich geteilt werden und vernetzen die Bloggerinnen und Blogger so mit einer größeren Community (Richardson, Ohnacker, & Ohnacker, 2011; Yang, 2009). Diese Erweiterung des Adressatenkreises ermöglicht nicht nur peer-feedback (z.B. durch Kommentare) und Kollaboration mit anderen Usern (Duffy, 2008; Teresa A. Byington, 2011). Blogs können zudem eine ideale Lernumgebung für konstruktivistisches Lernen darstellen, das Lernende dazu auffordert, Wissen eigenständig zu konstruieren (Custin & Barkacs, 2010; Hung, Yang, Fang, Hwang, & Chen, 2014; Kang u. a., 2011)[2].

Da auf die Blogs von überall und zu jeder Zeit (auch von mehreren Userinnen und Usern gleichzeitig) zugegriffen werden kann, verschwimmen die Grenzen von formalem und informellem Lernen (Franz, 2006), was letztlich einen Grundstein für lebenslanges Lernen legen kann (Bhattacharya & Hartnett, 2007).

All diese Lernprozesse können als wesentliche Elemente einer neuen Lernkultur verstanden werden, wie sie im Sinne Globalen Lernens Lernende zu einer verantwortungsvollen Mitgestaltung der Einen Welt befähigen soll.

Obgleich der umfangreichen empirischen Belege zu reflexionsfördernden Effekten des Bloggens in Lehr-/Lernsettings liegt dazu speziell in Bezug auf den Bereich des Globalen Lernens bislang nur wenig theoretische oder empirische Literatur vor:

---

2   Zur vertieften Diskussion über Weblogs als Medium konstruktivistischen Lernens siehe Du & Wagner, 2007.

Bereits im Jahre 2006 stellt Franz eine Übersicht zu den Potenzialen und Einsatzmöglichkeiten von Weblogs im Bereich Globalen Lernens zusammen (Franz, 2006). In der zweiten Auflage des Orientierungsrahmens für den Lernbereich Globale Entwicklung werden die Möglichkeiten zur Erweiterung des Adressatenkreises, die Partizipation und Eigentätigkeit sowie Eigenverantwortlichkeit der Schülerinnen und Schüler beim Bloggen als gewinnbringend für den Lernbereich hervorgehoben (KMK & BMZ, 2016). Der Frage, wie Reflexionsprozesse mittels Weblogs im Bereich Globales Lernen im Unterricht diagnostiziert und gefördert werden können, widmete sich zudem eine Dissertationsstudie aus jüngerer Zeit (Brendel, 2017).

Die in Kapitel 3 vorgestellte empirische Studie soll darüber hinaus Erkenntnisse für den Einsatz von Weblogs im Hochschulbereich liefern.

2.2 Ein Modell zu Weblogs als Reflexionsmedium im Globalen Lernen

Die in Kapitel 2.1 dargelegten empirischen Belege zu Weblogs als Reflexionsmedium sind in Abbildung 1 zusammenfassend dargestellt und in Bezug gesetzt zu Kompetenzen des Globalen Lernens. Hierbei liegen sowohl die Kompetenzen des Orientierungsrahmens für den Lernbereich Globale Entwicklung zugrunde (fett markiert) als auch Kompetenzen, die in der empirischen Forschungsliteratur mit dem Globalen Lernen in Zusammenhang gebracht werden (Asbrand, 2014; Asbrand, Bergold, Dierkes, & Lang-Wojtasik, 2006; Mehren, Mehren, Ohl, & Resenberger, 2015).

Dazu ist die Grafik einerseits im Uhrzeigersinn zu lesen: Auf der oberen Hälfte der Grafik sind empirische Forschungsergebnisse zum Einsatz von Weblogs als Reflexionsmedium aufgeführt. Von links nach rechts gelesen weisen die Konzepte einen immer stärkeren Bezug zu einer Neuen Lernkultur auf. Diese beruht auf einem konstruktivistischen Lernparadigma, das die oder den Lernenden im Zentrum der (eigenen) Wissenskonstruktion sieht und letzten Endes zu lebenslangem Lernen befähigen soll (zur Neuen Lernkultur siehe Tillmann, 2011).

Auf der unteren Hälfte der Grafik sind dagegen Kompetenzen des Orientierungsrahmens für den Lernbereich Globale Entwicklung abgetragen. Die Lesrichtung im Uhrzeigersinn implizierte eine Steigerung, dieses soll allerdings keine Wertung darstellen, sondern den häufig beobachteten schrittweisen Aufbau verschiedener Kompetenzen hin zu einer Handlungskompetenz abbilden. Dabei wird davon ausgegangen, dass zunächst Kompetenzen wie „Kritisches Denken" oder „Umgang mit Komplexität" angeregt sein sollten, bevor (höhere Grade an) Bewertungs- oder Handlungskompetenz gemäß des Orientierungsrahmens entwickelt werden[3].

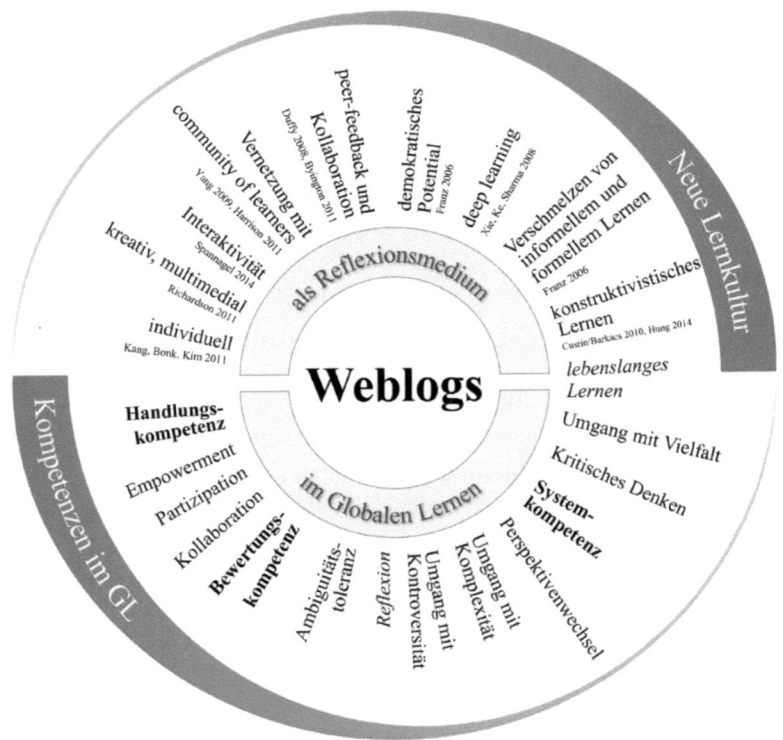

Abbildung 1: Potenziale von Weblogs in Lernprozessen und ihr Bezug zu Kernkompetenzen des Globalen Lernens (eigene Darstellung)

Neben der Lesart im Uhrzeigersinn kann die Grafik auch in ihren Durchmessern gelesen werden: So stehen viele Forschungsergebnisse in der unteren Hälfte korrespondierenden Kompetenzen in der oberen Hälfte gegenüber. Beispielsweise wird angenommen, dass eine Vernetzung in bzw. mit einer *community of learners* mit einem Perspektivenwechsel und

---

3   Die genaue Abfolge der Kompetenzen sowie der empirischen Belege der oberen Hälfte ist jedoch mitunter arbiträr gewählt und an einigen Stellen sicherlich diskutierbar.

systemischem Denken einhergehen sollte. Multimedialität in Weblogs erscheint vor allem dann gewinnbringend, wenn ein grundlegender souveräner Umgang mit Vielfalt erworben wurde. Des Weiteren fußen peer-feedback und Kollaboration auf der Fähigkeit, Kontroversen auszuhalten und sich Komplexität produktiv zu stellen. Ebenso verstehen wir Ambiguitätstoleranz als eine wesentliche Kompetenz zur Entfaltung eines demokratischen Potenzials. Informelles Lernen, das unter Kindern und Jugendlichen heute häufig im Web 2.0 stattfindet, ist in hohem Maße durch Kollaboration gekennzeichnet. Schließlich fußt ein dem konstruktivistischen Lernparadigma verschriebenes Lernen nach Ansicht der Autorinnen auf der mündigen Entscheidung zur Partizipation und einem „Empowerment" der Lernenden, wie es im Bereich „Handeln" des Orientierungsrahmens umschrieben ist. Gleichzeitig werden konstruktivistische Lernumgebungen als Grundlage zur Förderung einer Handlungskompetenz im Globalen Lernen verstanden.

Wie oberer und unterer Teil der obigen Grafik vereint und Weblogs als Reflexionsmedium speziell zur Förderung von Kompetenzen des Globalen Lernens eingesetzt werden können, wurde im Rahmen einer Dissertationsstudie bei Schülerinnen und Schülern der Sekundarstufe II untersucht (Brendel, 2017): In dieser qualitativen Studie wurden verschiedene Ausprägungsgrade reflexiven Denkens über von Schülerinnen und Schülern verfasste Weblogs zum Globalen Lernen nachgewiesen und Einflussfaktoren auf ihre Reflexionsperformanz[4] bestimmt. Allerdings wurde dabei deutlich, dass nicht nur Lernende eine große Heterogenität der Reflexionsleistungen aufweisen – auch die unterrichtenden Lehrkräfte verfügten über sehr unterschiedliche Konzepte von Globalem Lernen sowie über ein recht heterogenes Verständnis von Reflexion und Reflexivität (ebd.).

Um die Kompetenzen des Orientierungsrahmens bei Lernenden zu fördern, sollten Lehrkräfte allerdings über eine grundlegende Reflexionskompetenz im Kontext Globalen Lernens verfügen.

---

4 Da davon ausgegangen wird, dass die in den Weblogs gezeigte Reflexionsstufe nicht unbedingt der maximal von dieser Schülerin oder diesem Schüler erreichbaren Reflexionsstufe entspricht, wird in der Diskussion dieser Ergebnisse von Performanz statt Kompetenz gesprochen.

3. Empirische Studie zur Reflexionsperformanz von Studierenden im Kontext Globalen Lernens

3.1 Forschungsanlass und Ziel der Studie

Diese Beobachtung zum Anlass nehmend, widmete sich die nachfolgend vorgestellte Studie daher der Frage, inwieweit Lehramtsstudierende, die sich in ihrer universitären Ausbildung zunehmend stark mit BNE und Globalem Lernen auseinandersetzen, selbst über entsprechende Reflexionskompetenz verfügen. Denn nach Ansicht der Autorinnen sollte bei angehenden Lehrkräften bereits im Studium Reflexionskompetenz gefördert werden, damit sie später in der Lage sind, Reflexionskompetenz bei ihren Schülerinnen und Schülern zu diagnostizieren und zu fördern. Rieckmann und Holz stellen dazu in ihrem Artikel zur „Verankerung von Bildung für nachhaltige Entwicklung in der Lehrerbildung in Deutschland" (2017) fest: „Die Umsetzung einer BNE in der Schule stellt hohe Anforderungen an die LuL. Sie setzt voraus, dass sie sich selbst mit dem Leitbild einer nachhaltigen Entwicklung und dem BNE-Konzept auseinandergesetzt haben". (ebd., S.6)

Die im Folgenden vorgestellte Studie hat daher zum Ziel, Reflexionsniveaus bei Studierenden im Bereich Globales Lernen zu diagnostizieren sowie Einflussfaktoren zu identifizieren. Daraus sollen schließlich Strategien und Methoden der Reflexionsförderung abgeleitet werden, die in die universitäre Lehrer/-innenbildung integriert werden sollen.

3.2 Methodik

3.2.1 Weblogs als Erhebungsinstrument

Die Grundlage dieser Studie bildet die Auswertung von persönlichen Weblogs, die von Master-Studierenden zweier Seminare zum Globalen Lernen an der Universität Münster verfasst wurden (20 Studierende im Kurs 2016, 15 Studierende im Kurs 2017). Dazu war jede Studentin bzw. jeder Student aufgefordert, einen eigenen Weblog aufzusetzen[5] und

---

5   Die Studierenden erhielten dazu Unterstützung in Form von umfänglichen Anleitungen, individueller Betreuung der Dozentinnen sowie Informationsmaterial bzgl. Datenschutz und Sicherheit im Netz.

in persönlichen Artikeln die einzelnen Seminarsitzungen sowie damit in Verbindung stehende Erfahrungen, Erlebnisse oder Bewertungen aus ihrer Lebenswelt zu reflektieren. Diese Artikel waren nur auf persönliche Einladung für die Dozentin des Seminars und die anderen Teilnehmerinnen und Teilnehmer zugänglich. Abgesehen von einem Blogleitfaden mit Reflexionsimpulsen, der den Studierenden den Einstieg ins Bloggen erleichtern sollte, waren nur die Anzahl der Blogs (8 Artikel und 2 Kommentare) und eine thematische Passung vorgegeben – sonst waren die Studierenden frei, ihren Interessen, ihrer Kreativität und ihrer persönlichen Wissenskonstruktion zu folgen.

Weblogs als Form der digitalen Reflexionstagebücher wurden gewählt, da ihnen einerseits (insbesondere bei Lehrenden!) reflexionsfördernde Wirkung attestiert wird (Lin & Yuan, 2006; Xie et al., 2008; Yang, 2009); andererseits hat diese digitale Form des reflexiven Schreibens gegenüber analogen Formen einige Vorteile, die der Strategie der KMK „Bildung in der digitalen Welt" (KMK, 2016, S. 46) zuträglich sind:

> „Die Kompetenzen der Studierenden im Umgang mit und in der Anwendung von digitalen Medien und Werkzeugen werden insbesondere durch die digitale Praxis in Lehre und Forschung gefördert. Besondere Chancen liegen in den Möglichkeiten, die Studierenden mittels digitaler Technologie intensiv und interaktiv in Lehr-Lern-Prozesse einzubinden." (KMK, 2016, S. 46)

Konkret waren in diesem Zusammenhang für die Wahl von Weblogs in dieser Studie vor allem folgende Potenziale und Kompetenzbereiche ausschlaggebend:

1. *Sensibilisierung für sicheres Verhalten im Netz:* Indem die Studierenden selbst in der Verantwortung stehen, ihren eigenen Weblog einzurichten und zu warten (mit Unterstützung durch die Dozentinnen) sowie Vorgaben des Datenschutzes einzuhalten, Urheberrecht zu beachten (z.B. durch die korrekte Nutzung von Creative Commons-lizensierten Medien), sollte für diese Anforderungen sensibilisiert und entsprechende digitale Kompetenzen gefördert werden: u.a. die Kompetenzen „3.3 rechtliche Vorgaben beachten", „4.1 sicher in digitalen Umgebungen agieren", „4.2 persönliche Daten und Privatsphäre schützen" und „5. Problemlösen und Handeln" (KMK, 2016, S. 16-18).

2. *Austausch in der peer-group:* Alle Weblogs wurden als semi-private Blogs eingerichtet, die über Einladung der Lerngruppe zugänglich

gemacht wurden. Anders als bei analogen Lerntagebüchern waren die Reflexionen der Studierenden so nicht nur für die Lehrkraft einsichtig, sondern für das gesamte Seminar. Dies sollte nicht nur die Motivation und Sinnhaftigkeit steigern, Blogeinträge zu verfassen, sondern auch inspirieren und zur Kommunikation anregen (KMK-Kompetenzen „2.1 Interagieren" und „2.4 Umgangsregeln kennen und einhalten", ebd. S. 16)

3. *Kollaboration:* Damit einher geht die Möglichkeit, die Blogs anderer zu kommentieren und eine community of learners zu bilden. So sollte Kollaboration und peer-feedback unter den Studierenden angeregt werden (KMK-Kompetenzen „2.2 Teilen", „2.3 Zusammenarbeiten" und „3. Produzieren und präsentieren", ebd., S. 16-17). Zudem sollten die Seminare damit den Kriterien guter Lehre im Rahmen der KMK-Strategie gerecht werden, die in digitalen Lehrformaten eine „Verbesserung der Reichweite der Lehrangebote" (ebd., S. 45) sehen.

4. *Individualisierung:* In ihren Weblogs war es den Studierenden freigestellt, nur über Text zu kommunizieren oder Bilder, Fotos, Videos, Screenshots, Twitter-Feeds, Youtube-Videos oder Links zu anderen Internetseiten einzufügen und ihren Weblog so zum ePortfolio zu erweitern. Diese Multimedialität fördert nicht nur den kreativen Ausdruck und ein „ownership" (Tzeng, Kuo, Talley, Chen, & Wang, 2015, S. 2) über die eigene Arbeit. Die damit einhergehenden Möglichkeiten der Individualisierung als Antwort auf die Diversität der Studierenden werden von der KMK-Strategie als „wesentlicher Mehrwert" digitaler Lernangebote herausgestellt (ebd., S. 45).

5. *Ubiquitäres Lernen:* Dank des browserbasierten Zugriffs können die Weblogs von jedem internetfähigen Gerät und von überall zu jeder Zeit genutzt werden – auch von mehreren Personen gleichzeitig. Das ermöglicht eine neue zeitliche und örtliche Flexibilität im Lernen (ein weiterer durch die KMK-Strategie ausgewiesener Mehrwert, ebd. S. 45) und damit einen Weg zur Verschränkung formeller und informeller Lernumgebungen.

6. *Nachhaltige Dokumentation:* Anstatt in alten Ordner zu verschwinden, bleiben die Weblogs der Studierenden auch über das Semester hinaus zugänglich und editierbar. Die Inhalte des Seminars und persönliche Reflexionen können so auch für die zukünftige Nutzung in späteren Phasen der Lehrer/-innenbildung (z.B. im Referendariat) archiviert oder überarbeitet werden (KMK-Kompetenz „1.3 Speichern

und Abrufen", ebd., S. 15) und können so einen Grundstein für eine persönliche reflexive Praxis bilden.

3.2.2 Auswertungsmethodik

Die Auswertung der 35 Weblogs der Studierenden erfolgte auf zwei Arten: Zum einen wurden die maximal in einem Weblog-Artikel erreichten Reflexionsniveaus mithilfe der Methode der skalierenden Strukturierung nach Mayring (2010) codiert. Als zugrunde liegende Skala wurde ein Stufenmodell reflexiven Denkens im Globalen Lernen verwendet, das sich in ähnlichen Forschungskontexten bewährt hat (Brendel, 2017). Das Modell weist insgesamt fünf Stufen reflexiven Denkens aus, die mittels verschiedener Kriterien bestimmt werden können (siehe Tab. 1).

Dabei müssen nicht alle Kriterien einer Stufe erfüllt sein; Stufe 4 und 5 setzen allerdings grundsätzlich ein gehobenes bzw. hohes Abstraktionsniveau voraus, das in Abhängigkeit vom durchschnittlich angesetzten Leistungsniveau gesetzt wird. Obwohl der Umfang der gewählten Codiereinheiten von Halbsätzen bis hin zu ganzen Absätzen rangiert, wurde für die Analyse und Interpretation jeweils mit dem höchsten erreichten Reflexionsniveau eines Artikels gearbeitet.

Zum anderen wurden in einer Variation der Methode nach Kuckartz (2012) mittels thematischer Codierung in MAXQDA induktiv-deduktiv Kategorien extrahiert, die in Kapitel 5 in Auszügen diskutiert werden. Durch Synthese beider Auswertungsmethodiken konnten so die Niveaus reflexiven Denkens bei Studierenden diagnostiziert und Einflussfaktoren auf ihre Reflexion über Globales Lernen bestimmt werden. Im Folgenden sollen zunächst die Ergebnisse präsentiert und anschließend Strategien diskutiert werden, wie Reflexion im Globalen Lernen bei Studierenden gefördert werden kann.

Tabelle 1:   Stufenmodell reflexiven Denkens im Kontext Globalen Lernens
               (Brendel, 2017, S. 251)

Reflexionsstufe		Kriterien zur Bestimmung der Reflexionsstufe
Stufe 1: **Wiedergabe**		Reine Reproduktion der Unterrichtsinhalte (keine Reflexion)
Stufe 2: **Bezug nehmen**		*Die Schülerin oder der Schüler:* - *transformiert oder konzeptualisiert die Unterrichtsinhalte geringfügig* - *äußert eine Beobachtung oder Meinung, jedoch ohne Begründung oder Folgerung* - *stellt rhetorische Fragen ohne Antwort* - *drückt Gefühle aus* - <u>*nennt Lernzuwachs*</u>
Stufe 3: **Zusammenhänge**	**3a:** **Begründung**	Die Schülerin oder der Schüler: - begründet Prozesse oder Sachverhalte oberflächlich, Handlungsbedarf wird erkannt - <u>Urteil mit simpler Begründung</u>
	3b: **Vernetzung**	Die Schülerin oder der Schüler: - stellt persönlichen Zusammenhang zu den Inhalten her, z. B. durch Verbindung mit Vorwissen oder eigenen Erfahrungen - versucht oberflächlich Wechselbeziehungen darzustellen
Stufe 4: **Beurteilung**		***Voraussetzung: Konzeptualisierung auf gehobenem Niveau*** *Die Schülerin oder der Schüler:* - *verknüpft Inhalte mit z. B. Theorien oder persönlichen Erfahrungen* - *führt vertiefte Begründungen für Prozesse, Sachverhalte oder eigene und fremde Handlungen an* - *analysiert ein Problem, sucht nach Antworten und Alternativen, spekuliert oder stellt Hypothesen auf* - *untersucht den Zusammenhang zwischen Theorie und Praxis* - <u>*erkennt die Komplexität des Sachverhalts*</u>
Stufe 5: **(Re)Konstruktion**		***Voraussetzung: Konzeptualisierung auf hohem Abstraktionsniveau*** *Die Schülerin oder der Schüler:* - *kommt zu persönlichem Fazit oder bezieht systematisch und differenziert Stellung* - *formuliert eine persönliche Theorie oder leitet Generalisierungen ab* - <u>*erweitert und modifiziert die Unterrichtsergebnisse deutlich über das angestrebte Niveau hinaus*</u>

4. Ausgewählte Ergebnisse

In der Zusammenschau aller verfassten Weblogartikel zeigen sich eine sehr heterogene Reflexionsperformanz unter den Studierenden eines Kurses: So werden die Stufen 2 und 3 noch von allen Studierenden häufig erreicht, Stufe 4 dagegen nur noch von circa zwei Dritteln der Studierenden eines Kurses, Stufe 5 nur von einigen wenigen Studierenden in wenigen Artikeln. Diese Kenntnisse über die maximal erreichten Reflexionsniveaus werden jedoch vor allem dann interessant, wenn diese in Verbindung gebracht werden zu den inhaltlichen Aussagen der Studierenden. Einige Erkenntnisse aus dieser Analyse werden im Folgenden gemäß dem in Abb. 1 vorgestellten Konzept in Verbindung mit Kompetenzen des Globalen Lernens diskutiert[6].

4.1 Einflussfaktoren auf Reflexion in Bezug zu den Kompetenzen des Globalen Lernens

4.1.1 Pluralität im Verständnis von Globalem Lernen, Umgang mit Vielfalt und Ambiguitätstoleranz

Bereits bei einer ersten Betrachtung der Weblogs fiel auf, dass die Studierenden Globales Lernen sehr unterschiedlich definierten, wie die folgenden Zitate illustrieren sollten:

> „Globales Lernen will einen globalen Blick auf die gesamte Welt fördern und die eigene Position in dieser Welt hinterfragen. Es soll Empathie entwickelt werden, sich in andere Menschen einzufühlen, die Perspektive zu wechseln und sich aktiv einzubringen." (GB)

> „Auch die Menschen in anderen Regionen und Erdteilen sollten die Möglichkeit haben, die gleichen Chancen wie wir wahrzunehmen (damit meine ich uns als Bürger_Innen des Globalen Nordens). Das kann z. B. der Zugang zu Bildung sein, oder gute und sichere Arbeitsverhältnisse mit gerechter

---

6 Die im Folgenden dargestellten Ergebnisse beziehen sich auf die in dieser qualitativen Studie untersuchten Daten und erheben keinen Anspruch auf Repräsentativität oder Allgemeingültigkeit. Jedoch sollen und müssen an sie die Gütekriterien qualitativer Forschung angelegt werden.

Entlohnung. Die Verteilung der Chancen soll also fair sein."
(AB)

„Globales Lernen will hauptsächlich sensibilisieren und zum
kritischen Hinterfragen anregen. Das eigene Handeln soll im
Hinblick auf die Auswirkungen, die es unter Umständen auf
das globale Zusammenleben hat, hinterfragt werden. Jeder
Einzelne sollte eine egozentrische Weltsicht teilweise ablegen
und etwas mehr über den eigenen Tellerrand hinausblicken."
(SW)

Während Student/in GB den Perspektivenwechsel im Vordergrund sieht,
versteht Student/in AB die Intragenerationengerechtigkeit und globale
Fairness als Kernelement Globalen Lernens. Student/in SW wiederum
hält die Sensibilisierung und Anpassung des eigenen Handelns für das
zentrale Element des Globalen Lernens.

Diese Pluralität im Verständnis Globalen Lernens unter den Studierenden ist für sich genommen bereits sehr aufschlussreich. Setzt man
die verschiedenen Perspektiven der Studierenden jetzt noch in Bezug zu
ihrer Reflexionsperformanz, zeigen sich interessante Tendenzen unter den
Studierenden:

So äußern Studierende, die tendenziell niedrigere Stufen reflexiven
Denkens in ihren Blogeinträgen erreichen, ein Lehr-/Lernverständnis im
Globalen Lernen, das normativ Richtung vorgeben, lenkend eingreifen
und top-down wirken möchte. Ein(e) Studierende(r) schreibt, Globales
Lernen habe das „Potential, die Subjektwerdung eines Menschen positiv
[...] zu beeinflussen" (CA). Ein(e) andere(r) Studierende(r) sieht das Ziel
Globalen Lernens darin, „alle Menschen zu einem nachhaltigen Denken
und Handeln zu lenken" (GB). Noch deutlicher wird diese direktive Sichtweise im Zitat eines weiteren Weblogartikels:

„Bei dieser [Handlung-]Kompetenz handelt es sich um die
schwierigste, weil der äußere Einfluss aus dem Alltag der SuS
[Schülerinnen und Schüler] enorm ist."(CS)

Erfahrungen und Kenntnisse, die die Schülerinnen und Schüler aus
ihrer Lebenswelt mitbringen, werden demnach als kontraproduktiv für
die Entwicklung von Handlungskompetenz bewertet, und der Alltag der
Lernenden wird eher als Störfaktor empfunden. Dies deutet auf eher
gering ausgeprägte Ambiguitätstoleranz hin sowie auf ein normatives,
instruktivistisches Verständnis von Globalem Lernen.

Studierende, in deren Weblogeinträge häufig höhere Stufen reflexiven Denkens zu verzeichnen waren, vermitteln dagegen ein anderes Verständnis:

> „Eine letztliche Handlungsanweisung sollte jedoch nicht gegeben werden, die Entscheidungen sollten den mündigen und gut informierten Heranwachsenden überlassen werden."(JD)

> „Dabei ist jedoch zu beachten, dass den SuS keine Verhaltensregeln diktiert werden, sondern eher ein individuelles Abwägen von Vor- und Nachteilen angeregt wird." (SW)

> „Es ist auch nicht die Manipulation, sondern eine individuell-mündige, reflektierte und begründete Handlungsstrategie das Ziel des Geographieunterrichts."(HK)

Häufig verwendete Begriffe wie „mündig" und „individuell" deuten darauf hin, dass diese Studierenden eher einem schüler/innenorientierten Lernparadigma anhängen, das dem Überwältigungsverbot des Beutelsbacher Konsenses (Bundeszentrale für politische Bildung, 2011) hohe Relevanz einräumt und die oder den Lehrenden als Lernbegleiterin bzw. Lernbegleiter im Sinne eines konstruktivistischen Lernverständnisses begreift.

4.1.2 Umgang mit Unsicherheit und Systemkompetenz

Auch im Umgang mit Unsicherheiten zeigen sich in den Weblogs Unterschiede zwischen Studierenden mit höheren und Studierenden mit niedrigeren Stufen reflexiven Denkens: Tendenziell ist zu beobachten, dass Studierende, die in ihren Weblogs eine höhere Reflexionsperformanz zeigen, eher in der Lage sind, Unsicherheiten zu ertragen und Fragen offen stehen zu lassen. Es erscheint gerade so, als ob sie durch ihre Reflexionen öfters auf Widersprüche stoßen und sich mit Dilemmata konfrontiert sehen.

Studierende, deren Weblog niedrigere Stufen reflexiven Denkens erkennen lassen, kommen dagegen schnell zu oberflächlichen Lösungen, ohne das System voll erfasst zu haben (analog zu Kompetenzkomplex Systemkonstruktion nach Kunz & Bollmann-Zuberbühler, 2008 sowie Systemorganisation und -verhalten nach Mehren, Rempfler, Ulrich-Riedhammer, Bucholz, & Hartig, 2015), und „haken" damit das Problem ab. So wird z.B. argumentiert, dass Schulbücher, die nicht alle Anforderungen an eine umfassende Vermittlung fachlicher Komplexität erfüllen, schlicht nicht verwendet werden sollten (anstatt zu überlegen, *wie* man ihren Einsatz entsprechend anpasst). Eine andere Studierende warnt in einem Beitrag zunächst vor der ihrer Meinung nach erheblichen Gefahr des Mobbings beim Einsatz von digitalen Technologien im Unterricht. Im nächsten Satz kommt sie allerdings zu dem Schluss, „[m]it gemeinsamen erarbeiteten Regeln beim Umgang mit Web 2.0 kann das Problem verringert oder gelöst werden" (CS).

Dieses Verhalten erinnert stark an den Systemarchetyp der scheiternden Korrekturen („fixes that fail") nach Senge (2006), bei dem ein Problem mit einer kurzfristigen Lösung scheinbar behoben wird. Da das Problem in seinem Kern und seiner Komplexität jedoch nicht erkannt wurde, treten meist zeitverzögert Konsequenzen auf, die die gewählte Lösung als „gescheiterte Lösung" erkennen lassen.

Diese Erkenntnisse zum Zusammenhang von Reflexionsgrad und Unsicherheit zeigen deutliche Parallelen zu den Studienergebnissen von Asbrand (2009), die in ihrer Studie beobachtete, dass Gymnasialschülerinnen und -schüler im Vergleich zu Lernenden anderer Schularten mehr Unsicherheiten wahrnehmen. Asbrand führt dies auf deren häufigere und geschultere Reflexionspraxis zurück und ihre Übung im gedanklichen Durchspielen von Alternativen sowie Bewusstsein für die Begrenztheit von Wissen. Dadurch, dass sie die Begrenztheit ihres Wissens einerseits und die Komplexität des Problems andererseits erkennen, entsteht Unsicherheit – wohingegen Schülerinnen und Schüler anderer Schularten sich häufig mit einfachen Lösungen und richtig-falsch-Dichotomien zufriedengeben (ebd.).

4.1.3 Umgang mit Komplexität

Wie oben bereits erwähnt, stehen der Umgang mit Unsicherheit und das Erkennen von Komplexität in Zusammenhang. So erstaunt es wenig, dass sich auch bei letzterem Bezüge zu unterschiedlicher Reflexionsperformanz zeigen, was beispielhaft an den Weblogs zu einer Seminarsitzung aufgezeigt werden soll: Eine im Seminar durchgeführte Analyse eines Geographie-Lehrbuchs hatte offenbart, dass die komplexen Fachinhalte zum Teil sehr stark reduziert waren. Auf die Frage, wie man als Lehrkraft idealerweise damit umgehen kann, kamen die Studierenden zu sehr unterschiedlichen Lösungen:

Eine Studierende mit generell niedrigerer Reflexionsperformanz resümierte, die Analyse „verdeutlichte, dass viele Texte in Schulbüchern nur einige Aspekte behandeln. Sie können als erste Informationen dienen, sind aber für die genauere Betrachtung nicht verwendbar" (CS). Ein anderer Studierender mit mittlerer Reflexionsperformanz bewertet die Schulbücher nicht mehr als unbrauchbar, sondern eher als ergänzungsbedürftig und erweiterbar:

> „Es können jedoch in den Schulbüchern Ansatzpunkte gefunden werden, um das Dargestellte mit weiteren Quellen zu vervollständigen. Deshalb ist es für Lehrkräfte unerlässlich, die komplexen Zusammenhänge verstanden zu haben." (SW)

Kommilitoninnen und Kommilitonen mit gehobener Reflexionsperformanz vertiefen diesen letztgenannten Aspekt der Verantwortung der Lehrkraft:

> „Es gibt aber auch die Möglichkeit, dass hier bewusst Freiraum gelassen wurde, um ausgehend von den genannten Folgen den LuL und SuS selbstbestimmenderes Lernen zu ermöglichen." (SI)

> „Insbesondere deshalb ist es wichtig, dass Lehrkräfte selbstständig diese Leerstellen füllen, um die Systemkompetenz ihrer Schülerinnen und Schüler zu fördern." (KT)

Studierende, deren Weblogs höhere Stufen reflexiven Denkens zeigen, erkennen und versprachlichen zudem häufig das Dilemma der notwendigen didaktischen Reduktion einerseits und der fachlichen Korrektheit und Komplexität andererseits und bieten Möglichkeiten des Umgangs damit an.

Durch das gegenseitige Lesen und Kommentieren der Weblog-Artikel (Kollaboration und peer-feedback) werden Studierende mit verschiedenen Darstellungsweisen von Problemen und Sachverhalten konfrontiert, was dazu beitragen kann, die Komplexität eines Problems zu erkennen.

Dies kann sogar soweit führen, dass Studierende eine unter-komplexe Sichtweise ihrer Kommilitoninnen und Kommilitonen in den Kommentaren bemängeln und zu einer vertieften Betrachtung aufrufen:

> „Meiner Meinung nach hast du das Thema nur angerissen. Schade, dass Du nicht ausführlicher schreibst. [...]" (TF)

Der Impuls zur vertiefenden Reflexion kommt so nicht oder nicht nur von den Dozierenden, sondern wird durch das Medium der Weblogs im geschützten Lernraum von den peers der Lerngruppe selbst gegeben.

4.1.4 Umgang mit Kontroversität

Ähnliches ist zu beobachten, wenn Studierende auf kontroverse Darstellungen oder Sichtweisen stoßen. Studierende mit niedrigerer Reflexionsperformanz beklagen in dieser Situation eine Überforderung und fühlen sich diesen Herausforderungen nur bedingt gewachsen:

> „Man selbst (oder ich) ist ja soz. auch überfordert in Anbetracht dessen, dass ich weder Geologe noch Hydrologe bin und dass die Expertenmeinungen so weit auseinander gehen." (BN)

Studierende, die häufig höhere Reflexionsniveaus erreichen, sehen Kontroversen dagegen eher als eine Möglichkeit, kritisches Denken und Bewertungskompetenz der Lernenden zu schulen.

> „Solche Kontroversen müssen aber nicht Ausschlusskriterium für die Nutzung im Unterricht sein, sondern im Gegenteil fruchtbar genutzt werden. Es sollte ein Bewusstsein für Schwächen des Ökologischen Fußabdrucks und die Überprüfung anderer Konzepte im Allgemeinen geschaffen werden." (XU)

Sowohl beim Umgang mit Komplexität als auch beim Umgang mit Kontroversität beobachtet man bei höher reflektierenden Studierenden tendenziell eher eine Suche nach verschiedenen Lösungsansätzen, die abgewägt und teilweise auch ohne letztliche Bewertung nebeneinander stehengelassen werden.

Dagegen zeigt sich bei Studierenden mit niedrigerer Reflexionsperformanz eine Tendenz zum abschließenden Lösen von Problemen, die in Überforderung mündet, wenn das Problem nicht gleich lösbar scheint[7].

Wie unter 4.1.3 bereits für den Umgang mit Komplexität dargelegt, bieten die Weblogs auch für den Umgang mit Kontroversität die Möglichkeit, über die Vernetzung und Kollaboration in der community of learners sowie über peer-feedback andersartige Denk- und Handlungsstrategien

---

7 Inwieweit sich diese Effekte auch in anderen Fällen bestätigen und wie dieser Zusammenhang genau besteht, muss in anschließenden Studien analysiert werden.

kennenzulernen und für sich zu bewerten. Weblogs als Reflexionsinstrument haben sich in diesen Seminaren somit als förderlich erwiesen, um über Kollaboration, peer-feedback und die Vernetzung in der community of learners einen Perspektivenwechsel und eine Reflexion eigener und fremder Wertorientierungen im Sinne der Bewertungskompetenz (KMK, 2016, S. 95) anzuregen.

Wie im Modell (Abb. 1) angenommen, weisen diese Ergebnisse also auf eine förderliche Wirkung von Kollaboration, Austausch in der community of learners und peer-feedback in Weblogs auf die Kompetenzbereiche „Umgang mit Komplexität", „Kontroversität" und „Bewertungskompetenz" hin.

4.1.5 Partizipation, Empowerment und Handlungskompetenz

Im Zusammenhang mit diesem Gefühl der Überforderung der Studierenden mit niedriger Reflexionsperformanz fällt ein weiterer Aspekt ins Auge: Die Frage nach der Verantwortung. Wie oben bereits erwähnt, suchen reflexionsstärkere Studierende eigenständig nach Lösungen und Handlungsalternativen. Sie übernehmen demnach selbst die Verantwortung (als Lehrkraft sowie als handelnder Mensch in der Weltgesellschaft) und sehen sich als aktiv partizipierende und selbstbestimmte Akteurinnen und Akteure (Empowerment). Anders die Studierenden mit niedrigerer Reflexionsperformanz: Sie sehen die Verantwortung in erster Linie bei anderen, externalisieren sie also:

> „Dennoch bin ich persönlich der Meinung, dass es [..] schwierig sein wird, alle Menschen zu einem nachhaltigen Denken und Handeln zu lenken. Hierfür ist das Bewusstsein der Bevölkerung noch nicht genug ausgebildet, was meiner Meinung auch damit zusammenhängt, dass nur wenige Menschen reflektieren" [...] Hier müsste die Bundesregierung Projekte und Kampagnen ins Leben rufen, die den Menschen die Augen öffnen." (GB)

Einerseits wird – besonders im ersten Teil des Zitats – deutlich, dass sich diese Studierenden selbst eindeutig *außerhalb* dieser Gruppen von Menschen betrachtet, die „noch nicht genug" ausgebildet sind und wovon „nur wenige[n]" (GB) reflektieren. Sie nehmen damit eine superiore Position ein, die man als *Othering-Prozess* betrachten könnte. Im zweiten Teil des Zitats wird sogar die Politik in die Pflicht genommen, „den Menschen die Augen [zu] öffnen" – eine Sichtweise, die sich sehr von der Mündigkeit und freien Willensbildung unterscheidet, die reflexionsstärkere Studierende fordern und in ihrer Rolle als Lehrkraft als eigene Aufgabe annehmen (siehe 4.1.1). Um eine Handlungskompetenz im Sinne des Orientierungsrahmens zu entwickeln, ist es allerdings essenziell, „Bereiche persönlicher Mitverantwortung für Mensch und Umwelt [zu] erkennen und als Herausforderung an[zu]nehmen" (KMK & BMZ, 2016, S. 95). Partizipation und Mitgestaltung an der Umsetzung der Ziele einer nachhaltigen Entwicklung sind ebenfalls wesentliche Teilkompetenzen im Bereich „Handeln" (ebd.).

Auf Basis der Ergebnisse dieser Studie lässt sich festhalten, dass diese Bereitschaft eher bei Studierenden höherer Reflexionsstufen vorhanden ist. Eine Förderung reflexiven Denkens könnte sich demnach auch auf die Bereitschaft zur Mitgestaltung und Partizipation im Sinne einer Handlungskompetenz auswirken – diesen Zusammenhang gilt es jedoch in weiterführenden Studien genauer zu untersuchen.

Weiter lässt sich in diesem Kontext beobachten, dass Studierende, die hohe Bereitschaft zur Partizipation zeigen und sich selbst in der Verantwortung sehen, eher einem konstruktivistischen Lernparadigma anhängen: Sie schreiben der Unterstützung eigener Lernwege der Schülerinnen und Schüler große Bedeutung zu, sehen sich als Lernbegleiterin und Lernbegleiter und propagieren ein schüler/innenorientiertes und personalisiertes Lernen.

Dies unterstützt den im Modell (Abb. 1) angenommenen Zusammenhang von a) Partizipation und Empowerment im Globalen Lernen mit b) einem konstruktivistischen Lernverständnis.

4.2 Erkenntnisse zu Weblogs als reflexive Lernumgebung in der Hochschullehre

In Kapitel 4.1 wurden ausführlich die Gründe für die Wahl von Weblogs als digitale Reflexionsumgebung in den Seminaren dargelegt. Einige antizipierte Potenziale entfalteten sich sehr deutlich: Beispielsweise zeigten sich kollaboratives Lernen und Austausch in der peer-group in den Kommentaren. Individualisierung ist u.a. der sehr unterschiedlichen kreativen Ausgestaltung der Weblogs zu entnehmen. Um weniger offensichtliche Effekte zu erheben, wurden die Studierenden am Ende der Seminare um ein schriftliches Feedback gebeten.

Viele Studierende betonten dabei zunächst, dass das Verfassen der Weblogs mit Mehrarbeit einherging. Die meisten räumten dabei jedoch ein, dass die Blogs ihren Lernprozess unterstützt, ihre Reflexion der Inhalte vertieft und so zu einem höheren Lernerfolg geführt haben.

Als besonders hilfreich wurden zudem die rein formalen (acht Einträge und 2 Kommentare), also nicht-inhaltlichen Vorgaben und die daraus resultierende Gestaltungsautonomie bewertet:

> „Ich war aber begeistert, dass nur die Anzahl der Einträge vorgegeben war. So konnte man die Schwerpunkte und die Zeitpunkte selbst bestimmen und in seinen Kalender individuell einbauen." (HK)

> „Eine genaue Anzahl an Worten kann einen kleinen Gedanken durchaus zerstören. Dabei wird dann auf einmal rumgeschwafelt, wo doch wenige Sätze aussagekräftiger sein können. Eine Idee für andere, aufmerksam machen auf Dinge, die neben dem Seminar in der Welt beobachtet werden. Der Blog ermöglicht jedem seine eigene Sicht auf die Sache." (JF)

Obgleich dieses positive Feedback aus Sicht der Dozentinnen zunächst erfreut, wird an dieser Stelle auch ein allgemeines Problem reflexiven Schreibens deutlich: das der „verordneten Partizipation" (Mayrberger, 2012). Zwar wurde durch die Vorgabe, acht Blogeinträge zu im Seminar behandelten Themen zu verfassen, inhaltliche und gestalterische Freiheit gegeben; dennoch bleiben die Reflexionen Leistungen, die im Rahmen eines Seminars erbracht werden müssen und damit nicht frei(willig) sind. Dies zeigt v.a. das Beispiel eines Studierenden, der in den ersten drei Blogeinträgen sehr ausführlich und auf höchstem Reflexionsniveau diskutiert. Die letzten drei Blogeinträge fallen dagegen sehr stark ab und wirken vielmehr, als müsste die Pflichtanzahl von Blogeinträgen erfüllt werden, obwohl schon alles Relevante in den vorangegangenen Beiträgen diskutiert wurde.

Bei einem anderen Studierenden zeigt sich dagegen deutlich, dass Kritik zwar geäußert, aber schnell auch relativiert wird und der Eindruck entsteht, dass der (vermeintlichen) Sichtweise der Dozentin entsprochen werden will. Interessanterweise fordert aber genau dieser Studierende im Feedback eine noch stärkere Verordnung:

> „Das Einbinden einzelner Einträge in das Seminargeschehen oder eine erzwungene Interaktion (bspw. durch die Anforderung, zu einzelnen Blogeinträgen Stellung zu nehmen) könnte hier Abhilfe schaffen." (LZ)

Hier stellt sich für die Autorinnen die Herausforderung, für künftige Seminare (die als universitäre Veranstaltungen immer an die Vergabe von Leistungspunkten geknüpft sind) eine noch bessere Balance von Vorgaben zur Qualität und Quantität der Blogeinträge sowie Mittel zur Förderung „echter" Partizipation zu finden.

Des Weiteren offenbaren die Weblogs mitunter Widersprüche oder Brüche im Verständnis von Globalem Lernen bei den Studierenden: Denn oft werden in den Blogartikeln zu den ersten Seminarsitzungen die theoretischen Konzepte Globalen Lernens bzw. einer BNE korrekt reproduziert und reflektiert. Wenden die Studierenden die Konzepte jedoch in späteren Artikeln auf konkrete Fallbeispiele an, entspricht dies oft nicht (mehr) dem zuvor geäußerten Verständnis von Globalem Lernen bzw. BNE.

Über das reflexive, semesterbegleitende Schreiben über Globales Lernen wird so für die Dozierenden transparent, inwieweit sich nicht nur ein theoretisches Verständnis bei Studierenden aufbaut, sondern auch inwieweit sie in der Lage sind, diese auch flexibel anzuwenden und zu transferieren.

5. Fazit zur Kompetenzförderung mittels Weblogs im Sinne des Globalen Lernens in der Hochschullehre

Im Folgenden soll nochmals zusammengefasst werden, wie sich der Einsatz von Weblogs in dieser Studie auf die Förderung von ausgewählten Kompetenzen des Globalen Lernens in den geographischen Seminaren ausgewirkt hat.

In Kapitel 2.2 wurden in Abbildung 1 empirisch belegte Effekte von Weblogs als Reflexionsmedium zusammengetragen und Kompetenzen des Globalen Lernens gegenübergestellt. Die Ergebnisse dieser Studie sollen nun dahingehend diskutiert werden, inwieweit sich Weblogs in den untersuchten Fällen eigneten, um diese Kompetenzen Globalen Lernens in der Hochschullehre zu fördern.

Reflexionskompetenz

Die Ergebnisse dieser Studie zeigen auf, dass unter Studierenden große Unterschiede bezüglich der Reflexion über Globales Lernen bestehen. Mithilfe der schriftlichen Reflexion in den Weblogs wurde diese Heterogenität für die Dozierenden transparent. Das ermöglichte den Lehrenden, die Studierenden individuell zu fördern und gezielt Reflexionen anzuregen (z.B. über Impulse in Kommentaren) sowie ggf. die Seminargestaltung auf die Lerngruppe anzupassen.

In den Feedbacks betonen auch die Studierenden, dass sie die Weblogs als Reflexionshilfe und damit hilfreich für vertieftes Lernen empfanden.

Perspektivenvielfalt und Ambiguitätstoleranz

Die Auswertung der Weblogs nach Reflexionsstufen offenbarte einen unterschiedlichen Umgang mit Vielfalt und Ambiguitätstoleranz in der Lerngruppe: Studierende mit niedrigerer Reflexionsperformanz äußerten die Absicht, Schüler/innen normativ zu beeinflussen, und zeigten ein instruktivistisch geprägtes Lehrverständnis mit geringer Ambiguitätstoleranz. Studierende mit Weblogs auf höheren Reflexionsstufen betonten dagegen die Mündigkeit der Schüler/innen und das Überwältigungsverbot. Sie sehen Vielfalt als Bereicherung und wollen Lernende individuell bei ihrer Wissenskonstruktion unterstützen (konstruktivistisches Lernparadigma).

Die Weblogs legten diese Vielfalt der Perspektiven offen, eröffneten die Diskussion darüber (im Seminar sowie virtuell über die Kommentare) und regten zum Austausch verschiedener Perspektiven und Wertvorstellungen in der *community of learners* (Abb. 1) an.

Umgang mit Unsicherheit, Komplexität und Kontroversität

Unterschiede zeigten sich gleichfalls im Umgang mit unsicheren oder kontroversen Sachverhalten: Studierende, die niedrigere Reflexionsstufen erreichten, suchen nach „schnellen" Lösungen, die die Systemkomplexität nicht berücksichtigen; sie *schließen* die Diskussion. Studierende mit höherer Reflexionsperformanz dagegen legen Dilemmata und Widersprüche offen, sie erörtern Fragen, ohne sie abschließend zu klären: Sie öffnen damit die Diskussion.

Ähnliche Beobachtungen zeigen sich im Umgang mit Komplexität: Erstgenannte Gruppe reagiert darauf zum Großteil mit Überforderung und Hilflosigkeit. Höher reflektierende Studierende sehen in komplexen Situationen dagegen Chancen, kritisches Denken und Bewertungskompetenz bei Schülern/innen zu fördern. Anders als analoge Lerntagebücher ermöglichen Weblogs über die Kommentarfunktion eine Kollaboration und peer-feedback innerhalb der Lerngruppe. Von Anregungen ihrer peers profitieren vor allem niedriger reflektierende Studierende: Sie konfrontieren sie mit unterschiedlichen Sichtweisen und Bewertungen ihrer Kommilitoninnen und Kommilitonen, zeigen andersartige Strategien des Umgangs und eigene Gestaltungsspielräume auf und regen so zu einer Reflexion eigener und fremder Wertvorstellungen (Teilkompetenz im Bereich Bewerten) an.

Diese verschiedenen Handlungsstrategien und Wertvorstellungen sollten auch im Seminar aufgegriffen und auf Basis einer Diagnose der individuellen (Bewertungs)Kompetenzen der Studierenden, die Studierende in ihren Artikeln zeigen, entsprechend gefördert werden.

Partizipation und Handlungskompetenz

Die bisherigen Beobachtungen scheinen im Kompetenzbereich Handeln zu kulminieren: Studierende mit niedrigerer Reflexionsperformanz, die - wie oben erläutert - bei komplexen Situationen mitunter Hilflosigkeit empfinden, externalisieren die Verantwortung und schreiben sie höheren Instanzen zu. „Ich kann es nicht (alleine), also müssen es andere tun" – so kann man ihre Handlungsstrategie paraphrasieren.

Anders Studierende mit hoher Reflexionsperformanz: Sie übernehmen selbst Verantwortung und verstehen sich als in der Weltgesellschaft vernetzte und partizipierende Akteurinnen und Akteure. „Wir alle können es zusammen", beschreibt ihre Haltung.

Die Bereitschaft zur Partizipation und Mitgestaltung im Sinne des Kompetenzbereichs „Handeln" hängt gemäß dieser Ergebnisse davon ab, wie „empowered" sich die Studierenden fühlen, selbstständig etwas zu verändern und zur Weltgesellschaft beitragen zu können.

Der Umstand, dass Studierende mit hoher Partizipations- und Verantwortungsbereitschaft deutlich konstruktivistische Lernparadigmata befürworten, stärkt die These, dass konstruktivistische Lernumgebungen (wie sie in Weblogs ermöglicht werden) zur Förderung von Partizipation und Mitgestaltung im Sinne der Handlungskompetenz beitragen.

Dabei muss jedoch stets berücksichtigt werden, dass Weblogs als Lernumgebung die *Möglichkeiten* konstruktivistischen Lernens bieten. Ob Studierende kollaborativ arbeiten, kommentieren, sich vernetzen oder in Reflexionsprozesse einsteigen, entscheiden sie selbst. Es können damit also förderliche Voraussetzungen und Impulse für die oben diskutierten Kompetenzen geschaffen werden. Inwieweit diese Angebote von den Studierenden angenommen werden, ist allerdings genauso der mündigen Entscheidung der Lernenden überlassen wie eine Entscheidung für oder gegen eine Lehrhaltung im Sinne nachhaltiger Entwicklung.

Literatur

Applis, S. (2012). *Wertorientierter Geographieunterricht im Kontext Globales Lernen: theoretische Fundierung und empirische Untersuchung mit Hilfe der dokumentarischen Methode.* Weingarten: Selbstverl. des Hochschulverbandes für Geographie und ihre Didaktik.

Asbrand, B. (2009). *Wissen und Handeln in der Weltgesellschaft: eine qualitativ-rekonstruktive Studie zum globalen Lernen in der Schule und in der außerschulischen Jugendarbeit.* Münster: Waxmann.

Asbrand, B. (2014). Was sollen Schüler/-innen im Lernbereich „Globale Entwicklung" lernen? Ein Diskussionsbeitrag aus sozialwissenschaftlicher Perspektive. *Zeitschrift für internationale Bildungsforschung und Entwicklungspädagogik, 37*(3), 10–15.

Asbrand, B., Bergold, R., Dierkes, P., & Lang-Wojtasik, G. (Hrsg.). (2006). *Globales Lernen im dritten Lebensalter: ein Werkbuch.* Bielefeld: Bertelsmann.

Bain, J. D., Ballantyne, R., Packer, J., & Mills, C. (1999). Using Journal Writing to Enhance Student Teachers' Reflectivity During Field Experience Placements. *Teachers and Teaching, 5*(1), 51–73. https://doi.org/10.1080/1354060990050104

Bhattacharya, M., & Hartnett, M. (2007). E-portfolio assessment in higher education. In *2007 37th Annual Frontiers In Education Conference – Global Engineering: Knowledge Without Borders, Opportunities Without Passports* (S. T1G-19). https://doi.org/10.1109/FIE.2007.4418182

Biggiero, L. (2006). Industrial and knowledge relocation strategies under the challenges of globalization and digitalization: the move of small and medium enterprises among territorial systems. *Entrepreneurship & Regional Development, 18*(6), 443–471. https://doi.org/10.1080/08985620600884701

Bormann, I., & de Haan, G. (Hrsg.). (2008). *Kompetenzen der Bildung für nachhaltige Entwicklung.* Wiesbaden: VS Verlag für Sozialwissenschaften. https://doi.org/10.1007/978-3-531-90832-8

Brendel, N. (2013). Leben auf Kuba – ein karibischer (Alb-)Traum? *geographie heute, 309,* 8–13.

Brendel, N. (2017). *Reflexives Denken im Geographieunterricht: eine empirische Studie zur Bestimmung von Schülerreflexion mithilfe von Weblogs im Kontext Globalen Lernens.* Münster: Waxmann.

Brendel, N., & Schrüfer, G. (2013). Web 2.0. In D. Böhn (Hrsg.), *Wörterbuch der Geographiedidaktik: Begriffe von A – Z* (289-292). Braunschweig: Westermann.

Bundeszentrale für politische Bildung. (2011). *Beutelsbacher Konsens.* Verfügbar unter http://www.bpb.de/die-bpb/51310/beutelsbacher-konsens

Byington., T. A. (2011). Communities of Practice: Using Blogs to Increase Collaboration. *Intervention in School and Clinic, 46*(5), 280–291. https://doi.org/10.1177/1053451210395384

Custin, R., & Barkacs, L. (2010). Developing sustainable learning communities through blogging. *Journal of Instructional Pedagogies.* Verfügbar unter https:// files.eric.ed.gov/fulltext/EJ1096985.pdf

Dewey, J. (1910). *How we think.* Boston: D.C. Heath & Co.

Dewey, J. (1933). *How we think. A restatement of the relation of reflective thinking to the educative process.* Boston: D.C. Heath & Co.

Du, H. S., & Wagner, C. (2007). Learning With Weblogs: Enhancing Cognitive and Social Knowledge Construction. *IEEE Transactions on Professional Communication, 50*(1), 1–16. https://doi.org/10.1109/TPC.2006.890848

Duffy, P. (2008). Engaging the YouTube Google-Eyed Generation: Strategies for Using Web 2.0 in Teaching and Learning. *Electronic Journal of e-Learning, 6*(2), 119–130.

Franz, J. (2006). Globales Lernen in Weblogs? *ZEP: Zeitschrift für internationale Bildungsforschung und Entwicklungspädagogik, 29*(3).

Hallitzky, M. (2008). Forschendes und selbstreflexives Lernen im Umgang mit Komplexität. In I. Bormann, & G. de Haan (Hrsg.), *Kompetenzen der Bildung für nachhaltige Entwicklung. Operationalisierung, Messung, Rahmenbedingungen, Befunde* (S. 159–178). Wiesbaden: VS Verlag für Sozialwissenschaften.

Hung, I.-C., Yang, X.-J., Fang, W.-C., Hwang, G.-J., & Chen, N.-S. (2014). A context-aware video prompt approach to improving students' in-field reflection levels. *Computers & Education, 70,* 80–91. https://doi.org/10.1016/j.compedu.2013.08.007

Kang, I., Bonk, C. J., & Kim, M.-C. (2011). A case study of blog-based learning in Korea: Technology becomes pedagogy. *The Internet and Higher Education, 14*(4), 227–235. https://doi.org/10.1016/j.iheduc.2011.05.002

Kember, D., Leung, D. Y. P., Jones, A., Loke, A. Y., McKay, J., Sinclair, K., et al. (2000). Development of a Questionnaire to Measure the Level of Reflective Thinking. *Assessment & Evaluation in Higher Education, 25*(4), 381–395. https://doi.org/10.1080/713611442

Kultusminister Konferenz (2016). *Bildung in der digitalen Welt Strategie der Kultusministerkonferenz*. KMK Berlin. Verfügbar unter http://www.kmk. org/fileadmin/Dateien/pdf/PresseUndAktuelles/2016/Bildung_digitale_ Welt_Webversion.pdf

Kultusministe Konferenz, & Bundesministerium für wirtschaftliche Zusammenarbeit (Hrsg.). (2016). *Orientierungsrahmen für den Lernbereich globale Entwicklung im Rahmen einer Bildung für nachhaltige Entwicklung: ein Beitrag zum Weltaktionsprogramm „Bildung für nachhaltige Entwicklung": Ergebnis des gemeinsamen Projekts der Kultusministerkonferenz (KMK) und des Bundesministeriums für wirtschaftliche Zusammenarbeit und Entwicklung (BMZ), 2004-2015, Bonn* (2. aktualisierte und erweiterte Auflage). Berlin: Cornelsen.

Kuckartz, U. (2012). *Qualitative Inhaltsanalyse: Methoden, Praxis, Computerunterstützung*. Weinheim: Beltz-Juventa.

Kunz, P., & Bollmann-Zuberbühler, B. (2008). Wie lässt sich Systemdenken operationalisieren? In U. Frischknecht-Tobler, U. Nagel, & H. Seybold (Hrsg.), *Systemdenken: wie Kinder und Jugendliche komplexe Systeme verstehen lernen* (S. 53–69). Zürich: Pestalozzianum.

Lin, H. T., & Yuan, S. M. (2006). Taking Blog as a Platform of Learning Reflective Journal. In W. Liu, Q. Li, & R. W. H. Lau (Hrsg.), *Advances in Web Based Learning ICWL, 4181* (S. 38–47). Berlin: Springer. https://doi. org/10.1007/11925293_4

Mayrberger, K. (2012). Partizipatives Lernen mit dem Social Web gestalten. Zum Widerspruch einer verordneten Partizipation. *MedienPädagogik. Zeitschrift für Theorie und Praxis der Medienbildung, 21,* 1–25.

Mayring, P. (2010). *Qualitative Inhaltsanalyse: Grundlagen und Techniken* (11., aktualisierte und überarb. Aufl). Weinheim: Beltz.

McIntyre, P. (2016). What is the fifth estate and why does it matter?: digitisation, globalisation, and neoliberalism and their part in the creation of a rapidly changing world. *Communication Research and Practice, 2*(4), 437–450. https://doi.org/10.1080/22041451.2016.1260084

Mehren, R., Mehren, M., Ohl, U., & Resenberger, C. (2015). Die doppelte Komplexität geographischer Themen. Eine lohnenswerte Herausforderung für Schüler und Lehrer. *Geographie aktuell & Schule, 2015*(37), 4–11.

Mehren, R., Rempfler, A., Ulrich-Riedhammer, E. M., Bucholz, J., & Hartig, J. (2015). Wie lässt sich Systemkompetenz messen? Darstellung eines empirisch validierten Kompetenzmodells zur Erfassung geographischer Systemkompetenz. *Geographie aktuell & Schule, 37*(215), 4–15.

Richardson, W., Ohnacker, E., & Ohnacker, J. (2011). *Wikis, Blogs und Podcasts: neue und nützliche Werkzeuge für den Unterricht*. Überlingen: TibiaPress.

Rieckmann, M., & Holz, V. (2017). Verankerung von Bildung für nachhaltige Entwicklung in der Lehrerbildung in Deutschland. *Zeitschrift für internationale Bildungsforschung und Entwicklungspädagogik*, (3), 4–10.

Scheunpflug, A. (2001). Die Globale Perspektive für eine Bildung für nachhaltige Entwicklung. In O. Herz, H. Seybold, & G. Strobl (Hrsg.),

Bildung für eine nachhaltige Entwicklung. Globale Perspektiven und neue Kommunikationsmedien (S. 87–99). Wiesbaden: Springer.

Schockemöhle, J., & Schrüfer, G. (2012). Nachhaltige Entwicklung und Geographieunterricht. In J.-B. Haversath (Hrsg.), *Geographiedidaktik: Theorie-Themen-Forschung* (S. 107–132). Braunschweig: Westermann.

Schön, D. A. (1983). *The reflective practitioner: how professionals think in action.* New York: Basic Books.

Senge, P. M., & Klostermann, M. (2006). *Die fünfte Disziplin: Kunst und Praxis der lernenden Organisation* (10. Aufl.). Stuttgart: Klett-Cotta.

Tillmann, K.-J. (2011). *Neue Lernkulturen entwickeln. Konzeption, Erfahrungen und Perspektiven.* Gehalten auf der Schulforum und Educamp, Bielefeld. Verfügbar unter http://www.fachsymposium-empowerment.de/Verschiedenes/Vortrag_NeueLernkulturen_KJ_Tillmann.pdf

Tzeng, W.-S., Kuo, K.-M., Talley, P. C., Chen, H.-C., & Wang, J.-J. (2015). Do ePortfolios Contribute to Learners' Reflective Thinking Activities? A Preliminary Study of Nursing Staff Users. *Journal of Medical Systems, 39*(9). https://doi.org/10.1007/s10916-015-0281-829

United Nations. (o.J.). *Sustainable Development Goals.* Verfügbar unter https://sustainabledevelopment.un.org/sdgs [17.03.2018]

United Nations Educational, Scientific and Cultural Organization. (2017). *Education for Sustainable Development Goals Learning Objectives.* Verfügbar unter http://unesdoc.unesco.org/images/0024/002474/247444e.pdf [17.03.2018]

Xie, Y., Ke, F., & Sharma, P. (2008). The effect of peer feedback for blogging on college students' reflective learning processes. *The Internet and Higher Education, 11*(1), 18–25. https://doi.org/10.1016/j.iheduc.2007.11.001

Yang, S.-H. (2009). Using Blogs to Enhance Critical Reflection and Community of Practice. *Journal of Educational Technology & Society, 12*(2), 11–21.

Johanna Mäsgen

Schreibend Handeln im Web 2.0 – ein multidimensionaler Ansatz für das Globale Lernen

Abstract

Das Handeln im Globalen Lernen hat verschiedene Funktionen: Es ist Unterrichtsprinzip (handeln, um zu lernen), übergeordnetes Bildungsziel (lernen, damit gehandelt wird) und Kompetenz (lernen, wie man handelt). Im Unterricht Handeln zu ermöglichen, zu fördern und zu reflektieren, ohne die Schülerinnen und Schüler durch moralische Appelle zu überwältigen, ist insbesondere im Globalen Lernen mit seiner Normativität eine Herausforderung. Dieser Beitrag stellt ein multidimensionales Konzept zur Planung und Gestaltung von Unterricht vor, in dem gehandelt wird. Hierzu wird dargestellt, dass das Schreiben eine Möglichkeit zu handeln ist, wobei insbesondere das Schreiben im Web 2.0 die Möglichkeit zur Partizipation, Mitgestaltung und Rezeption bietet. Beispielhaft werden Lehr-Lern-Arrangements skizziert, die die Möglichkeiten der stufenweisen und vielfältigen Integration des Web 2.0 als Rahmen für das schreibende Handeln im Globalen Lernen aufzeigen.

1. Einführung

Gesellschaftspolitisches Engagement und Partizipation im Sinne des Globalen Lernens durch Unterricht anzuregen, stellt Lehrende vor große Herausforderungen. Es soll nicht erzogen und überwältigt werden; Kontroversen müssen offengelegt und viele Fragen unbeantwortet bleiben. Noch schwieriger ist es, schon gleich im Unterricht zu handeln. Oft spricht man vorsorglich von Handlungs*orientierung* als Unterrichtsprinzip, vom potenziellen Ermöglichen von Handlungen oder dem gewünschten Handeln in einer (fernen) Zukunft.

Dieser Beitrag stellt mit dem schreibenden Handeln einen Ansatz vor, der mit dem Produzieren von kommunikativen Texten eine Option für ein Handeln *im* Unterricht bietet. Das Web 2.0 ermöglicht hier, dass es nicht beim „So-tun-als-ob" bleibt, sondern tatsächlich in eine Interaktion mit der (Welt-)Öffentlichkeit eingetreten werden kann.

2. Handeln und Partizipation im Globalen Lernen

Neben der Sach- und der Werteorientierung ist die Handlungsorientierung konstituierendes Merkmal des Globalen Lernens (Verband Entwicklungspolitik und Humanitäre Hilfe deutscher Nichtregierungsorganisationen e.V. [VENRO], 2010, S. 4). Das Handeln ist aber nicht nur Mittel zum Zweck eines ganzheitlichen Lernens, sondern auch ein übergeordnetes Bildungsziel. Die Lernenden sollen „grundlegende Kompetenzen für eine zukunftsfähige Gestaltung des privaten und beruflichen Lebens, für die Mitwirkung in der Gesellschaft und die Mitverantwortung im globalen Rahmen" erwerben, heißt es im Orientierungsrahmen der Kultusministerkonferenz (Kultusministerkonferenz [KMK], 2016, S. 18). Voraussetzung für das Erreichen dieses übergeordneten Ziels ist der Erwerb von Handlungskompetenz, unter der zunächst ganz allgemein die „Kommunikationsfähigkeit, die Fähigkeit, sich wirkungsvoll mitzuteilen, aber auch zuhören zu können, im medialen Austausch, im Dialog und in Diskussionen nach zukunftsfähigen Lösungen zu suchen, eigene Rechte und Interessen, aber auch die anderer verteidigen zu können", verstanden wird (KMK, 2016, S. 92). Als Teilkompetenzen der Handlungskompetenz werden dann Solidarität und Mitverantwortung, Verständigung und Konfliktlösung, Handlungsfähigkeit im Globalen Wandel und die Fähigkeit zur Partizipation und Mitgestaltung ausgewiesen (KMK, 2016). Die Handlungskompetenz kann aber nicht ohne die anderen Kompetenzen gedacht werden. Auch den Kompetenzbereichen „Erkennen" und „Bewerten" werden Teilkompetenzen zugeordnet, die Bezug auf die Handlungskompetenz nehmen.

In der Literatur lassen sich diverse Umsetzungsvorschläge zum Handeln im Unterricht finden. „Zum vielfältigen Spektrum dieses Bereichs gehören Aktionen zur Unterstützung von Schulpartnerschaften, Spendenläufe und Infoveranstaltungen, Weltmusikabende und Filmvorstellungen, internationale Chats und Online-Diskussionen, Schulweltläden und Klimaschulen sowie die Beteiligung an verschiedenen entwicklungspolitischen Kampagnen" (VENRO, 2010, S. 4). Gibson, Rimmington & Landwehr-Brown (2008) schlagen ein Miteinanderlernen von Schülerinnen und Schülern aus verschiedensten Teilen der Welt vor. Schreiber (2010, S. 35) fordert, die Möglichkeiten des gesellschaftspolitischen Engagements zum Unterrichtsgegenstand zu machen und nicht nur Unterrichtsprojekte durchzuführen, die „die direkte Unterstützung für

Benachteiligte sowie die zukunftsfähige Gestaltung des eigenen Lebens zum Ziel" haben.

Das Globale Lernen sieht sich dabei mit der Herausforderung konfrontiert, durch seine Orientierung an Werten normativ zu sein. Als Reaktion werden – in Anlehnung an den Beutelsbacher Konsens der Politischen Bildung – ein Überwältigungsverbot und ein Kontroversitätsgebot gefordert (u.a. VENRO, 2010; KMK, 2016). Overwien (2016, S. 10) mahnt allerdings an, Überwältigungsverbot und Kontroversitätsgebot nicht als „bildungspolitische Guillotine" einzusetzen. Dabei handle es sich nicht um ein Neutralitätsgebot. Als Hauptargument führt er an, dass der Wertehintergrund des Globalen Lernens mit der Orientierung an Menschenrechten und dem Leitbild der nachhaltigen Entwicklung auf von Deutschland unterstützten Abkommen und Beschlüssen auf Ebene verschiedener Weltorganisationen fuße (Overwien, 2016). Lehrende sollten zudem politische Menschen sein, sie dürften ihre „eigene[n] begründete[n] politische[n] Urteile" nur nicht „überwältigend übertragen" (Overwien, 2016, S. 10).

Um zurück auf das Handeln im Unterricht zu kommen: Simple Handlungsanweisungen im Sinne eines Erziehens zum Handeln („Kauft fair gehandelte Schokolade!") sind unter den oben genannten Maßgaben auch unter Berücksichtigung dieser Einwände Overwiens nicht geeignet. Ziel sollte das „reflektierende[s] Entwerfen von Handlungslinien" (Applis, 2014, S. 129) sein. Diese Forderung kann durch Forschungsergebnisse gestützt werden. Wettstädt & Asbrand (2014) haben die Reaktionen von Schülerinnen und Schülern auf unterschiedliche Handlungsaufforderungen untersucht. Sie konnten zeigen, dass explizite oder implizite moralische Appelle zwei problematische Umgangsweisen auslösen können: die Reproduktion von Handlungsaufforderungen ohne deren Aneignung oder sogar die Zurückweisung der moralischen Appelle. In einem konstruktivistischen Lehr-Lern-Arrangement hingegen können die jeder Handlungsaufforderung inhärente Normativität offengelegt und die Problematik des Handelns unter der Bedingung von Unsicherheit auf einer Metaebene besprochen werden.

> „Anstelle des Aufzeigens von konkreten Handlungsmöglichkeiten müsste es darum gehen, den Umgang mit Ungewissheit einzuüben: Chancen und Grenzen von Handlungsoptionen zum Thema zu machen und zu diskutieren, warum ethisch verantwortungsvolles Handeln angesichts globaler Probleme so schwierig zu realisieren ist, Inhalte und Positionen kontrovers

und vielfältig zu thematisieren oder in offenen Aufgabenstellungen echte Probleme zu bearbeiten, für die es in aller Regel mehr als eine mögliche Lösung gibt" (Wettstädt & Asbrand, 2014, S. 12, vgl. hierzu auch KMK, 2016, S. 92).

Das Bewusstsein der eigenen Perspektivität, die Fähigkeit, bewusste Entscheidungen und begründete Urteile zu fällen, und die Einsicht, dass es stets verschiedene Lösungsansätze gibt (Eigenschaften eines „Weltbürgers" n. Osler, 2004), können so gefördert werden.

Eine weitere Herausforderung ist, dass Wissen und Einstellungen nicht unweigerlich zu adäquatem Handeln führen. In der Forschung zum Thema Umwelthandeln kam man in den 1990er Jahren zu der Erkenntnis, dass es eine „Lücke zwischen Umweltwissen, -einstellungen und -verhalten" gibt (Bormann, 2013, S. 12). Man widmet sich seitdem insbesondere der Frage, wie „vorhandenes, aber träges Wissen handlungswirksam" werden kann (Bormann, 2013, S. 13). Als Alternative zum herkömmlichen Weg „vom Wissen zum Handeln" schlägt Bormann ein Ausgehen vom (Alltags-)Handeln vor und bezieht sich dabei auf eine Studie von Otte (2005). Ausgehend von Praktiken der alltäglichen Lebensführung sollten machbare Handlungsmöglichkeiten geschaffen werden, um positiv zu bewertendes Verhalten beizubehalten oder auszubauen (Bormann, 2013). Dabei müsse berücksichtigt werden, welche Handlungsweisen etabliert und wie diese begründet seien. Geringe finanzielle Ressourcen könnten zum Beispiel von vornherein eine nachhaltigere Lebensweise (beispielsweise Mobilität: ÖPNV statt Auto, Konsumverhalten: regional und saisonal statt exotisch, Wohnen: Mietwohnung statt Haus usw.) mit sich bringen, andererseits aber auch hemmend wirken. Dies bedeutet für das Globale Lernen im handlungsorientierten Unterricht, dass die Lebenswelt der Schülerinnen und Schüler als Ausgangspunkt von besonderer Bedeutung ist, nicht nur als Ziel eines (potenziellen) Handelns. Zu dem Umfeld gehören nach Scheunpflug und Uphues (2010) neben dem Elternhaus auch außerschulische Bildungsangebote und die Peergroup.

Lebensweltbezug bedeutet aber nicht, dass nur auf der persönlichen Ebene gehandelt werden kann. Der Orientierungsrahmen etwa verortet Handeln auf allen Maßstabsebenen – bis hin zur globalen (KMK, 2016). Globales Lernen soll sich dabei weder nur auf den individuellen Alltag noch auf eine Institutionenkunde beschränken; es gilt vielmehr, die Zusammenhänge zwischen dem Lokalen und dem Globalen aufzuzeigen (KMK, 2016; Osler, 2004).

Die vorangegangenen Ausführungen, die die große Bedeutung herausgestellt haben, die das reflexive Denken über den Lerngegenstand und die Reflexion des eigenen Handelns (Brendel 2017) für die Förderung der Handlungskompetenz im Globalen Lernen hat, lassen den Schluss zu, dass es nicht ausreicht, Schülerinnen und Schülern Wissen zu vermitteln und deren Einstellungen zu verändern, um sie zu einem (potenziellen) Handeln zu befähigen, sie durch moralische Appelle zum Handeln aufzufordern oder die Produkte des Handelns als Beweis für den Kompetenzzuwachs heranzuziehen. Das Handeln ist vielmehr als Prozess anzusehen. Rehbein (1977) hat als verschiedene Stadien einer Handlung Handlungskontext, Einschätzung, Motivation, Zielsetzung, Planung, Ausführung, Resultat, Nachgeschichte (1977, S. 141 ff.) identifiziert. Es gilt, diese Stadien offenzulegen und jeweils zu diskutieren. Diese Strukturierung bietet sich darüber hinaus auch zur Konzeption von Unterricht an. Wenn die Ausführung einer Handlung nicht das einzig Entscheidende ist, muss das Handeln im Unterricht oder ausgehend vom Unterricht nicht immer alle Phasen umfassen. Einmal kann die Planung das Ziel sein, einmal kommt es zum konkreten Handeln, dessen Ergebnis und dessen Wirkung dann aber im Idealfall auch Unterrichtsgegenstand sind.

3. Handeln und Partizipation im Web 2.0

Das vorangegangene Kapitel hat gezeigt, dass Unterricht, der auf das Fördern von Handlungskompetenz ausgerichtet ist, von der Lebenswelt der Schülerinnen und Schülern ausgehen sollte. Das Web 2.0, das den Schülerinnen und Schüler vertraut oder zumindest bekannt ist, bietet hier eine Ergänzung oder Alternative zu inhaltlichen Bezügen. Außerdem ermöglicht es das Agieren auf verschiedenen Maßstabsebenen. In diesem Kapitel soll nun der Frage nachgegangen werden, welche Handlungsmöglichkeiten das Web 2.0 bietet, welche Herausforderungen damit verbunden sind und ob es Partizipation fördern kann.

Die Technisierung und Digitalisierung aller Lebensbereiche führt dazu, dass sich die zwischenmenschliche Kommunikation verändert. Technikunterstützte (Fern-)Gespräche und geschriebene Texte treten an die Stelle persönlicher Treffen. Dabei gibt es neben Telefonaten und IP-Telefonie auch Dienste, bei denen Sprachnachrichten versendet und zeitversetzt abgehört und erwidert werden können. Texte werden zwischen sich bekannten Personen als Kurznachrichten, E-Mails oder Instant Messages ausgetauscht, zwischen Fremden beispielsweise über Chats, Kommentare und Foren. Dabei werden die herkömmlichen Sprechakte nicht abgelöst, sondern durch neue Formen ergänzt. Viele Dienstprogramme bieten außerdem die Möglichkeit, zwischen den Kommunikationssituationen zu wählen. So können in der virtuellen Welt „Second Life" mündliche Gespräche geführt, aber auch private Sofortnachrichten, Gruppen-Chats, Konferenzen mit Freunden oder öffentliche Textnachrichten von unterschiedlicher Reichweite von „Flüstern" bis „Rufen" genutzt werden. Über Skype kann videotelefoniert, telefoniert oder gechattet werden. Die App „Whats App" bietet die Möglichkeit, Textnachrichten, Sprachnachrichten, Bilder und Videos zu versenden.

Aus all den Anwendungen, die im Rahmen der Digitalisierung die alltägliche Lebenswelt verändert haben, sollen in diesem Beitrag insbesondere die Anwendungen im Web 2.0 im Fokus stehen. Nach Mayrberger (2012, S. 2) bietet das Web 2.0 „das Potenzial, vielfältiger miteinander zu kommunizieren und interagieren zu können, kollaborativ und kooperativ zu arbeiten sowie Inhalte zu produzieren und zu veröffentlichen". Demgemäß haben Web 2.0-Anwendungen die Eigenschaften Präsenz, Modifikation, nutzergenerierte Inhalte und Partizipation (Davies & Merchant, 2009). Tabelle 1 zeigt, wie sich diese Charakteristika am Beispiel von zwei Web-2.0-Anwendungen realisieren.

Tabelle 1: Vier Charakteristika des Web 2.0 am Beispiel von „YouTube" und „Blogger" (Davies & Merchant, 2009, S. 117, verändert)

	YouTube	*Blogger*
Präsenz	Profil, Channel	Profil, Posts und Feeds, Kommentare
Modifikation	YouTube in anderen Kontexten (Flickr)	Personalisierung der Vorlagen, Widgets
Nutzer-generierte Inhalte	Videos, (Video-) Kommentare, YouTube messages	Posts, Links
Partizipation	Kommentare, Forendiskussionen	Kommentare, RSS Feeds, Links
Kollaboration, aber auch Konflikt und Opposition		

Diesen Chancen, die Mayrberger sieht, steht in der Schulpraxis eine Vielzahl von Herausforderungen gegenüber (Wagner et al., 2011; Jenkins, Clinton, Purushotma, Robison & Weigel, 2006): Ein Zugang zum Web 2.0 und zu im Rahmen des Handelns im Web 2.0 erforderlichen Fähigkeiten und Erfahrungen muss gewährleistet sein. Themen wie die Individualisierungstendenzen im Medienhandeln, die kommerziellen Entwicklungen im Social Web und die Problematik der Vermischung von öffentlicher und Privatsphäre und die Zugänglichkeit persönlicher Daten müssen thematisiert werden. Die Tatsache, dass die durch die Nutzerinnen und Nutzer erstellten Inhalte öffentlich sind, bedeutet nicht unbedingt, dass sie auch rezipiert (und wertgeschätzt) werden. Außerdem ist kritisch mit dem Spannungsverhältnis zwischen der Transparenz der digitalen Dienste und der Möglichkeit der Kontrolle über die Lernenden umzugehen.

Skepsis, die sich aus diesen Problematiken ergibt, kann damit begegnet werden, dass es auf dem Weg zur Arbeit im und mit dem Web 2.0 verschiedene Stufen des Umgangs gibt, die im Konzept zum schreibenden Handeln im Globalen Lernen, das in Kapitel 5 vorgestellt wird, berücksichtigt werden (Davies & Merchant, 2009): a. Es wird als (Informations-) Quelle genutzt. b. Das Web 2.0 wird selbst Thema im Unterricht und ist somit Lerngegenstand. c. Es wird im geschützten Rahmen von virtuellen Lernumgebungen eingesetzt, zum Beispiel, indem Wikis erstellt werden, die nicht öffentlich zugänglich sind. d. Es wird tatsächlich im und mit dem Web 2.0 gearbeitet; die Schülerinnen und Schüler partizipieren. Nur im letzten Falle muss den oben genannten Herausforderungen begegnet werden, sodass die anderen Stufen einen Einstieg in die sukzessive Integration des Web 2.0 in den Unterricht ermöglichen.

Kommt es aber tatsächlich zum Handeln im Web 2.0, bieten sich wiederum verschiedene Optionen: Schülerinnen und Schüler können sich positionieren (z.B. durch Statements oder Gruppenmitgliedschaften), sich einbringen (z.B. durch das Erstellen von Videos oder Fotos) oder andere aktivieren (z.B. Termine bekannt geben, zu Aktivitäten aufrufen) (Wagner, Brüggen & Gebel, 2009). Dabei kann der Unterricht darauf ausgerichtet sein, dass sich die Schülerinnen und Schüler auf der jeweiligen Plattform an von anderen initiierten Aktionen durch beispielsweise das Bewerten oder Kommentieren von Beiträgen oder durch das Gestalten eigener Aktionen beteiligen, dass sie durch Verweise plattformübergreifend handeln oder dass sie das Online- durch Offline-Handeln ergänzen (Wagner, Gerlicher & Brüggen, 2011). Das Konzept des schreibenden

Handelns im Sinne des Globalen Lernens am Ende dieses Beitrags greift diese Alternativen auf.

Ist jedes Handeln im Web 2.0 Partizipation? Fördert das Web 2.0 Partizipation? Davies & Merchant (2009, S. 8) umreißen die beiden Pole der Argumentation folgendermaßen:

> „Web 2.0 spaces give voice to participants and suggest new possibilities for social engagement and citizenship. Web 2.0 spaces create an illusory sense of social engagement and actually create passive citizens who can easily be surveilled."

Wie kann eine partizipative Kultur etabliert werden? An dieser Stelle wollen wir auf Habermas' „ideale Sprechsituation" (1973, S. 255-256) Bezug nehmen, an die er folgende Voraussetzungen knüpft; die erste und die letzte Anforderung sind für ihn Grundvoraussetzungen:

„1. Alle potentiellen Teilnehmer eines Diskurses müssen die gleiche Chance haben, kommunikative Sprachakte zu verwenden, so dass sie jederzeit Diskurse eröffnen sowie durch Rede und Gegenrede, Frage und Antwort perpetuieren können.

2. Alle Diskursteilnehmer müssen die gleiche Chance haben, Deutungen, Behauptungen, Empfehlungen, Erklärungen und Rechtfertigungen aufzustellen und deren Geltungsanspruch zu problematisieren, zu begründen oder zu widerlegen, so daß keine Vormeinung auf Dauer der Thematisierung und der Kritik entzogen bleibt.

3. Zum Diskurs sind nur Sprecher zugelassen, die als Handelnde gleiche Chancen haben, repräsentative Sprechakte zu verwenden, d. h. ihre Einstellungen Gefühle und Wünsche zum Ausdruck zu bringen. [...].

4. Zum Diskurs sind nur Sprecher zugelassen, die als Handelnde die gleiche Chance haben, regulative Sprechakte zu verwenden, d. h. zu befehlen und zu widersetzen, zu erlauben und zu verbieten, Versprechen zu geben und abzunehmen, Rechenschaft abzulegen und zu verlangen usf. [...]"

Es wäre wünschenswert, diese Anforderungen auch in den neuen Kommunikationssituationen im Web 2.0 zu erfüllen, um eine partizipative Kultur zu fördern. Dies kann gelingen, wenn das Engagement ohne große Hemmnisse ermöglicht wird, es Unterstützungssysteme und einen Erfahrungsaustausch gibt, der Beitrag des Einzelnen von Relevanz ist und Interaktion als soziale Praktik etabliert ist (Jenkins, 2006, S. 7).

Die Schwerpunkte der Artikulationsformen variieren im Web 2.0 von textbasiert bis symbolhaft (Wagner et al., 2009). Bei einigen Anwendungen stehen symbolhafte Inhalte wie Fotos, Videos oder Animationen im Zentrum oder werden durch Texte wie zum Beispiel Kommentare ergänzt. Bei einigen Plattformen stehen Text und Bilder nebeneinander, einige sind rein textbasiert oder Bilder haben nur die Funktion, den Text zu ergänzen. Aber nicht nur bei der Produktion von Inhalten spielt das Schreiben von Texten eine wichtige Rolle – die Kommunikation und Interaktion erfolgt oft schreibend. Oft ist dieses kommunikative Schreiben die eigentliche Handlung – wenn etwa ein Sachverhalt in einem Wiki aufbereitet und die Gründe dafür in den Änderungsprotokollen dargelegt, Tagespolitik in einem Blog diskutiert, ein Video kommentiert oder eine Forumsdiskussion in Gang gebracht werden. Dieses schreibende Handeln soll im folgenden Kapitel vorgestellt werden.

4. Schreiben als Handeln – schreibend handeln

Zwei Fragen sollen in diesem Kapitel geklärt werden: Wie laufen Schreibprozesse ab und wie entwickelt sich die Fähigkeit zur kommunikativen Textproduktion, die das schreibende Handeln erst ermöglicht?

Das Textproduzieren wird in der kognitiv orientierten Schreibforschung als komplexe Problemlöseaktivität verstanden. Das Schreiben von Texten an sich ist demgemäß schon Handeln. Inhalte müssen aktiviert, bewertet und angeordnet und schließlich sprachlich realisiert werden (Jechle, 1992). Dabei lassen sich generell zwei Handlungsschritte unterscheiden: Planung und Ausführung (Makovec-Černe, 1994).

Als eine Art Leitmodell kann das Schreibmodell von Flowers & Hayes (1980) bezeichnet werden: Die Methode des lauten Denkens konnte in einer Studie der Autoren zeigen, dass das Schreiben in Phasen gegliedert werden kann. Vorbedingung und Ausgangspunkt ist das Wissen der Schreiberin oder des Schreibers. Die Autoren unterscheiden dabei das allgemeine Weltwissen vom Themenwissen, Adressatenwissen und Diskurswissen. Bei der Planung sind zudem das Thema, die (intendierte) Leserschaft sowie der Schreibanlass zu berücksichtigen. Formulierung, Überarbeitung, Neuformulierung sind Schritte der Ausführung, die wiederholt auftreten, wenn sich zwischen den Zielvorstellungen und der Umsetzung Abweichungen ergeben. Versierte Schreiberinnen und Schreiber können auf ein Repertoire an Schreibplänen zurückgreifen, die sich vor allem an Textsorten orientieren. Einzelne Phasen von Planung und Ausführung können sich deshalb überschneiden oder auch synchron ablaufen.

Da sich dieses Grundmodell von Flowers & Hayes auf kompetente Textproduzentinnen und -produzenten bezieht, wurden in der Folge auch Schreibanfängerinnen und Schreibanfänger untersucht. Ungeübte Schreibende produzieren nach Bereiter & Scardamalia (1987) Texte, indem sie Ideen ohne größere (Re-)Organisation verschriftlichen (knowledge telling strategy). Fortgeschrittene Schreibende überarbeiteten ihren Text so lange, bis er der eigenen Intention entspreche (knowledge transforming strategy).

Betrachtet man das Textproduzieren aus der Entwicklungsperspektive, stellt sich die Frage, wie man es erlernen kann und welche Entwicklungsschritte es gibt.

Für Schreiblernende steht der Text als Handlungseinheit im Zentrum, nicht einzelne Wörter oder Sätze (Feilke, 1996). Dabei umfasst die Kohäsion den internen textlichen Zusammenhalt durch sprachlich manifestierte Textbezüge, die Kohärenz den beim tieferen Textverstehen entstehenden Zusammenhang zwischen Texteinheiten. Letztere spielt folglich eine wichtige Rolle bei der Kommunikation mittels Texten und der Adressatenorientierung.

Augst & Faigel (1986) haben einen vierstufigen Prozess der Dezentrierung von Perspektiven identifiziert, der den Ausbau von Kohärenzstrategien bedingt. Die Autoren stellen dabei heraus, dass die Entwicklung der textorientierten Schreibkompetenz eng an die emotionale, kognitive, sprachliche und soziale Entwicklung geknüpft ist. Sie haben Texte von Schreibenden unterschiedlicher Altersstufen (7. Klasse, 10. und 12. Klasse, Studierende) untersucht. Die Entwicklung geht von einer zunächst subjektiven Perspektive (eigene Erlebniswelt) über die Perspektive der objektiven Welt zu einer an formalen Konventionen orientierten Perspektive auf Sprache und Text als Medium über. Schließlich wird in der letzten Stufe die am Adressaten orientierte Perspektive eingenommen.

Wollen wir nun den Fokus auf das Schreiben als Handeln im Sinne Globalen Lernens legen, scheint die vierte Stufe erforderlich – das kommunikative Schreiben, der das Prinzip der dialogischen Ordnung zugrunde liegt. Die textliche Kohärenz stellt hier auf eine soziale Kohärenz ab, indem die Textstruktur an den Adressaten ausgerichtet wird und die Kommunikationsfunktion des Textes in den Vordergrund rückt. Dies bedeutet auch, dass antizipiert wird, was die Rezipienten bereits wissen oder sich erschließen können, und diese Aspekte dann im Text nicht explizit ausgeführt werden (Feilke, 1996).

Tabelle 2: Entwicklung der Kohärenz nach Augst & Faigel (1986)

Perspektive	Subjektive Erlebniswelt	Objektive Welt	Sprache/Text als Medium	Am Adressaten orientierte Kommunikation
Schreibstil	Expressiv	Deskriptiv	Konventionalisiert	Kommunikativ
Strukturierungsformen	Linearentwickelnd	Materialsystematisch	Formalsystematisch	Lineardialogisch

Neben der mit dem Alter verbundenen sozialkognitiven Entwicklung der Schreibenden hat auch die Schreibaufgabe entscheidenden Einfluss auf das Gelingen einer inhaltlichen und sozialen Kohäsion. Einfacher gelingt diese Integration beim erlebnisorientierten Erzählen; sie wird beim sachlogisch orientierten Berichten und Beschreiben schwieriger und beim argumentativen Schreiben schließlich am schwierigsten (Feilke, 1996). Feilke (1996, S. 1188) stellt dabei heraus, dass sich der Prozess der Entfaltung der Schreibfähigkeit nicht „autogenetisch und automatisch" entwickelt, sondern sich „immer in Abhängigkeit von den Aufgaben weiter [entwickelt], die sich den SchreiberInnen stellen und denen diese sich stellen".

Wenn der kommunikative Schreibstil vor allem bei fortgeschrittenen Schreiberinnen und Schreibern zu beobachten ist, ist kommunikatives Schreiben also erst in der Oberstufe oder gar im Studium oder Beruf möglich? Jechle (1992, S. 44) schlägt vor, es auf die Intention der Schreibenden ankommen zu lassen:

„Als kommunikatives Schreiben sollen all jene Formen von Textproduzieren bezeichnet werden, die auf einen Leser zielen, der nicht mit der Person des Textproduzenten identisch ist, um auf dessen Wissen oder Einstellungen als Bedingung für sein Verhalten einzuwirken. Ausschlaggebend für die Bezeichnung des Textes als kommunikativ ist in erster Linie die Intention des Textproduzenten zu kommunizieren und nicht die

Übereinstimmung des Produkts mit normativen Vorstellungen über einen idealen kommunikativen Text. Deshalb sind entwicklungsbedingte Unterschiede bei kommunikativem Schreiben zu berücksichtigen."

5. Das schreibende Handeln im Globalen Lernen

In den vorangegangenen Kapiteln konnte gezeigt werden, dass die Handlungsorientierung ein Hauptmerkmal des Globalen Lernens ist. Zugleich ist der Bereich der Handlungskompetenz im normativen Kompetenzmodell der KMK als einer von drei Kompetenzbereichen (neben den Bereichen Erkennen und Bewerten) ausgewiesen. Er umfasst Teilkompetenzen wie Konfliktlösung, Mitverantwortung und Mitgestaltung sowie Partizipation. Wissen und Einstellungen führen oft nicht zum (entsprechenden) Handeln. Eine Möglichkeit, diesem Problem zu begegnen, bietet der Ansatz, das alltägliche Handeln nicht (nur) als Ziel, sondern auch als Ausgangspunkt für handlungsorientierten Unterricht zu nehmen. Die ausgeführte Handlung – zum Beispiel der gelaufene Spendenkilometer – an sich ist nicht das Ziel des Unterrichts (sonst müsste nur das Langlaufen trainiert werden), sondern der Handlungsprozess von der Einschätzung bis zur Nachgeschichte und dessen Reflexion (unter Einbezug von Handlungsalternativen) sollte im Zentrum des handlungsorientierten Unterrichts stehen. So kann vermieden werden, dass das Handeln als alternativlos dargestellt wird oder die Schülerinnen und Schüler überwältigt werden. Die Gliederung des Prozesses in Phasen bietet zudem zeitökonomische und unterrichtspraktische Vorteile.

Das Web 2.0, das auch nur Quelle oder Lerngegenstand sein kann, bietet unter bestimmten Voraussetzungen die Möglichkeit zur Partizipation. Zunächst muss gewährleistet werden, dass alle Lernenden gleichermaßen über die technischen Ressourcen und die erforderliche Medienkompetenz verfügen. Handeln ist dann in einer virtuellen Lernumgebung in einem geschützten, nur bestimmten Personen zugänglichen Raum oder im öffentlichen Web 2.0 möglich. Dieses Öffentlichsein und die Bedingungen, Regeln, Marktmechanismen (wie Abtretung von Nutzungsrechten an Inhalten, kostenpflichtige Dienste, personalisierte Werbung), Datenschutzprobleme usw. stellen für den Einsatz im Unterricht eine Herausforderung dar (Wagner, 2009). Andererseits heißt öffentlich nicht unbedingt, dass die Lernenden eine Resonanz auf das eigene Handeln erhalten, die für die Motivation von großer Bedeutung ist.

Der Blick auf das Schreiben als komplexes Problemlösen zeigt auf, dass die Phasen des Schreibprozesses den Phasen des Handelns gleichen. Die Überarbeitung nimmt genauso wie die „Nachgeschichte" bei Rehbeins Modell (1977) eine wichtige Stellung ein.

Das Schreibenlernen bezieht sich auf ganze Texte, nicht auf Wörter oder Sätze. Kohäsion stellt Zusammenhänge auf der Ebene von Sätzen her, Kohärenz auf Textebene. Die Entwicklung der individuellen Schreibkompetenz ist mit der Schulzeit nicht abgeschlossen. Die Schreibentwicklung umfasst verschiedene Perspektiven (vom Ich zum Anderen), Schreibstile (expressiv bis kommunikativ) und Strukturierungsformen (von linearentwickelnd bis linear-dialogisch). Den Schreibaufgaben kommt eine besondere Bedeutung zu, können sich Schreibende nur entwickeln, wenn sie genügend herausfordernde Aufgaben bewältigen müssen. Zuletzt ist für die Frage der Eignung des im folgenden Kapitel vorgestellten Ansatzes zentral, dass kommunikatives Schreiben auch bei nicht abgeschlossener Schreibentwicklung möglich ist, stellt man auf die Intention der Schreiberin oder des Schreibers ab.

Zusammenfassend kann als Arbeitsdefinition des schreibenden Handelns festgehalten werden: Schreibendes Handeln ist das Verfassen von kommunikativen Texten für eine (potenzielle) Leserschaft, die Auswirkungen erzielen sollen.

Wie kann nun durch Schreiben *im Web 2.0 im Sinne des Globalen Lernens* im Unterricht gehandelt werden? Die Ausführungen in diesem Beitrag lassen sich in einem Konzept zum schreibenden Handeln im Web 2.0 zusammenfassen, das fünf Dimensionen berücksichtigt:

1. Einsatzmöglichkeiten des Web 2.0 im Unterricht
   (Davies & Merchant, 2009):
   - a. Web 2.0 als Quelle,
   - b. Web 2.0 als Lerngegenstand,
   - c. virtuelle Lernumgebung,
   - d. Lernen durch Partizipation;
2. Formen der Online-Partizipation (Wagner et al., 2009)
   (bei 1c oder d):
   - a. sich positionieren,
   - b. sich einbringen,
   - c. andere aktivieren;

3. Handlungs- und Gestaltungsmöglichkeiten der Nutzenden
   (Wagner et al., 2011) (bei 1c oder d):
   a. Handeln auf der Plattform,
   b. plattformübergreifendes Handeln,
   c. Verbindung von Online- und Offline-Handeln;
4. Handlungsschritte (Rehbein, 1977):
   a. Einschätzung,
   b. Motivation,
   c. Zielsetzung,
   d. Planung,
   e. Ausführung,
   f. Resultat,
   g. Nachgeschichte;
5. Kohärenzentwicklung (Augst & Faigel, 1986) mit den Perspektiven:
   a. subjektive Erlebniswelt,
   b. objektive Welt,
   c. Sprache/Text als Medium,
   d. am Adressaten orientierte Kommunikation
sowie den zugehörigen Schreibstilen und Strukturierungsformen.

Durch die Berücksichtigung der Dimensionen und die Kombination der verschiedenen Möglichkeiten kann das schreibende Handeln im Web 2.0 zur Förderung der Handlungskompetenz von Schülerinnen und Schülern im Sinne des Globalen Lernens vielfältig in den Unterricht eingebunden werden. Zur Veranschaulichung sollen einige Beispiele skizziert werden:

Die Schülerinnen und Schüler dokumentieren in der kalten Jahreszeit die Herkunft von Gemüse im Supermarkt. Im Fach Politische Bildung wählen sie dann von der Lehrkraft ausgewählte Web-Blogs von Verfasserinnen und Verfassern mit unterschiedlichen Perspektiven auf den Wasserkonflikt zwischen Israel und Palästina (z.B. Blog der Vertretung des Staates Palästina in Österreich, Blog der Botschaft des Staates Israel in Berlin, Blog des ARD-Studios Tel-Aviv) als Quellen aus und fassen sie in material-strukturierten Sachberichten zusammen. Sie vergleichen die Perspektiven, nehmen selbst Stellung und diskutieren, ob man Gemüse aus Israel im Supermarkt kaufen sollte. Eine Ausweitung des Themas in der Diskussion auf andere Bereiche – wie eine generelle Bevorzugung von regionalen und saisonalen Produkten aus anderen Gründen, Kritik am Einsatz von Agrochemikalien oder Diskussion der Kennzeichnungspflicht von „Siedlerprodukten" in der EU – ist aus Gründen des Kontroversitätsgebots wünschenswert (1a, 4a-e, 5 b).

Die Schülerinnen und Schüler planen im Geographieunterricht die Überarbeitung des Wikipedia-Artikels „Umweltflüchtling". Sie informieren sich mithilfe von unterschiedlichen wissenschaftlichen Quellen über die Auswirkungen des Klimawandels und die Kontroverse zur Frage, ob es Umweltflüchtlinge gibt. Davon ausgehend erarbeiten, diskutieren und überarbeiten sie Vorschläge zur Überarbeitung des Wiki-Artikels, bis sie gemeinschaftlich zu einer finalen Version kommen (1b, 4a-d, 5b).

Die Schülerinnen und Schüler berechnen ihren eigenen ökologischen Fußabdruck mithilfe unterschiedlicher Berechnungshilfen (z.B. Global Footprint Network, WWF Footprint Calculator, egraine calculer son empreinte), weisen im Fremdsprachenunterricht in einer adressatenorientierten Petition auf anthropogen verursachte globale Umweltveränderungen und die individuelle Verantwortung hin, starten eine internationale Kampagne zur Sensibilisierung von Schülerinnen und Schülern mithilfe des Konzepts des ökologischen Fußabdrucks dazu und diskutieren das Vorhaben, das Ergebnis sowie die Nachgeschichte kritisch (1d, 2c, 3a, 4a-g, 5d).

Die Schülerinnen und Schüler recherchieren im Web 2.0 (z.B. Bildungswiki „Weltliteratur" des Hamburger Bildungsservers) zum Begriff Weltliteratur und wählen begründet ein Werk einer Autorin/eines Autors aus einem Land des globalen Südens aus, das im Deutschunterricht behandelt wird. Sie tauschen sich dabei über Web-Blogs in einer virtuellen Lernumgebung mit ggf. Deutsch sprechenden Lernenden aus dem Herkunftsland der Autorin/des Autors über die eigenen Lesegewohnheiten und -vorlieben aus und diskutieren die Frage kontrovers, ob es einen Kanon der „Weltliteratur" geben kann und wie bestehende Empfehlungen – z.B. die zur Auswahl des Werkes verwendeten Listen – zustande kommen und ausgerichtet sind (1a/c, 2b, 3a, 4a-f, 5c).

Im Rahmen einer Projektwoche zum Thema „Vielfalt der Werte, Kulturen und Lebensverhältnisse" setzen sich Schülerinnen und Schüler kritisch mit der Rolle der Social Media und deren Auswirkungen auf die Lebenswelt von Schülerinnen und Schülern weltweit auseinander. Sie dokumentieren Arbeitsschritte anderer Projektgruppen und verfassen in mehreren Sprachen einen Bericht über die Projektwoche, mit dem sie Eltern, Absolventinnen und Absolventen sowie Freundinnen und Freunde über den Social-Media-Account der Schule zum Abschlusstag der Projektwoche einladen (1d, 2c, 3c, 4a-f, 5 c/d).

6. Ausblick

Schreibendes Handeln kann bei Berücksichtigung der oben genannten unterschiedlichen Dimensionen passgenau auf einzelne Lerngruppen, Unterrichtssituationen, Inhalte usw. zugeschnitten werden. Wenn man die Handlung als Prozess und nicht mit einem Produkt am Ende als abgeschlossen ansieht, sondern auch die Nachgeschichte reflektiert, kann gewährleistet werden, dass es um mehr geht als die „Einübung" von „Verhaltensformen" (Applis, 2014). Zugute kommt diesem Anliegen, dass Reflexionsprozesse durch Anwendungen im Web 2.0 besonders angeregt und einfach offengelegt werden können, wie Brendel (2017) anhand von Web-Blogs nachweisen konnte.

Außerdem können die Phasen des Schreibprozesses und der Stand der individuellen Entwicklung der Schreibkompetenz berücksichtigt werden. Gerade fortgeschrittenen Schreibenden, die ihre Texte wiederholt überarbeiten möchten, bietet schon das Schreiben am Computer Vorteile. Zudem kann bei Schreibprojekten im Web 2.0 die Textarbeit noch intensiviert werden, wenn Feedback gegeben wird oder mehrere Autorinnen und Autoren gemeinschaftlich ein Schreibprojekt umsetzen. Das dann erforderliche Offenlegen der Schreibintentionen und -strategien fördert die Reflexion des eigenen und des gemeinsamen Handelns.

Mit Verweis auf die Maßgeblichkeit der Intention der Schreibenden soll an dieser Stelle auch noch einmal betont werden, dass kommunikatives Schreiben auch bei ungeübteren Schreibenden angeregt werden kann. Verfallen diese zum Beispiel in der Mittelstufe in eine übertrieben konventionalisierte Sprache – statt tatsächlich adressatengerecht zu formulieren – kann der Handlungsabsicht trotzdem noch Genüge getan werden.

Das Web 2.0 bietet Potenzial für ein partizipatives Globales Lernen und knüpft an die Lebenswelt der Schülerinnen und Schüler an.

> „Der Einsatz von Medien spielt im *Lernbereich Globale Entwicklung* schon deshalb eine sehr wichtige Rolle, weil sich Globalität in ihrer Vielfalt nur bedingt im realen Lebensraum von den Lernenden erschließen lässt. Wenn wir fernsehen, im Internet surfen, soziale Netzwerke und Blogs besuchen, per Smartphone Neuigkeiten und Bilder austauschen, SMS verschicken sowie Einkäufe erledigen und Apps zu allen erdenklichen Funktionen einsetzen, dann beteiligen wir uns am globalen Austausch von Daten, der für die meisten Nutzer nicht nur

grenzenlos, sondern auch in seinen möglichen Folgen unübersehbar geworden ist." (KMK, 2016, S. 65)

Einige Probleme kann aber auch der Ansatz des Schreibhandelns nicht auflösen.

Hartmeyer (2010) warnt vor einer Überbetonung des Handelns im Orientierungsrahmen. Einerseits kritisiert er die Bevorzugung des handlungsorientierten Unterrichts, andererseits stellt er die Gliederung des Globalen Lernens in die Kompetenzbereiche Erkennen, Bewerten, Handeln in Frage. Damit greift er die grundsätzliche Frage auf, weshalb überhaupt gehandelt werden soll. Damit die Schülerinnen und Schüler nicht nur mit Kopf, sondern auch mit Hand und Herz und damit einfach besser (Inhalte) lernen? Oder damit sie Handlungskompetenz entwickeln und damit dazu befähigt werden, ihr zukünftiges Handeln in der globalisierten Welt an übergeordneten Werten zu orientieren? Oder damit sie gleich jetzt handeln und ihr Handeln unmittelbar Verbesserungen herbeiführt?

Die Normativität der Handlungsaufforderungen (Wettstädt & Asbrand, 2014) bleibt auch bei der Berücksichtigung von Kontroversitätsgebot und Überwältigungsverbot als Kernproblem bestehen. Hartmeyer (2010) kritisiert, dass mit dem Leitbild der Nachhaltigkeit das bestehende Entwicklungsmodell nicht grundsätzlich infrage gestellt, ein radikalerer Paradigmenwechsel in Politik und Wirtschaft nicht diskutiert werde. Applis (2014) schlägt als Antwort auf das Normativitätsproblem diskursiv orientierte Lehr-Lern-Arrangements vor. Hier scheint sich das Web 2.0 mit den vielfältigen Möglichkeiten für Austausch, Kollaboration und Diskurs anzubieten. Die neuen Technologien verändern allerdings die Kommunikation. In Chats können Personen nicht zugelassen oder ausgeschlossen werden, Gruppen in Instant-Messaging-Apps können Personen ohne deren Zustimmung in Kommunikationssituationen einbeziehen, aber auch wieder ausschließen, Administratoren können andere Rechte haben als andere. Problematisch ist dann, dass die Kommunikation die Bedingungen nach Habermas nicht erfüllt, diese aber gerade für die Kontroverse notwendig sind.

Hinzu kommt der Umstand, dass das Globale Lernen in der Schule in formalen Lehr- und Lernprozessen stattfindet. Partizipatives Lernen, das auf Freiwilligkeit basiert, kann hier nach Mayrberger (2012) systembedingt nur begrenzt realisiert werden. Insbesondere das asymmetrische (Macht-)Verhältnis von Lehrenden und Lernenden sowie die Beurteilung von Einzelleistungen stehen einer echten Partizipation entgegen. Hinzu kommt, dass Vergleichsarbeiten und zentrale Abschlussprüfungen den Leistungsdruck auf Unterricht erhöhen und eine routinemäßige Integration des Web 2.0 in den Unterricht hemmen können, wenn das hier Gelernte als nicht relevant für die Prüfungen eingestuft wird.

Schreib(prozess)modelle helfen zum Verständnis, wie das Schreiben im Web 2.0 funktioniert, nur bedingt weiter. Viele Texte haben nicht nur mehrere Autorinnen und Autoren, sie befinden sich in einem unendlichen Überarbeitungsprozess. Ein herkömmlicher, kommunikativer Schreibstil und ein Textsortenwissen aus der analogen Welt garantieren noch keine Rezeptionserfolge im Web 2.0. Auch darf die Öffentlichkeit im Internet nicht darüber hinwegtäuschen, dass sich eine ausreichende Resonanz, die sich etwa durch Klicks, Kommentare, Bewertungen oder Verlinkungen zeigen könnte, oft nicht einstellt. Eine angemessen umfassende Rezeption herzustellen, gehört folglich zu den größten Herausforderungen der Lehrkräfte.

Literatur

Applis, S. (2014). Zur Diskussion der normativen Gehalte im Globalen Lernen. In I. Schwarz, & G. Schrüfer (Hrsg.), *Vielfältige Geographien. Entwicklungslinien für Globales Lernen, Interkulturelles Lernen und Wertediskurse* (S. 101–134). Münster: Waxmann.

Augst, G., & Faigel, P. (1986). *Von der Reihung zur Gestaltung: Untersuchungen zur Ontogenese der schriftsprachlichen Fähigkeiten von 13-23 Jahren.* Frankfurt/Main: Lang.

Bereiter, C., & Scardamalia, M. (1987). *The psychology of written composition.* Hillsdale: Erlbaum.

Bormann, I. (2013). Kommunikation und Bildung für Nachhaltige Entwicklung – Perspektiven angesichts milieuspezifischen Umwelt-bewusstseins und -verhaltens in Deutschland. *Zeitschrift für internationale Bildungsforschung und Entwicklungspädagogik, 36*(3), 11–18.

Brendel, N. (2017). *Reflexives Denken im Geographieunterricht: eine empirische Studie zur Bestimmung von Schülerreflexion mithilfe von Weblogs im Kontext Globalen Lernens.* Erziehungswissenschaft und Weltgesellschaft, Band 10, Münster: Waxmann.

Davies, J., & Merchant, G. (2009). *Web 2.0 for Schools. Learning and Social Participation.* New York: Lang.

Feilke, H. (1996). Die Entwicklung der Schreibfähigkeiten. In H. Günther, & O. Ludwig (Hrsg.), *Schrift und Schriftlichkeit. Writing and its Use* (1178–1191). Berlin: de Gruyter.

Feilke, H., & Augst, G. (1989). Zur Ontogenese der Schreibkompetenz. In G. Antos, & H. P. Krings (Hrsg.), *Textproduktion. Ein interdisziplinärer Überblick* (S. 297–327). Tübingen: Niemeyer.

Flowers, L., & Hayes, J. (1980). The dynamics of composing: Making plans and juggling constraints. In L. Gregg, & E. Steinberg (Hrsg.), *Cognitive processes in writing* (S. 31–50). Hillsdale: Erlbaum.

Gibson, K. L., Rimmington, G. M., & Landwehr-Brown, M. (2008). Developing Global Awareness and Responsible World Citizenship With Global Learning. *Roeper Review, 30*(1), 11–23.

Habermas, J. (1973). Wahrheitstheorien. In H. Fahrenbach (Hrsg.), *Wirklichkeit und Reflexion. Festschrift für W. Schulz* (S. 211–265). Pfullingen: Neske.

Hartmeyer, H. (2010). Durch Strategien zu mehr Orientierung. Der deutsche Orientierungsrahmen für den Lernbereich Globale Entwicklung – eine Unterstützung für Strategieüberlegungen in Österreich zum Globalen Lernen? In G. Schrüfer, & I. Schwarz (Hrsg.), *Globales Lernen. Ein geographischer Diskursbeitrag* (S. 111–124). Münster: Waxmann.

Jechle, T. (1992). *Kommunikatives Schreiben. Prozeß und Entwicklung aus der Sicht kognitiver Schreibforschung.* Tübingen: Narr.

Jenkins, H., Clinton, K., Purushotma, R., Robison, A. J., & Weigel, M. (2006). *Confronting the Challenges of Participatory Culture: Media Education for the 21st Century.* Verfügbar unter https://www.curriculum.org/secretariat/files/Sept30TLConfronting.pdf [01.09.2017]

Kultusminister Konferenz (2016). *Orientierungsrahmen für den Lernbereich Globale Entwicklung.* Verfügbar unter http://www.kmk.org/fileadmin/Dateien/veroeffentlichungen_beschluesse/2015/2015_06_00-Orientierungsrahmen-Globale-Entwicklung.pdf [05.06.2017]

Makovec-Černe, J. (1994). Textproduktion. Kognitive Textmodelle. *Linguistica, 34*(2), 3–30.

Mayrbereger, K. (2012). Partizipatives Lernen mit den Social Web gestalten. Zum Widerspruch einer ‚verordneten Partizipation‘. *Zeitschrift für Theorie und Praxis der Medienbildung, 21*, 21–25.

Osler, A. (2004). Education for global citizenship. *Zeitschrift für internationale Bildungsforschung und Entwicklungspädagogik, 27*(1), 22–26.

Otte, G. (2005). Entwicklung und Test einer integrativen Typologie der Lebensführung für die Bundesrepublik Deutschland. *Zeitschrift für Soziologie, 37*(2), 442–467.

Overwien, B. (2016). Globales Lernen und politische Bildung – eine schwierige Beziehung? *Zeitschrift für internationale Bildungsforschung und Entwicklungspädagogik, 39*(2), 7–11.

Rehbein, J. (1977). *Komplexes Handeln. Elemente zur Handlungstheorie der Sprache.* Stuttgart: Metzler.

Scheunpflug, A., & Uphues, R. (2010). Was wissen wir in Bezug auf das Globale Lernen? Eine Zusammenfassung empirischer gesicherter Erkenntnisse. In G. Schrüfer, & I. Schwarz (Hrsg.), *Globales Lernen. Ein geographischer Diskursbeitrag* (S. 63–100). Münster: Waxmann.

Schreiber, J.-R. (2010). Das Globale Lernen in der Dekade „Bildung für nachhaltige Entwicklung" – Halbzeitbilanz und Perspektiven. In VENRO (Hrsg.), *Jahrbuch Globales Lernen 2010* (S. 35–42). Bonn.

VENRO, (2010). *Globales Lernen trifft neue Lernkultur. VENRO-Arbeitspapier Nr. 10.* Verfügbar unter http://venro.org/uploads/tx_igpublikationen/2010_Arbeitspapier_19_GlobalesLernen.pdf [16.01.2018]

Wagner, U., Brüggen, N., & Gebel, C. (2009). *Web 2.0 als Rahmen für Selbstdarstellung und Vernetzung. Analyse jugendnaher Internetplattformen und ausgewählter Selbstdarstellungen von 14- bis 20-Jährigen. Erster Teil der Studie „Das Internet als Rezeptions- und Präsentationsplattform für Jugendliche" im Auftrag der Bayerischen Landeszentrale für neue Medien (BLM).* Verfügbar unter http://www.jff.de/dateien/Bericht_Web_2.0_Selbstdarstellungen_JFF_2009.pdf [15.11.2017]

Wagner, U., Gerlicher, P., & Brüggen, N. (2011). *Partizipation im und mit dem Social Web – Herausforderungen für die politische Bildung. Expertise für die Bundeszentrale für politische Bildung.* Verfügbar unter www.bpb.de/system/files/dokument_pdf/Partizipation%20im%20Social%20Web.pdf [15.11.2017]

Wettstädt, L., & Asbrand, B. (2014). Handeln in der Weltgesellschaft. Zum Umgang mit Handlungsaufforderungen im Unterricht zu Themen des Lernbereichs Globale Entwicklung. *Zeitschrift für internationale Bildungsforschung und Entwicklungspädagogik, 37*(1), 4–12.

Ingrid Schwarz, Jana Teynor, Matthias Haberl

Globales Lernen 2.0: Digitale Lehr- und Lernumgebungen in der Praxis

Abstract

Wie können Lehr- und Lernprozesse zu Globalem Lernen und Global Citizenship Education durch Web 2.0 partizipativ gestaltet werden? Wie sind Online-Tools, Apps und Online-Plattformen gestaltet, die Lehrende und Lernende in ihren Analyse- und Reflexionskompetenzen unterstützen möchten? Konkrete Praxisbeispiele aus internationalen Bildungsprojekten mit einer starken zivilgesellschaftlichen Einbindung sollen neue Impulse für Globales Lernen 2.0 für die Umsetzung in Schulen bieten. Inhaltlich soll das durch eine starke Verknüpfung mit den Sustainable Development Goals (SGDs) erreicht werden. Mit den von den Vereinten Nationen ausformulierten 17 Zielen für die Welt soll ein breiter globaler Gestaltungsansatz umgesetzt werden, der sich auch in den Schulen und Hochschulen abbilden soll. Obwohl Globales Lernen 2.0 alle Fächer und auch das Schulleitbild prägen soll, wird ganz konkret auf das Fach Geographie und Wirtschaftskunde Bezug genommen. Die Herausgeberinnen und Herausgeber der Online-Plattform Competendo möchten eine „Community of practice" aufbauen, bei der sich die Akteurinnen und Akteure am Diskurs zu den Schlüsselkompetenzen der Europäischen Kommission für Lebenslanges Lernen beteiligen. Diese kritische Reflexion von Schlüsselkompetenzen soll auch für die Fachdidaktik in Geographie und Wirtschaftskunde Impulse setzen. Es sollen digitale Denk-, Handlungs- und Gestaltungsräume für einen mehrperspektivischen Diskurs eröffnet werden. Die Praxisrelevanz von Globalem Lernen 2.0 wird mit den Beispielen zu Webinaren, Apps und Digital Storytelling vertieft. Die methodische Vielfalt von Globalem Lernen 2.0 soll dadurch dokumentiert werden.

Die Digitalisierung stellt ein bedeutendes aktuelles Phänomen dar, das zwar nicht gleichmäßig global verbreitet, aber dennoch über weite Grenzen und viele Regionen hinweg das Leben von Menschen verschiedener Altersgruppen prägt und verändert. Die sogenannte digitale Revolution oder Transformation bietet Potenziale der globalen Vernetzung ebenso wie des Zugangs zu Wissen und Information. Was bedeuten nun Veränderungen im Zeitalter der Digitalisierung für Lernende, Lehrende und das Lernen an sich? Für die Bildungsarbeit bilden diese Veränderungen durch die Digitalisierung und die Globalisierung eine Ausgangssituation, die einer näheren Betrachtung bedarf.

Zwischen Globalem Lernen/ Global Citizenship Education[1] und der Bildung in einer digital geprägten Welt sind Parallelen erkennbar. Global Citizenship Education zielt darauf ab, Denk- und Diskursräume zu öffnen und Analyse-, Urteils- und Reflexionskompetenzen zu fördern. Das Lernen, Lehren und Erforschen einer solidarischen Weltgesellschaft soll angeregt werden, um Diskurse rund um Global Citizenship (Education) mitzugestalten (vgl. Grobbauer, 2016, S. 22). Diese Auffassung von Global Citizenship Education als Paradigma für Bildung, als globale Brille, durch die die eigene Bildungsarbeit betrachtet wird, oder als grundlegender Denkrahmen macht deutlich, dass es sich um einen integrativen Ansatz handelt, der auf verschiedenen Ebenen Eingang finden muss. Sei es als Leitmotiv des Unterrichts oder als eigenständiger Unterrichtsinhalt, so wird doch eine gewisse Verwobenheit mit allem anderen, dem Globalen offensichtlich. Ähnlich ist es bei der Digitalisierung, die sich aufgrund ihrer Durchdringung unserer Lebensbereiche ebenso wenig auf einen Unterrichtsgegenstand beschränken lässt. In Zeiten, in denen medial die Diskussion rund um alternative Fakten, post-faktisch und Fake News intensiv geführt wird, wird das verbale Verlangen nach einer digitalen Bildung immer lauter, da die Verunsicherung durch die Neuen Medien weiter wächst (vgl. Kerres, 2017, S. 11). Verunsicherung ist auch dem Globalen Lernen und der Global Citizenship Education etwas Inhärentes, da sie einerseits auf Dekonstruktion abzielend anregen möchten, neu zu denken, und andererseits aufgrund aktueller Krisen wie Klimawandel, Terror und Konflikten auch in dieser Hinsicht Verunsicherung thematisieren.

Globales Lernen und Global Citizenship Education als Denkrahmen und zukunftsweisende Bildungsausrichtung können die Digitalisierung nicht ausblenden. Inhalte und Ziele der Global Citizenship Education mit der Bildung in einer digital geprägten Welt zu verbinden, erscheint wertvoll und unumgehbar.

Was benötigt es, um Menschen im Sinne von Globalem Lernen 2.0 zu erreichen? Welche webbasierten Anwendungen können einer kritischen

---

1 Globales Lernen und Global Citizenship Education werden in diesem Text einander ergänzend verwendet. In der Betrachtung von Global Citizenship Education als Weiterentwicklung des Globalen Lernens erlangt der citizen-Aspekt stärkere Bedeutung und damit Politische Bildung und Demokratiebildung. Näheren Einblick bietet die UNESCO-Broschüre „Global Citizenship Education. Politische Bildung für die Weltgesellschaft" (Wintersteiner et al., 2015) und eine intensive Auseinandersetzung ermöglicht der Universitätslehrgang der Universität Klagenfurt „Global Citizenship Education".

Global Citizenship Education gerecht werden? Die entsprechenden Kompetenzen, die gestärkt oder geformt werden sollen, gilt es zu adressieren. Wie kann Globales Lernen „digitalisiert" werden, und wie kann digitale Bildung für eine solidarische Weltgesellschaft gestaltet werden? Mit den in diesem Artikel vorgestellten Praxisbeispielen wurde genau auf diese erkenntnisleitenden Fragen Bezug genommen.

1. Online-Plattform Competendo.net – Tools for facilitators

Wie können Lehrerinnen und Lehrer in einen fachlichen Diskurs zum Thema Globales Lernen und Web 2.0 partizipativ einbezogen werden? Wie können Konzepte von Global Citizenship, Empowerment und Bildung für Nachhaltige Entwicklung in einem offenen Austausch unter Lehrenden und Lernenden miteinander weiterentwickelt werden?

Seit dem Jahr 2016 wird dazu an der Umsetzung der Online-Plattform Competendo (http://competendo.net) gearbeitet, die digitale Lern- und Lehrprozesse in einer virtuellen Lernumgebung abbildet. Im Rahmen des Erasmus+ Projektes „Key Competencies for Youth Involvement" arbeiten zivilgesellschaftliche Bildungsorganisationen aus verschiedenen europäischen Ländern an Konzepten, Methoden und Ansätzen, die die System-, Handlungs- und Bewertungskompetenz von Lehrenden und Lernenden stärken sollen.

17 Sustainable Development Goals (SDGs)

Inhaltlich können und sollen diese methodischen und fachlichen Zugänge mit der Umsetzung der Sustainable Development Goals (SDGs) verknüpft werden. Die 17 Ziele für eine bessere Welt, die 2015 von den Vereinten Nationen verabschiedet wurden, sollen bis zum Jahr 2030 umgesetzt werden (https://www.un.org/sustainabledevelopment/sustainable-development-goals).

Die Nationalstaaten haben sich dazu bekannt und müssen für ihre Umsetzungsschritte Rechenschaft ablegen. Maßnahmen für die Umsetzung betreffen Regierungen mit allen Ressorts, Bundesländer, Gemeinden, Schulen, Hochschulen und auch die Zivilgesellschaft. (vgl. Südwind et al., 2016, S. 2) Es ist ein gemeinsamer breiter globaler Gestaltungsansatz, der in der Bildungsarbeit als Querschnittsmaterie alle Fächer betrifft, besonders aber im Fach Geographie und Wirtschaftskunde verankert werden kann und soll.

Facilitator Handbook #3 „The Everyday Beyond"

Eines der Ziele der Sustainable Development Goals besteht darin inklusive, gleichberechtigte und hochwertige Bildung zu gewährleisten und die Möglichkeit des Lebenslangen Lernens für alle zu fördern. Dieses Ziel kann direkt mit der Competendo-Publikation – dem Facilitator Handbook #3 „The Everyday Beyond" – verbunden werden, denn dabei geht es um europäische, internationale und globale Dimensionen von Lernprozessen. Diese Publikation ist print und online verfügbar und bietet eine Auswahl von Methoden und Ansätzen aus der stets erweiterten Online-Plattform, die allen Interessierten offensteht und auch ergänzt werden kann. Das bedeutet, dass diese Methodenbox niemals abgeschlossen und immer in Entwicklung ist. Die Herausgeberinnen und Herausgeber der Online-Plattform verstehen sich als Impulsgeberinnen und Impulsgeber, um zivilgesellschaftliche Kompetenzen zu thematisieren und eigene Erfahrungen anzustoßen. Competendo folgt dem Prinzip einer offenen Ressource für Lern- und Lehrprozesse, es ist frei zugängig und soll möglichst vielfältig eingesetzt werden. Die Herausgeberinnen und Herausgeber verfolgen das Ziel, dass zivilgesellschaftliche Kompetenzen wichtiger werden sollen, und haben auch ein Statement zum Review der Schlüsselkompetenzen der Europäischen Kommission für Lebenslanges Lernen verfasst (Competendo).

Die Schlüsselkompetenzen

Die Schlüsselkompetenz für eine *demokratische Praxis* soll durch transparente, inklusive und partizipatorische Selbstorganisation von Lernenden gestärkt werden. Es geht um einen fairen Umgang miteinander und den

Aufbau von Strukturen für Partizipation und darum, die soziale Diversität einer Gesellschaft abzubilden. Dazu braucht es systemisches Denken, damit Handlungen auf der lokalen Ebene mit der Metaebene einer nachhaltigen Entwicklung verbunden werden können.

Die Schlüsselkompetenz zur *Entwicklung von Zivilcourage* verbindet sich mit der Fähigkeit einen mehrperspektivischen Zugang zu eröffnen und sich in einen kontroversen Dialog einzubringen. Öffentliche und halb-öffentliche Räume für eine gewaltfreie Kommunikation sollen geschaffen werden. Empathie, Konfliktmanagement und Fähigkeiten in Verhandlungen zu treten, sollen zu einem tieferen Verständnis für systemische Zusammenhänge von demokratischen Prozessen führen.

Die Schlüsselkompetenz einer *demokratischen Haltung* erfordert Selbstreflexion, wie demokratische Werte und Menschenrechte in eigenen Lernumgebungen wirken und welche Alltagsrelevanz sie haben. Es geht um die Grundhaltung, dass demokratische Grundwerte in allen gesellschaftspolitischen Bereichen wirken sollen.

Die Schlüsselkompetenz *Kommunikation* definiert eine gewaltfreie, inklusive und transparente Form des Austausches. Soziale, politische und systemische Grenzen können mit inklusiven Kommunikationsstrukturen überwunden werden. Inklusive Lernumgebungen schaffen in Folge auch inklusive Gemeinschaften.

Nach diesen Anforderungen zu den Schlüsselkompetenzen ist die Online-Plattform Competendo ausgerichtet. Die entwickelten Konzepte für ganzheitliches Lernen sollen einen kooperativen Zugang von Nichtregierungsorganisationen, informellen Gruppen und Netzwerken sowie formalen Bildungsinstitutionen, wie Schulen und Universitäten fördern.

Competendo Community

Competendo.net ist auch als methodischer Beitrag zu verstehen, dass eine Competendo-Community aufgebaut werden soll. Lehrende, die Lernprozesse moderieren, können sich an einem sich ständig erweiternden Netzwerk beteiligen. Dieses Netzwerk versteht sich als verbindend, transparent und auch als stärkend im Sinne von Empowerment. Der kooperative Zugang zeigt sich in der Gestaltung von holistischen, also ganzheitlichen virtuellen Lern-Orten, die allen Akteurinnen und Akteuren in informellen und formellen Bildungsinstitutionen, sowohl als Nutzer und Nutzerinnen als auch als Gestalterinnen, offenstehen. Competendo ist ein Beitrag eines praxiserprobten Konzeptes, das mit Web 2.0 Schlüsselkompetenzen des Globalen Lernens fördert. Die gebotenen Partizipationsmöglichkeiten im Diskurs zu Globalem Lernen sind durchaus als „Community of Practice" zu verstehen, in der sich Lehrende in und durch den virtuellen Austausch für Globales Lernen einbringen (vgl. Brendel, 2017, S. 54). Für die Didaktik in Geographie und Wirtschaftskunde bietet Competendo einen wesentlichen Beitrag für die qualitätsvolle Gestaltung und Entwicklung von Unterricht im Sinne des Globalen Lernens, von Global Citizenship Education, der Geschlechterrollenkritischen Didaktik und der Bildung für Nachhaltige Entwicklung.

Competendo ist konsequent nach den Schlüsselkompetenzen ausgerichtet, alle Beiträge werden entsprechend danach redaktionell bearbeitet und veröffentlicht. Competendo verfolgt auch das Ziel einer „reflexionsanregenden Lernumgebung" (Brendel, 2017, S. 64), in der Lernziele, fachliche Inhalte, Kompetenzen und sozialräumliche Bezüge hinterfragt, verstärkt, verworfen oder verändert werden können. Der Zugang zum selbstbestimmten Lernen in einem globalen inhaltlichen Bezugsrahmen einer gerechteren Weltentwicklung ist hier vorrangig. Die 17 Ziele für eine bessere Welt (SDGs) bieten dafür die globale Agenda für Global Citizens, die nicht nur Unterrichtsgestaltung zum Globalen Lernen fordert, sondern auch die Schulorganisation und die Lernumgebungen verändert.

Das Competendo-Team hat den Kompetenzbegriff von Scheunpflug und Schröck ausgebaut und erweitert. Basierend auf den Überlegungen des „Globalen Würfels" (Scheunpflug & Schröck, 2002), wo fachliche Kompetenzen, methodische Kompetenzen und soziale Kompetenzen miteinander in Bezug gesetzt sind, werden vertiefende Kompetenzmodelle vorgestellt, die Globales Lernen 2.0 zukunftsorientiert prägen sollen.

Das Competendo-Kompetenzmodell

Das Competendo-Kompetenzmodell als Impuls für Globales Lernen 2.0 mit erweiterten Bezügen zu den Sustainable Development Goals (SDGs):

Sensitivität und Reflexion
Lernende und Lehrende sollen ihre individuelle Rolle in lokalen, regionalen, nationalen, europäischen und globalen Systemen verstehen und reflektieren.

Durch die Lernplattform soll ein Diskurs zur globalen Agenda der Sustainable Development Goals gefördert werden. Die Zielformulierung und die systemrelevante Wirksamkeit auf lokaler und globaler Ebene sollen zur Diskussion gestellt werden.

Competendo möchte Grundlagen bieten, um globale Machtverhältnisse offenzulegen, die uns umgeben und unser politisches, wirtschaftliches, soziales und kulturelles Alltagsleben bestimmen.

Competendo möchte ein Hinterfragen und eine kritische Reflexion von Annahmen, Rollenzuschreibungen und „Glaubensgrundsätzen" fördern und die dahinterliegenden Konzepte offenlegen und diskutieren.

Als ein Beispiel kann dazu eine Methode zu den Weltkarten genannt werden: „Europe through other eyes" und „Europe and the rest of the world" bieten einen Zugang, um mit unterschiedlichen Kartenprojektionen mehrperspektivische Sichtweisen auf die Welt zu reflektieren. Ausgehend von der flächentreuen Peters-Karte und der winkeltreuen Mercator-Karte können eurozentristische Kartenprojektionen hinterfragt werden (Competendo).

Forschendes Lernen

Competendo bietet Grundlagen für forschendes Lernen und Zugänge zu Recherchematerial, Quellen und Daten, um globale Zusammenhänge sichtbar zu machen, Rahmen- und Regelwerke für Wissen aufzubereiten, Informationen und Wissen weiterzuentwickeln und öffentlich im Sinne von Web 2.0 zur Diskussion zu stellen.

Mit dem Methodenbeispiel „Sustainable Development Goals for more gender equality" werden Daten und Fakten zu den weiblichen Mitgliedern in Parlamenten weltweit aufbereitet. Ausgehend von der Methode der Zukunftswerkstätte wird perspektivisch in Kritikphasen, Utopiephasen und Realisierungsphasen daran gearbeitet, das Ziel umzusetzen, mehr Frauen in politischen Ämtern zu verankern – von der lokalen Ebene in Gemeinden, der nationalen Ebene in den Parlamenten bis hin zur globalen Ebene bei internationalen Organisationen (Competendo).

Kritisches und Systemisches Denken

Competendo fördert das Verständnis über die eigene Rolle, über Rechte und Pflichten als Weltbürgerinnen und Weltbürger in einer Gesellschaft im Sinne einer Globalen Verantwortung. Die 17 Sustainable Development Goals als Zielformulierung einer nachhaltigen Weltentwicklung bieten dafür ein weltweit politisch verbindliches Rahmenabkommen.

Darüber hinaus soll das Verständnis über Menschenrechte und Inter-kulturalität als gesellschaftsgestaltend erkannt und vertieft werden. Ein besonderer Fokus betrifft Macht- und Ohnmachtsverhältnisse in eigenen Lebensweltbezügen, die erkannt und offengelegt werden sollen.

Im Sinne von Gestaltungskompetenz sollen Veränderungsmöglichkei-ten und Transformationen entsprechend gerechter Weltentwicklungen auf Basis der SDGs handlungsorientiert wahrgenommen werden.

Als Methodenbeispiel ist hier der Ansatz des Forumtheaters zu nen-nen: Augusto Boal hat die Form des „Theaters der Unterdrückten" inter-national bekannt gemacht. Diese Methode eignet sich für jedes Klassen-zimmer und jeden Hörsaal und bietet das Arbeiten mit „Probewirklich-keiten". Mehrperspektivisch werden Macht- und Ohnmachtsverhältnisse aus der Perspektive der Unterdrückten bearbeitet und Lösungsmöglich-keiten mittels des Mitspieltheaters mit dem Publikum erarbeitet (Compe-tendo).

Das Verstehen der eigenen Einbindung in globale Strukturen

Competendo fördert ein Verständnis über eigene Privilegien in Weltzu-sammenhängen und das Hinterfragen von vermeintlichen Selbstverständ-lichkeiten.

Ein Bewusstsein über euro-, ethnozentristische und postkolonialisti-sche Zugänge soll entwickelt werden, um auch die daraus entstehenden Konsequenzen abschätzen zu können.

Im Sinne des Forschenden Lernens sollen Lehrende und Lernende den globalen Hintergrund von Handlungen und die globale Güterkette von Produkten erkennen können. Als ein Praxisbeispiel ist hier die Reise der Jeans zu nennen. Sowohl der Weg der Jeans, als auch die Verteilung der Kosten von Jeans werden aufgezeigt (Competendo).

Empathie, Perspektivenwechsel, Wertschätzung, Diversität

Competendo hat den Anspruch, dass die Fähigkeit zu Empathie entwi-ckelt werden soll – auch für Menschen, die „unsichtbar" sind und mit denen man „nur" über globale Produktionsketten verbunden ist (Compe-tendo).

Die Fähigkeit, unterschiedliche Positionen abzuwägen und zu respek-tieren, soll vertieft werden. Das Bewusstsein über unterschiedliche Wert-haltungen und ein differenziertes Werteverständnis soll gefördert werden. Reflexionen über eigene Werthaltungen und ein Verständnis über ein anderes Werteverständnis sollen entwickelt werden, ohne abwertend zu sein.

Solidarität mit unterprivilegierten Menschen in unterschiedlichen Lebens- und Weltzusammenhängen soll geschaffen werden. Neue Perspektiven sollen sich durch Competendo entwickeln, und diese sollen in bestehendes Wissen integriert werden.

Mit dem Methodenbeispiel „Rituale, Beziehungen, Restriktionen" kann – ausgehend von dem Ted Talk von Taiye Selasi – das Konzept von Nationen hinterfragt werden. In einem gemeinsamen Gruppenprozess werden alternative Formen von Identitätskonzepten diskutiert und Erfahrungen ausgetauscht (Youtube und Competendo).

Diversitätsorientierte Kommunikation

Im Sinne, dass Lehr- und Lernprozesse eine gelingende Kommunikation voraussetzen, soll Competendo die Fähigkeit entwickeln, bewusst über andere Ideen zu kommunizieren, andere Perspektiven und Standpunkte zuzulassen und zu reflektieren.

Es sollen auch die Sensibilisierung für unterschiedliche Kommunikationsstile geschaffen und der Einfluss von Macht und Ohnmacht in Kommunikationsformen offengelegt werden. Es soll aber auch das Bewusstsein darüber geschärft werden, dass Machtverhältnisse veränderbar sind.

Jeder Lehr- und Lernprozess beinhaltet auch, ein differenziertes und achtsames Feedback zu geben und anzunehmen.

Umgang mit Unsicherheiten

Competendo will ein Verständnis über sozialräumliche Identitäten im Sinne des Globalen Lernens 2.0 fördern, erweiterte virtuelle Lern- und Lehr-Orte gestalten, wahrnehmen und entwickeln.

Dazu gehört beispielsweise die Fähigkeit, mit situativen Mehrdeutigkeiten umzugehen und sie zu akzeptieren.

Die eigene sozialräumliche Identität soll als veränderbar und erweiterbar erlebt werden. Erweiterte Perspektiven für sozialräumliche Identitäten sollen nicht mit einem Unsicherheitsgefühl verbunden werden, sondern als stärkend erlebt werden.

Globales Lernen 2.0 fördert auch die Fähigkeiten, komplexe virtuelle Zusammenhänge zu akzeptieren und damit umzugehen. Es bedeutet auch, Unsicherheiten in offenen Lern- und Lehrsituationen auszuhalten, damit gestaltend umzugehen und prozessorientiert zu arbeiten.

Verantwortung übernehmen

Competendo fördert das Verständnis, die eigene Verantwortung bei Interaktionen und Begegnungen bei Lern- und Lehrprozessen mit anderen Menschen bewusst wahrzunehmen.

Das Bewusstsein der Verantwortung betrifft aber auch die globale Ebene; dazu gehört es den eigenen Lebensstil in Bezug auf die SDGs zu reflektieren.

Globale Verantwortung bedeutet auch, sich als Konsument und Konsumentin mit Gestaltungsmacht in wirtschaftlichen Systemen und als Global Citizen mit Gestaltungsmacht in politischen Systemen wahrzunehmen. (vgl. MitOst, Südwind, et al. 2017, S. 9-11)

Handeln

Im Sinne der Handlungsorientierung entwickeln Lehrende und Lernende ihre Fähigkeiten der Selbstmotivation und des Aktiv-Werdens.

Dazu gehört ein Verständnis für Projektplanung und Projektmanagement. In konkreten Projektschritten soll eine Projektidee in die Realität umgesetzt werden können. Dazu gehört auch die Grundhaltung eines lösungsorientierten Ansatzes im Projektmanagement mit der Fähigkeit, Handlungskonsequenzen abzuschätzen.

Die Competendo-Community ist von der Arbeit in Teams geprägt, diese Teamorientierung betrifft auch alle initiierten Lern- und Lehrprozesse. Das bedeutet beispielsweise, Konflikte zu reflektieren und Lösungen zu suchen. Es soll eine Basis dafür geschaffen werden, unterschiedliche Kommunikationsstile wahrzunehmen. Weiters soll ein Bewusstsein für unterschiedliche Werte, Interessen, Privilegien und Machtverhältnisse entstehen.

Die Teamorientierung bezieht sich zudem darauf, nicht nur sich selbst, sondern auch andere zu motivieren und gemeinsam aktiv zu werden.

Praxisrelevanz für die Schule

Die Kompetenzdebatte, die sich in der Competendo-Community abbildet, soll für die schulische Umsetzung innovative Ansätze bringen. Die verstärkte Verknüpfung und Reflexion von fachlichen und sozialen Kompetenzen wird von vielen Lehrpersonen in der Praxis seit Jahren gefordert. So sprachen sich beispielsweise beim Forschungsprojekt „Fit for business- Pre-Vocational Education in European Schools" zahlreiche Pädagogen und Pädagoginnen für mehr konkrete Beispiele zur praktischen Umsetzung aus. (vgl. Schwarz 2012, S. 145-177) Dieses

Forschungsprojekt hat sich vor allem mit den Fragen der wirtschaftlichen Bildung beschäftigt, kann aber für den gesamten Fachbereich Geographie und Wirtschaftskunde geltend gemacht werden. Die praxiserprobten Modelle von Competendo sollen daher verstärkt Eingang in die schulische Umsetzung von Globalem Lernen 2.0 finden.

Die öffentliche Anerkennung und damit die verstärkte öffentliche Wahrnehmung für den methodischen Zugang konnten mit einer österreichweiten Auszeichnung im Jahr 2016 erreicht werden. Im Rahmen des Weltaktionsprogramms zeichnete das Bundesministerium für Land- und Forstwirtschaft, Umwelt und Wasserwirtschaft (BMLFW) Südwind und Competendo im Handlungsfeld Kompetenzentwicklung als „Bildung für Nachhaltigkeit – Best of Austria" aus.

2. Online-Tools und Webinare aus didaktischer Sicht

Ein weiteres Praxisbeispiel aus der konkreten internationalen Projektarbeit und bei europäischen Kooperationen im Rahmen von Bildungsprojekten sind Online-Tools und Webinare. Unter anderem nutzten die Partnerorganisationen bei der Erarbeitung von competendo.net die folgenden Online-Tools. Mit dieser Beschreibung soll ein erster Einblick in eine mögliche didaktische Umsetzung geschaffen werden. Als übergeordnete Frage gilt es zu untersuchen, wie die oben diskutierten Kompetenzen durch konkrete Praxisanwendungen von Online-Tools und Webinaren gestärkt werden können.

Im weiteren Verlauf sollen zwei Hauptformen unterschieden und beschrieben werden, wie das Web 2.0 generell als Kommunikationsplattform genutzt werden kann und vor allem wie globale Aspekte in die Lehre integriert werden können. Das ist erstens das reine Online-Webinar, wo sich alle Teilnehmerinnen und Teilnehmer ausschließlich online vernetzen. Zweitens wird auch die Kommunikationsform beleuchtet, wo ein Sprecher oder eine Sprecherin über einen digitalen Kommunikationskanal in den Seminarraum oder den Klassenraum zugeschaltet wird.

Der große Vorteil liegt darin, dass man auf einfache Weise Teilnehmerinnen und Teilnehmer aus der ganzen Welt zu einem gemeinsamen Webinar versammeln kann. Sobald die teilnehmenden Personen Internetzugang haben und dieselbe Sprache sprechen, können Lehrende und Lernende den Nutzen dieser Möglichkeiten abwägen. Vor allem im Globalen Lernen 2.0 erlaubt diese Vereinfachung der internationalen

Kommunikation, nicht *über* andere Kulturen oder Menschen zu sprechen, sondern *mit* ihnen. Der empathische und ganzheitliche Zugang zu Lerninhalten wird dadurch deutlich verstärkt.

Ähnliches gilt für ein Setting, in dem Vortragende beispielsweise über Skype Wissen von außen in den Seminarraum und den Klassenraum holen. Das wäre jene Variante, in der ein klassisches Seminar in einem Seminarraum stattfindet und nur eine vortragende Person hinzugezogen wird. Die Lehrenden können so spezifische thematische Felder abdecken und das Wissen im Input in jenen Themengebieten erhöhen. Für das Globale Lernen 2.0 bedeutet das – wie oben angesprochen – die Möglichkeit, auch Vortragende aus den Ländern des globalen Südens in den Lern- und Lehrrahmen zu integrieren, ohne den enormen Aufwand für weite Reisen in Kauf zu nehmen. Im internationalen Projekt „Make ICT Fair" (Südwind) konnten so Trainings an der TU München zu Produktionsketten von Computern durchgeführt werden, bei denen Speaker aus Großbritannien und von globalen Monitoring-Organisationen in der IT-Branche als Gesprächspartner und Gesprächspartnerinnen zu Wort kamen. Durch diesen direkten Austausch konnten Studierende die Möglichkeit nutzen, spezifisch nachzufragen und in Diskussion zu treten. Ebenso konnten die neuen Inhalte mit einer konkreten Person und der Geschichte, die diese erzählte, verknüpft werden. Ohne die unkomplizierte Nutzung von digitaler Videotelefonie wären manche Themenbereiche mit weniger Expertise abgedeckt gewesen. Die Studierenden ordneten in anonymen Feedback-Bögen den internationalen Austausch als solchen als besondere (Lern-) Erfahrung ein.

Für eine Anwendung in der Praxis können folgende Tipps eine erfolgreiche Umsetzung unterstützen: Grundsätzlich gilt in der reinen Online-Form, dass es einer durchaus strengen und aktivierenden Form von Moderation bedarf. In speziellen online-Tools wie „zoom" (https://zoom.us) oder „adobe connect" (https://www.adobe.com/de/products/adobe-connect.html) können TeilnehmerInnen beispielsweise virtuell die Hand heben, zustimmen oder zu gehörten Inhalten ihre Ablehnung signalisieren. Gleichzeitig können sie den Chat benutzen, um Fragen zu stellen oder durch Kommentare mitzudiskutieren. Doch ist es, wie auch im face-to-face-Setting, notwendig oder jedenfalls wünschenswert, wenn die Teilnehmenden selbst auch zu Wort kommen. Das bedarf einer strukturierten Moderation. Spielregeln müssen bekannt sein, das Wort muss erteilt werden und gegebenenfalls freundlich und bestimmt wieder entzogen werden. Andernfalls drohen chaotische und unbefriedigende

Kommunikationsverläufe überhandzunehmen. Ebenso bedarf es einer klaren Struktur des Gesprächs und einer transparenten Gesprächsführung. Gleichzeitig gilt es als Ziel, eine gewisse Dynamik in den Lern- und Lehrrahmen zu bringen, die Lernen ermöglicht.

Für eine gelungene Kompetenzorientierung in der Lehre ist eine Methodentriangulation ein guter Ansatz. In dieser wäre das Webinar nur ein Teil, um in anderen Abschnitten des Lernprozesses das gelernte Wissen in konkrete Handlungen umzusetzen und die eigene Haltung und Motivation zu hinterfragen (Competendo).

Abschließend soll darauf hingewiesen werden, dass virtuelle Tools die Qualität einer konkreten Begegnung kaum erreichen können. Sie können, spezifisch eingesetzt, allerdings eine passende Ergänzung bzw. einen möglichst guten Ersatz eines face-to-face-Treffens darstellen.

3. Apps und Digital Storytelling als Beiträge zu Globalem Lernen 2.0

Apps

Apps werden zu allen erdenklich möglichen Bereichen entwickelt und angeboten. Der Forschungsstand zum Thema Apps im Rahmen von Globalem Lernen, Global Citizenship Education und Bildung für Nachhaltige Entwicklung ist (noch) wenig bearbeitet, und die vorhandenen Beiträge sind überschaubar. Beispielsweise verweist Brendel darauf, dass in einem aktuellen Lehrbuch zur Geographiedidaktik (Reinfried & Haubrich, 2015) zwar die grundsätzliche Förderung von Apps im (Geographie-)Unterricht angeregt wird, aber kritisiert zeitgleich, dass keine Informationen bereitgestellt wurden, welche Apps unter welchen Bedingungen welche Ergebnisse liefern könnten. (vgl. Brendel, 2017, S. 46) In der Praxis gibt es dennoch einige (Lern-)Apps rund um Globales Lernen und Global Citizenship Education, wie die drei der österreichischen entwicklungspolitischen Bildungsorganisation Südwind gemeinsam mit Partnerorganisationen entwickelten Apps veranschaulichen:

- Robins Kuchen
- EAThink
- Map your Meal

Welche Chancen bieten Apps für Globales Lernen generell und insbesondere die folgenden Praxisbeispiele? Eine kurze Beschreibung soll die Inhalte veranschaulichen.

Generell entscheiden Zugänge zu Apps oder Online-Spielen und deren Verbreitung über deren Entwicklung und Reichweite. Es handelt sich häufig um kurzlebige Trends, für die Werbung eine bedeutende Rolle spielt. Wenn demnach eine App oder ein Online-Spiel Kinder und Jugendliche direkt – ohne den Zwischenschritt über Lehrpersonen – erreichen soll, muss dies grundlegend mitgedacht werden.

„Robins Geburtstagskuchen" ermöglicht 8- bis 12-Jährigen, nachhaltige Landwirtschaft und Möglichkeiten bewussten Konsums spielerisch zu erforschen. Auf der Suche nach den Zutaten für den Geburtstagskuchen lernen die Nutzerinnen und Nutzer in sechs Geschichten über ökologische Herausforderungen, nachhaltige und regionale Landwirtschaft sowie soziale Fragen. (vgl. https://play.google.com/store/apps/details?id=com.Libellulart. Robin)

„EAThink Game" richtet sich an 12- bis 16-Jährige und ermöglicht ihnen, den Weg der Nahrung vom Anbau bis zum Verzehr zu recherchieren. Spielerisch können in Form einer Dreiteilung in Produktion, Vertrieb und Verkauf die Etappen nachverfolgt und verschiedene Levels durchgespielt werden. (vgl. https://play.google.com/store/apps/details?id=com.Libellulart. Eathink)

„Map your Meal" bietet jungen Menschen mithilfe des Scannens von Barcodes Informationen über die Produktion und den öko-sozialen Impact des ausgewählten Konsumartikels. Produktionsprozesse und Inhaltsstoffe von Lebensmitteln wurden untersucht und hinsichtlich relevanter Kriterien wie Transparenz, Kinderarbeit, Gentechnik, Palmöl, Tierrechte, produktionsbezogener Wasserverbrauch, Art des Fischfangs, Verpackung etc. bewertet. (vgl. http://www.mapyourmeal.org/index.php/mobile-application) Nutzerinnen und Nutzer können aktiv zur App beitragen, indem sie selbst Waren in den Bestand aufnehmen und die relevanten Informationen einspielen.

Die pädagogisch wertvollste, partizipationsfördernde und reflexive Anwendungsform hängt in ihrem Erfolg stark von der Verbreitung und dem Zugang ab. Generell muss betont werden, dass die App-Entwicklung am treffendsten durch einen „David gegen Goliath-Vergleich" beschrieben werden kann. Apps im Bereich Globales Lernen/ Global Citizenship Education/ Bildung für nachhaltige Entwicklung/ Transformativer Bildung, die von NGOs und Bildungsorganisationen mit limitierten Budgets entwickelt werden, verfügen bisher schlichtweg nicht über die Ressourcen, es mit großen App-Entwicklungskonzernen aufzunehmen und ein bedeutendes Gegennarrativ zu bilden.

EAThink

Im dreijährigen EU-Projekt „EAThink" erarbeitete Südwind mit internationalen Partnerorganisationen vielfältige digitale Anwendungen rund um Global Citizenship Education unter dem Schwerpunkt Ernährung. Diese reichen von der Entwicklung der zwei bereits genannten Apps „Robins Kuchen" – als interaktive Kindergeschichte – und „EAThink Game – Der Fußabdruck meines Essens" – als interaktives Spiel – für 8- bis 15-Jährige bis hin zu der Erstellung einer 13-sprachigen Website, einem englischsprachigen Blog und einem eigenen Youtube-Kanal. Zudem wurden Jugendliche aufgerufen, bei einem internationalen Kurzfilmwettbewerb zum Thema Ernährung teilzunehmen. Der Wettbewerb wurde innerhalb eines Landes veranstaltet. Die Siegerclips wurden gekürt und anschließend die erstplatzierten Teams nach Stockholm zu einem internationalen Kennenlern-Treffen im Rahmen der Earth Hour 2017 eingeladen. Im Rahmen der europäischen Aktionswoche „Global Education Week" 2017 unter dem Motto „My world depends on us" wurde der Siegerclip auf Infobildschirmen in öffentlichen Verkehrsmitteln in österreichischen Städten gezeigt.

Digital Storytelling

Die Produktion von den eben angesprochenen Kurzfilmen kann als Digital Storytelling betrachtet werden. Digital Storytelling bietet mit seinen autobiographischen Elementen viel Potenzial für schulische Lernprozesse nach den Prinzipien des Globalen Lernens/Global Citizenship Education. Der partizipative, künstlerische und reflexive Prozess des Digital Storytelling bietet das Potenzial, Bildung aus globaler Perspektive bzw. für eine globale Perspektive zu unterstützen. Die Auseinandersetzung mit einer Geschichte, das Erstellen eines Videos dazu und das digitale Teilen beinhalten Phasen der kritischen Reflexion und der persönlichen Weiterentwicklung. Die Stärken der Methode liegen in der Partizipation und der Übernahme von Eigenverantwortung – wie zum Beispiel die Rollenverteilung innerhalb der Gruppe, Ideenfindung und Entscheidungsprozesse. Das Verarbeiten unterschiedlicher Perspektiven, sowohl innerhalb als auch außerhalb der Gruppe, hin zu einer kollektiven Darstellung, die diese abbildet, sind wesentliche Kriterien für Globales Lernen und Global Citizenship Education. Diese Herausforderung der Reflexion der eigenen Identität sowie die der Gruppe zu bewältigen, bildet im Digital Storytelling einen entscheidenden Schritt. (vgl. Truong-White/McLean, 2015, S. 13)

Der gesamte Prozess der Produktion dieses partizipativen Mediums kann zu einer stärkeren Wahrnehmung der eigenen Person als *change agent* oder *change maker* beitragen. Sowohl der Prozess als auch das Produkt können Veränderungen im Sinne von Global Citizenship Education anregen und zwar für das Individuum und auch für das Kollektiv. In Form von Digital Storytelling können politische Standpunkte vertreten werden, die darüber hinaus eine Vernetzung ermöglichen und Aktivismus fördern. Entscheidend ist wie immer die Einbettung in den Unterricht oder in ein Training, denn die Vor- und Nachbereitung beeinflussen den Lernprozess maßgeblich. (vgl. Truong-White/McLean, 2015, S. 21)

An dieser Stelle wird die generelle Auffassung festgehalten, dass webbasierte Anwendungen als Ergänzung und keinesfalls als Ersatz analoger Medien oder Methoden verstanden werden sollen, und dadurch neue Zugänge bieten und die Methodenvielfalt im Bildungsbereich fördern.

Unser aller Alltag findet als Kombination aus digitalen und analogen Bereichen statt. Begleitend zu den genannten digitalen Anwendungen entwickelte Südwind daher analoge Materialien. Darunter befindet sich das Bildungsmaterial „Mahlzeit. Globales Lernen rund um die Themen „Ernährung, kritischer und ethischer Konsum" für die Sekundarstufe; die Ausstellung „Mahlzeit! Eine Ausstellung über globale Zusammenhänge in Ernährung und Landwirtschaft" ab der Sekundarstufe; das Bildungsmaterial „Map your meal – Deinem Essen auf der Spur". Die praxisorientierten Methoden stehen Pädagoginnen und Pädagogen in Print- sowie Online-Versionen unter www.suedwind.at zur Verfügung.

Fazit

Lehr- und Lernprozesse im Unterricht in Geographie und Wirtschaftskunde können durch Online-Tools, Apps und Online-Plattformen wesentlich erweitert werden. Unerlässlich sind dabei die ständige fachdidaktische Reflexion und die Handlungsorientierung in der Themensetzung. Im Globalen Lernen 2.0 wird es in Zukunft noch stärker um die Einbindung der Sustainable Development Goals gehen. Inklusive, gleichberechtige und hochwertige Bildung sollte zukünftig in jedem Fachdidaktischen Grundkonsens (Universität Wien) verankert sein. Eine „Community of practice" bestehend aus Lehrenden und Lernenden soll einem breiten globalen Gestaltungsansatz nachkommen, der weit über Schulen und Hochschulen hinausgeht. Die zivilgesellschaftliche Einbindung in partizipative Lehr- und Lernprozesse ist eine zentrale Forderung für eine Aktualitätsorientierung und eine Zukunftsorientierung. Die kritische Reflexion von Schlüsselkompetenzen soll die methodische Vielfalt, die sich durch Globales Lernen 2.0 ergibt, ständig begleiten. Das im Artikel vorgestellte Competendo-Kompetenzmodell soll einen möglichst breiten mehrperspektivischen Diskurs anregen.

Literatur

Brendel, N. (2017). *Reflexives Denken im Geographieunterricht. Eine empirische Studie zur Bestimmung von Schülerreflexion mithilfe von Weblogs im Kontext Globales Lernens.* Erziehungswissenschaft und Weltgesellschaft, Band 10, Münster: Waxmann.

Grobbauer, H. (2016). Global Citizenship Education als transformative Bildung. *ZEP: Zeitschrift für internationale Bildungsforschung und Entwicklungspädagogik* 39(1), 18–22. Verfügbar unter https://www.waxmann. com/index.php?eID=download&id_artikel=ART101946&uid=frei. [31.01.2018]

Haberl, M., Prahl, M., Teynor, J., & Zimmermann, N.-E. (2017). Facilitator Handbook #3. The Everyday Beyond: *European, international and global dimensions of learning processes.* Berlin: MitOst Edition.

Kerres, M. (2017). Digitalisierung als Herausforderung für die Medienpädagogik: ‚Bildung in einer digital geprägten Welt'. In W. Middendorf (Hrsg.), *Pädagogischer Mehrwert? Digitale Medien in Schule und Unterricht. Münstersche Gespräche zur Pädagogik.* Münster: Waxmann. Verfügbar unter http://mediendidaktik.uni-due.de/publikationen/7021 [31.01.2018]

Reinfried, S., & Haubrich, H. (2015). *Geographie unterrichten lernen. Die Didaktik der Geographie*. Berlin: Cornelsen.

Scheunpflug, A., & Schröck, N. (2002). *Globales Lernen. Einführung in eine pädagogische Konzeption zur entwicklungsbezogenen Bildung*. Stuttgart: Brot für die Welt.

Schwarz, I. (2012). Perspectives for Pupils and Teachers in Economic Education: European and Austrian Aspects of the Fifobi-Projekt. In M. Pilz, S. Berger, & R. Canning (Hrsg.), *Fit for business. Pre-Vocational Education in European Schools* (S. 145–177). Wiesbaden: Springer.

Südwind (2016). *17 Ziele für eine bessere Welt. Eine Broschüre für die Sekundarstufe II, Jugendarbeit und Erwachsenenbildung zu den Zielen für nachhaltige Entwicklung*. Wien: Südwind.

Wintersteiner, W., & Grobbauer, H. (2015). *Global Citizenship Education, Politische Bildung für die Weltgesellschaft*. Wien: Österreichische UNESCO-Kommission.

Links zu den Websites und Apps:

Adobe Connect. Verfügbar unter: https://www.adobe.com/de/products/adobe-connect.html [31.01.2018]

Competendo. Verfügbar unter http://competendo.net [31.01.2018]

Competendo. *A Pair of Jeans*. Verfügbar unter http://competendo.net/en/A_Pair_of_Jeans [31.01.2018]

Competendo. *Empathy Map*. Verfügbar unter http://competendo.net/en/Empathy_Map [31.01.2018]

Competendo. *Forum Theatre*. Verfügbar unter http://competendo.net/en/Forum_Theatre [31.01.2018]

Competendo. *Key Competences*. Verfügbar unter http://competendo.net/en/images/6/6e/2017-1-competendo-recommendations-keycompetences.pdf [31.01.2018]

Competendo. *The Everyday Beyond*. Verfügbar unter http://competendo.net/en/hb/theeverydaybeyond.pdf [31.01.2018]

Competendo. *World Power-Europe*. Verfügbar unter http://competendo.net/en/World_Power-_Europe [31.01.2018]

EAThink. Verfügbar unter https://play.google.com/store/apps/details?id=com.Libellulart.Eathink [31.01.2018]

Map your Meal. Verfügbar unter http://www.mapyourmeal.org/index.php/mobile-application_[31.01.2018]

Robins Geburtstagskuchen. Verfügbar unter https://play.google.com/store/apps/details?id=com.Libellulart.Robin [31.01.2018]

Südwind. Verfügbar unter http://suedwind.at [31.01.2018]

Südwind. *Make ICT fair*. Verfügbar unter https://www.suedwind.at/handeln/kampagnen/make-ict-fair/ [31.01.2018]

UN (2015). *Transformation unserer Welt. Die Agenda 2030 für nachhaltige Entwicklung*. Verfügbar unter: http://www.un.org/depts/german/gv-70/band1/ar70001.pdf [31.01.2018].

Universität Wien. *Fachdidaktischer Grundkonsens.* Verfügbar unter https://fdz-gw.univie.ac.at/lehren-und-lernen/fachdidaktischer-grundkonsens [31.01.2018]

Youtube. *Taiye Selasi. Fragen Sie nicht, woher ich komme, sondern welchen Orten ich mich verbunden fühle.* Verfügbar unter www.ted.com/talks/taiye_selasi_don_t_ask_where_i_m_from_ask_where_i_m_a_local?language=de [31.01.2018]

Zoom. Verfügbar unter https://zoom.us/ [31.01.2018]

Detlef Kanwischer, Uwe Schulze, Teresa Segbers

Globales Lernen in der geographischen Lehrerinnen- und Lehrerbildung durch Service Learning: Ein Fallbeispiel im Kontext digitaler Geomedien und räumlicher Sozialisation

Abstract

Der aktuelle „Orientierungsrahmen für den Lernbereich Globale Entwicklung" stellt heraus, dass persönliches Engagement der Lehrenden wie auch der Lernenden eine zentrale Rolle bei der Planung und Umsetzung von Lernarrangements zum globalen Lernen spielt und die Stärkung der Lehrerbildung sowie die Einbeziehung außerschulischer Bildungsakteure als sehr wesentlich eingeschätzt werden. Darüber hinaus soll das Phänomen der Mediatisierung der Gesellschaft im Kontext des Lernbereichs Globale Entwicklung auch mit Jugendlichen erörtert werden. Vor dem Hintergrund dieser Forderungen behandelt der Artikel die Potenziale der Lernform des Service Learning im Kontext von geomedialen Lernarrangements im Lernbereich Globale Entwicklung. Nach einem Abgleich der bildungstheoretischen Bezüge des Service Learning mit dem Lernbereich Globale Entwicklung wird ein konkretes Praxisbeispiel thematisiert. Hierbei handelt es sich um die Neukonzeption des Projektmoduls „Räumliche Sozialisation und Schule" im Lehramtsstudienfach Erdkunde an der Goethe-Universität Frankfurt.

Die Ergebnisse verweisen darauf, dass sich insbesondere im Bereich der Lehramtsausbildung vielfältige Schnittstellen zwischen Service Learning und dem Lernbereich Globale Entwicklung ergeben, um die professionelle Handlungskompetenz von zukünftigen Lehrkräften durch Berufsfeldorientierung in Verbindung mit Projektorientierung zu stärken. Zudem wird deutlich, dass durch den vorgestellten Service-Learning-Ansatz mit dem Schwerpunkt auf den Einsatz digitaler Geomedien und Web 2.0-Analysen wichtige Kernkompetenzen gefördert und Themenbereiche behandelt werden, die auch im Orientierungsrahmen für den Lernbereich Globale Entwicklung festgeschrieben sind. Zudem besteht durch die Implementierung von Service Learning im Lehr-/Lerngeschehen im Kontext des Lernbereichs Globale Entwicklung auch die Chance für Universitäten und Schulen, die Präsenz der Universität oder Schule in und den gemeinwohlorientierten Einsatz für die soziale Umgebung zu stärken.

1. Zum Nexus von Globalem Lernen, geographischer Lehrerbildung und Service Learning

Der „Orientierungsrahmen für den Lernbereich Globale Entwicklung im Rahmen einer Bildung für nachhaltige Entwicklung", der 2016 in einer 2. aktualisierten und erweiterten Auflage erschienen ist, stellt heraus, dass „Wertorientierung und persönliches Engagement zentrale Ziele des Unterrichts im Lernbereich Globale Entwicklung sind" (Kultusministerkonferenz [KMK]/Bundesministerium für wirtschaftliche Zusammenarbeit und Entwicklun [BMZ], 2016, S. 78) und „schulische Erfolge im Bereich der Bildung für nachhaltige Entwicklung häufig dort zu erkennen sind, wo sie durch außerschulisches Engagement und damit verbundene eigene Erlebnisse und Erfahrungen ergänzt werden" (KMK/BMZ, 2016, S. 62). Darüber hinaus wird an zentralen Stellen mehrmals hervorgehoben, dass das übergeordnete Bildungsziel im Lernbereich Globale Entwicklung darin besteht, „grundlegende Kompetenzen für eine zukunftsfähige Gestaltung des privaten und beruflichen Lebens, für die Mitwirkung in der Gesellschaft und die Mitverantwortung im globalen Rahmen zu erwerben" (KMK/BMZ, 2016, S. 18, S. 84 und S. 101). Diese Zitate verdeutlichen, dass persönliches Engagement der Lehrenden wie auch der Lernenden eine zentrale Rolle bei der Planung und Umsetzung von Lernarrangements zum globalen Lernen spielt, um die aufgezeigten persönlichkeitsbezogenen Kompetenzen bei den Lernenden zu entwickeln. Vor diesem Hintergrund verwundert es auch nicht, wenn der handlungsorientierte Unterricht als ein grundlegendes Lernkonzept angesehen wird (KMK/BMZ, 2016, S. 101). Umso erstaunlicher ist es, dass die Lernform des Service Learning (SL), die im deutschsprachigen Raum auch mit Lernen durch Engagement (LdE) übersetzt wird, im Orientierungsrahmen an keiner Stelle erwähnt wird, obwohl der Ansatz prädestiniert ist, die aufgezeigten angestrebten Bildungsziele im Lernbereich Globale Entwicklung zu erreichen, was auch die folgende Definition verdeutlicht: „Lernen durch Engagement (engl. Service-Learning) hat zum Ziel, gesellschaftliches Engagement von Kindern und Jugendlichen fest im Schulalltag zu verankern und mit Unterricht zu verbinden. Die Erfahrungen, die die Schüler/innen beim ‚Engagement für Andere' machen, werden im Unterricht aufgegriffen, reflektiert und mit Unterrichtsinhalten verknüpft. Dabei lernen Jugendliche, dass es sich lohnt, sich für die Gemeinschaft einzusetzen. Sie trainieren soziale und demokratische Kompetenzen. Und: Sie können ihr praktisch erworbenes Wissen und ihre Erfahrungen in den Unterricht einfließen lassen. Unterricht wird praxisnah und handlungsorientiert" (Seifert & Zentner, 2010, S. 11).

SL steht in der US-amerikanischen Tradition des „experiential learning" (John Dewey, David A. Kolb), dessen Grundgedanke die demokratische Teilhabe und aktive Übernahme zivilgesellschaftlicher Verantwortung als Teil des fachlichen Lerngeschehens ist (Reinders, 2016). Im Rahmen eines gemeinwohlorientieren Engagements der Lernenden wird das gemeinschaftliche Tun und Denken dabei idealerweise zum Ausgangspunkt eines vertieften fachlichen und persönlichkeitswirksamen Lernens, das mit Aspekten wie z.B. gesteigertes Erfahrungswissen, neuen Wirksamkeitserfahrungen, Demokratieerleben, Wertorientierung, Verantwortungsbewusstsein sowie gesteigerte Sozial- und Problemlösekompetenzen, verknüpft ist (Pritchard, 2002). Angesichts dieses Bildungspotenzials wird die Lernform des SL in den aktuellen Veröffentlichungen der UNESCO zur „Education for Sustainable Development" (ESD) als ein pädagogischer Schlüsselansatz angesehen (UNESCO, 2017, S. 13 und S. 55) und es wird herausgestellt:

> „The ExConTra learning paradigm embraces educational approaches such as inquiry and discovery-based learning, service learning, place-based learning, and reflective/reflexive learning. All of these approaches are associated with teaching methods and strategies that are suitable to the ESD paradigm" (Makrakis & Kostoulas-Makrakis, 2017, S. 96).

Hiermit wird deutlich, dass SL ein Bildungsansatz ist, der experimentales, konstruktivistisches und transformatives Lernen in den Vordergrund rückt und der Aspekt der Reflexion eine zentrale Bedeutung hat.

Ein weiterer integraler Bestandteil des SL, der aus der geographischer Perspektive des Lernbereichs Globale Entwicklung besonders bedeutungsvoll ist, bezieht sich auf den spezifischen Servicestandort. Mit anderen Worten: SL ist immer verknüpft mit einem konkreten Sozialraum, in dem das Engagement stattfindet. Um ein Gefühl für diesen Raum zu entwickeln, ist eine sozialräumliche Analyse unumgänglich. Der Sozialraum wird jedoch nicht nur absolut im Sinne von administrativ festgelegten Raumeinheiten vermessen, sondern es wird explizit auf die Bedeutsamkeit von relationalen, subjektbezogenen Sozialraumkonstruktionen für die Bildungsarbeit hingewiesen. Für eine Sozialraumanalyse bieten sich unterschiedliche Methoden der Sozial- und Lebensweltanalyse an, die heutzutage oft mittels digitaler Geomedien, wie z.B. Google Maps oder Scribble

Maps, durchgeführt werden. Sandy und Franco (2014, S. 226) stellen diesbezüglich fest:

> „This could mean invoking a more intentional sense of place and an emphasis on 'the local' for online learners by relying more on virtual tools such as collaborative online mapping for traditional face-to-face classes to enrich the sense of place for our students".

Neben der Anwendung digitaler Geotechnologien sind heutzutage aber auch die sozialen Medien bei einer Sozialraumanalyse zu berücksichtigen. Dementsprechend sind virale Raumkonstruktionen, z.B. Postings in sozialen Netzwerken, die mit Ortsangaben versehen werden, ein wichtiger Gesichtspunkt, da diese sich auch auf die räumliche Ausprägung des gemeinschaftlichen Lebens und die Konstruktion von Raum ausprägen. Sie sind bestimmt durch ein neues Niveau der Geschwindigkeit, mit der sie sich verbreiten, durch Allgegenwärtigkeit und ständige Verfügbarkeit (Kanwischer & Schlottmann, 2017). Hiermit wird das Phänomen soziale Medien in das Blickfeld gerückt, das im Lernbereich Globale Entwicklung auch mit Jugendlichen erörtert werden soll (KMK/BMZ, 2016).

Die Einbindung des SL-Ansatzes in den Lernbereich Globale Entwicklung ist aber auch vor dem Hintergrund weiterer Aspekte vielversprechend. Im Orientierungsrahmen wird z.B. aufgezeigt, dass „die Stärkung der Lehrerbildung und die Einbeziehung außerschulischer Bildungsakteure von vielen als sehr wesentlich eingeschätzt werden" (KMK/BMZ, 2016, S. 33). In Anbetracht der Tatsache, dass SL ein Bildungsansatz ist, der eine Verknüpfung zwischen Lernenden und gesellschaftlichen Akteuren impliziert, eröffnen sich durch die Einbindung von SL in Lernarrangements zum Globalen Lernen vielfältige Möglichkeiten, mit außerschulischen Akteuren aus dem Bildungssektor oder anderen gesellschaftlichen Bereichen auf lokaler Ebene zu kooperieren. Dies entspricht auch dem Grundsatz, dass globale Entwicklungen nur dann verstanden werden, wenn zu allererst auch die lokalen Entwicklungen verstanden werden; was wiederum eine Gelingensbedingung des Globalen Lernens ist, da nur so die Kohärenzproblematik auf den verschiedenen Handlungsebenen analysiert werden kann (KMK/BMZ, 2016).

Die Forderung der Stärkung der Lehrerbildung im Lernbereich Globale Entwicklung wird nicht nur im Orientierungsrahmen artikuliert. Die „Zeitschrift für internationale Bildungsforschung und Entwicklungspädagogik" (ZEP) hat z.B. 2017 ein Themenheft mit dem Titel „BNE und

Globales Lernen in der Lehrerbildung" herausgebracht. Unbestritten ist, dass zukünftige Lehrpersonen als Multiplikatoren eine wichtige Schlüsselrolle einnehmen, wenn es darum geht, Fähigkeiten zur Förderung einer nachhaltigen Entwicklung zu vermitteln. Gleichzeitig wird aber auch konstatiert, dass „die lehrerbildenden Hochschulen und Studienseminare sich erst auf dem Weg befinden, ihre Bildungsangebote an dem Konzept auszurichten" (Rieckmann & Holz, S. 9). Drastischer formulieren es Risch, Blöcher, Holfelder, Schehl & Weinberger (2017, S. 12): „Die Ausbildung von Lehramtsstudierenden im Bereich BNE ist eine hochschuldidaktische Schwachstelle". Gerade in Bezug auf einer verbesserten Theorie-Praxis-Verknüpfung in der Lehrer/innenbildung und einen inklusiven Ansatz, der auch im Orientierungsrahmen gefordert wird (KMK/BMZ, 2016, S. 55), werden die Stärken von SL deutlich. Mergler, Carrington, Boman, Kimber & Bland (2017, S. 77) konstatieren diesbezüglich:

> „In particular, pre-service teachers in this study were significantly more willing to include diversity, and were more confident and aware of difference after undertaking the service-learning program. We suggest that an increase in preservice teachers' willingness, confidence and preparedness to teach diverse students after undertaking service-learning and an inclusive education unit will support an inclusive approach to education".

Vor dem Hintergrund des skizzierten Nexus zwischen Globalem Lernen, SL und Lehrerbildung werden wir im Folgenden Potenziale des SL im Globalen Lernen und in der geographischen Lehrerbildung diskutieren. Anschließend wird der Blick auf ein konkretes Praxisbeispiel gelenkt. Wir werden die Neukonzeption des Projektmoduls „Räumliche Sozialisation und Schule" (12 CP, 7 SWS) im Studienfach Erdkunde an der Goethe-Universität Frankfurt vorstellen, um aufzuzeigen, wie sich aus einem „traditionellen" Seminargeschehen mit praktischen Arbeitsanteilen eine SL-Umgebung schaffen lässt, die durch situiertes, kontextgebundenes und authentisches Lernen angehenden geographischen Lehrkräften berufsqualifizierende Kompetenzen zur Analyse und Bewertung von Sozialisationsräumen von Kinder und Jugendlichen vermittelt. Hierbei hat die Einbindung digitaler Geomedien eine besondere Bedeutung. Abschließend werden wir die Potenziale von SL in Verknüpfung mit digitalen Methoden für den Lernbereich Globale Entwicklung in der Lehrerbildung diskutieren.

Unser Standpunkt ist dabei vorab zusammengefasst, dass SL eine gewinnbringende Lehr-/Lernform ist, um dem „Theorie-Praxis-Problem" in der Lehrerbildung im Lernbereich Globale Entwicklung konstruktiv entgegenzuwirken. Mit diesem Beitrag möchten wir vor dem Hintergrund empirischer Ergebnisse und unserer praktischen Erfahrungen eruieren, inwiefern SL als universitäre Lehr-/Lernform des Erfahrungslernens auch eine neue Möglichkeit für lebendiges geographisches Lernen im Rahmen der Lehrerbildung im Lernbereich der Globalen Entwicklung darstellt. Gleichzeitig möchten wir einen Impuls geben, um über innovative Lernformen beim Globalen Lernen, die im Orientierungsrahmen bisher noch nicht berücksichtigt wurden, zu diskutieren.

2. Service Learning und Globales Lernen

Gängige Definitionen des SL verweisen immer auf die Verknüpfung von sozialer Unterstützung (Service) und dem Erwerb von akademischem Wissen (Lernen). SL ist eine

> „course-based, credit-bearing educational experience that allows students to (a) participate in an organized service activity that meets identified community needs and (b) reflect on the service activity in such a way as to gain further understanding of course content, a broader appreciation of the discipline, and an enhanced sense of civic responsibility" (Bringle & Hatcher, 1995, S. 112).

Eine weitere Lesart von SL, die hinsichtlich der Serviceleistung noch einen Schritt weiter geht, stellt Mitchell (2008, S. 51) vor: Der SL-Ansatz „encourage[s] students to see themselves as agents of social change, and use the experience of service to address and respond to injustice in communities". SL hat in den USA als etablierte Lehr-/Lernform eine weite Verbreitung an über 1100 Bildungsinstitution (Campus Contact, 2018) bzw. in verschiedenen privaten und öffentlichen Programmen gefunden und wird mit Schlagworten verbunden wie z.B. „civic and community engagement", „civic and social responsibility" und „citizenship education". Im Kontext von SL wurden bereits ab Ende der 1970er Jahre Qualitätsstandards formuliert, die 2008 in der Formulierung von acht didaktischen Qualitätsmerkmalen im Kontext von Fach, Studierende und Gemeinde mündeten und die sich an den didaktischen Grundprinzipien Realitätsbezug, Reziprozität und Reflexion orientieren (Reinders, 2016). Hinsichtlich der Kompetenzentwicklung im Lernbereich der Globalen Entwicklung benennt der Orientierungsrahmen elf Kernkompetenzen in den Bereichen Erkennen, Bewerten und Handeln, die sich an folgenden fünf didaktischen Leitideen ausrichten:

- „Orientierung am Leitbild der nachhaltigen Entwicklung
- Analyse von Entwicklungsprozessen auf unterschiedlichen Handlungsebenen
- Umgang mit Vielfalt
- Fähigkeit zum Perspektivenwechsel
- Kontext- bzw. Lebensweltorientierung" (KMK/BMZ, 2016, S. 18).

Wenn diese Leitideen mit den Grundprinzipien des SL abgeglichen werden, dann wird das Potenzial von SL für den Lernbereich Globale Entwicklung deutlich. Die Analyse von Entwicklungsprozessen auf unterschiedlichen Handlungsebenen ist beim SL insofern gegeben, da auf der lokalen Handlungsebene gearbeitet wird und die Analyse der vorgefundenen Probleme i.d.R. zwangsläufig mit unterschiedlichen anderen Maßstabsebenen verknüpft ist. Der Umgang mit Vielfalt und die Fähigkeit zum Perspektivenwechsel sowie die Kontext- und Lebensweltorientierung können beim SL durch die Austauschprozesse zwischen den vier Akteursgruppen Lehrende, Lernende, Praxispartner/innen und Klientel, die durch die drei Grundprinzipien Realitätsbezug, Reflexion und Reziprozität didaktisch in Wert gesetzt werden, gefördert werden.

Soweit erst einmal die theoretischen Annahmen. Aber wie sieht es auf der empirischen Ebene aus?

Oftmals wird SL – gerade in gängigen englischsprachigen Veröffentlichungen – unterstellt, dass der Ansatz als Lehr-/Lernform per Definition neues Wissen für die Anwendung zur Verfügung stellt und Lernenden neue Fähigkeiten vermittelt werden. Das Erfahrungslernen wird hierbei oftmals mit Schlagworten verbunden wie z.B. fachlichem und methodischem Wissenszuwachs, positiver Handlungswirksamkeit, Lernmotivation, gesteigertem Verantwortungsbewusstsein und Demokratieerleben, gesteigerter Sozialkompetenz, Problemlösekompetenz und Metakognition. Schaut man aber auf die empirischen Befunde zur Wirksamkeit von SL sowohl auf schulischer als auch auf universitärer Ebene, dann zeigen sich zwar signifikante, aber nur geringe bis mittlere Effekte auf verschiedene abhängige Variablen. Reinders (2016) hat die vorliegenden internationalen Befunde als grobe Zuordnung von Variablenklassen verschiedener Meta-Analysen zu übergeordneten Merkmalsbereichen zusammengefasst. Danach zeigt sich, dass lediglich akademische Merkmale, d.h. academic achievement (Lernerfolg, objektives Wissen, Einzelnoten), Lernmotivation, cognitiv development und akademische Einstellungen mittlere Effekte von SL im Vergleich zu nicht-SL-basierten Lehr-/Lernformen aufweisen. Alle anderen aggregierten Hauptmerkmale, wie z.B. zivilgesellschaftliche Merkmale, soziale Gerechtigkeit, allgemeine politische Partizipation, Bereitschaft zu wählen, Breitschaft zu zukünftigem sozialen Engagement, demokratische Einstellungen, Sozialmerkmale von Personen (insbesondere prosoziales Verhalten oder prosoziale Einstellungen) und Persönlichkeitseigenschaften, wie z.B. Selbstwirksamkeit und persönliche Wertvorstellungen, weisen lediglich geringe Effekte auf (Reinders, 2016).

Auch wenn die vorliegenden Studienergebnisse differenziert im Lichte der vielschichtigen strukturellen und organisatorischen Verflechtungen von SL zu bewerten sind und die empirischen Befunde teilweise ernüchternd sind, kommt Reinders (2016) zu dem Schluss: „Service Learning wirkt bei Schülern und Studierenden. Dieses Fazit lässt sich auf Basis der hier synoptisch dargestellten quantitativen Meta-Analysen ohne größere Kontroverse ziehen" (Reinders, 2016, S. 62).

Reinders (2016) stellt neben den Analysen der Überblicksstudien zu den allgemeinen Wirkungen von SL auch globale Effekte hinsichtlich soziokultureller Wirkungen, wie z.B. Wertebildung, Stereotypen und interkulturelle Kompetenz, vor. Diesbezüglich kommt Reinders (2016) zu folgenden Ergebnissen:

> „Insgesamt sprechen die vorliegenden Befunde deutlich dafür, dass die Teilnahme an Service Learning im Bezug zur politischen Wertebildung steht" (S. 74).

> „Insofern besteht Grund zu der Annahme, dass Service Learning nicht nur Vorläufermerkmale von Stereotypen, sondern auch Stereotypen selbst zu ändern vermag" (S. 81).

> „Insgesamt weist der Forschungsstand aber darauf hin, dass durch Service Learning mit andersethnischer Klientel eher die affektive und kognitive Ebene interkultureller Kompetenz in den Blick kommen und eventuell stärkeren Änderungen durch Service Learning-Erfahrungen unterliegen" (S. 85).

Auch die Ergebnisse zu den Aspekten der Wertvorstellungen zu sozialen Aspekten, dem Sozialverhalten und den kulturbezogenen Einstellungen sind mit Vorsicht zu genießen, da sich die einzelnen Studien hinsichtlich des Service-Anteils, der Stichproben und der Auswertungsmethoden stark unterscheiden. Gleichwohl sind sie für das Globale Lernen interessant, da die analysierten Aspekte auch zu den Kernkompetenzen des Lernbereichs Globale Entwicklung gehören.

Weitere Studien, die auch die Kernkompetenzen des Lernbereichs Globale Entwicklung tangieren, existieren im Bereich ESD. Wir können an dieser Stelle keine synoptische Zusammenfassung dieser Studien präsentieren, da diese Studien unterschiedliche Bereiche von SL und ESD thematisieren, aber die folgenden Zitate aus zwei aktuellen Studien verdeutlichen, dass davon auszugehen ist, dass SL eine positive Wirkung auf die Kompetenzentwicklung im Lernbereich der ESD hat:

> „SL represents one of the most promising methods promoting ESD, as it is an alternative teaching approach where students are confronted with real-world problems and try to find solutions cooperating with partners such as communities, NGOs and companies" (Biberhofer & Rammel, 2015, S.73).

> „Nonetheless, these learning activities (realworld experience and service learning, Anm. der Verf.) have demonstrated a potential effectiveness in yielding competences for sustainable development in students. Furthermore, they can be considered as important educational approaches in the quest to foster competences of sustainable development among students in higher education" (Molderez & Fonseca, 2017, S. 4409).

Insgesamt verdeutlicht der Abgleich der didaktischen Leitideen des Lernbereichs Globale Entwicklung mit den didaktischen Grundprinzipien sowie den empirischen Ergebnissen zu SL, dass eine hohe Kongruenz vorhanden ist. Vor diesem Hintergrund ist es sicherlich lohnenswert, SL-Lernarrangements in den Lernbereich Globale Entwicklung zu integrieren. Insbesondere die empirisch nachgewiesenen vielfältigen positiven Wirkungen von SL im Hochschulbereich geben Hinweise darauf, dass SL auch eine geeignete Lernform für die universitäre Lehrerbildung ist.

3. Service Learning in der geographischen Lehrerinnen- und Lehrerbildung

Die bisherigen Ausführungen haben deutlich gemacht, dass SL eine Lernform ist, die – auch im Kontext des Lernbereichs Globale Entwicklung – lebendiges geographisches Lernen, Gesellschaftsbezug und bürgerschaftliches Engagement sinnvoll miteinander verbinden kann. Mit Bezug zu Formen konstruktivistischen Lehrens und Lernens wird SL in der deutschsprachigen Hochschullandschaft als eine universitäre Lehr-/Lernform bzw. als eine hochschuldidaktische Methode zur aktiven Verknüpfung akademischer Theorie und erlebter Handlungspraxis verstanden (Reinders, 2016). Neben einer Vielzahl von englischsprachigen Definitionen, die SL als wirksames institutionelles Angebot und curriculare Einheit aus organisiertem „Community Service", akademischem Lernen und Selbstbezug/Reflexion der Studierenden verstehen, sehen wir den Wert von SL vor allem in dem intentionalen „Theorie-Praxis-Wechselspiel", um vorrangig das erfahrungsbasierte Lernen akademischer Inhalte zu fördern. Mit Bezug zu Backhaus-Maul & Roth (2013, S. 7) nutzen wir die Idee des SL in der Hochschullehre, um

> „akademisches Wissen auf konkrete gesellschaftliche Fragen und Probleme an[zu]wenden und durch Reflexion fortlaufend [zu] überprüfen: Im konkreten gesellschaftlichen Tun von Studierenden soll durch die Reflexion gesellschaftlicher Praxis einerseits erfahrungsbasiertes Wissen generiert werden und andererseits ein „nützlicher" Beitrag zur Verbesserung gesellschaftlicher Aufgabenstellungen und Probleme geleistet werden".

Die Integration von SL-Angeboten in das hochschulische Lehr-/Lerngeschehen findet im deutschen Bildungsraum in unterschiedlichen Fächerbezügen seit ca. einer Dekade ein steigendes Interesse. Gleichwohl konstatiert Thönnessen (2015) für die geographische Bildung, dass der SL-Ansatz in der deutschsprachigen geographischen Bildungslandschaft sowohl in der Schule wie auch in der Hochschule bislang vernachlässigt wird. Im Gegensatz hierzu existiert in der englischsprachigen geographischen Hochschulausbildung ein langjähriger Diskurs zu den vielfältigen Praxis- und Einsatzbereichen von SL an der Schnittstelle von Gesellschaft und Umwelt. Neben der Sammlung und Bereitstellung von Geodaten, z.B. im Rahmen von Citizen-Science-Projekten (Bürgerwissenschaften) und Volunteered Geographic Information („freiwillig erhobene geographische Informationen"), und dem praktischen Engagement in kommunalen Projekten geht es oftmals darum, sich vor dem Hintergrund einer kritischen Stadtgeographie mit Fragen der sozialen Ungleichheit und marginalisierten Gruppen (z.B. Obdachlose, Immigranten) auf kommunaler Ebene auseinanderzusetzen (Allahwala et al., 2013). Solch ein SL-Ansatz geht davon aus, dass „different from charity, service-learning involves a critique of social systems, challenging participants to analyse what they experience, while inspiring them to take action and make change" (Pompa, 2005, S. 189). Folglich hat ein so verstandener kritischer SL-Ansatz „the power to turn things inside-out and upside-down for those engaged in it. It provokes one to think differently about the world, and consider one's relationship to the world in a new way" (ebd., S. 191). Hierbei wird SL explizit politisch gedacht und die Studierenden müssen nicht nur ihre Arbeit, sondern auch die gesellschaftlichen Ursachen bestehender Probleme inklusive bestehender Machtstrukturen reflektieren, die zu diesen Problemen geführt haben. Hiermit wird Sorge getragen, dass das SL Lernarrangement nicht gesellschaftliche Ungleichheiten durch Othering manifestiert und/oder paternalistische Züge annimmt.

Vor dem Hintergrund des eingangs beschriebenen Defizits in der Lehramtsausbildung im Lernbereich Globale Entwicklung eröffnet ein so verstandener SL-Ansatz – nicht nur für das Schulfach Erdkunde – eine gewinnbringende Lehr-/Lernform, um sowohl die Fähigkeiten zur Förderung einer nachhaltigen Entwicklung auf lokaler Ebene zu fördern, wie auch dem „Theorie-Praxis-Problem" in der Lehramtsausbildung im Lernbereich Globale Entwicklung konstruktiv entgegenzuwirken.

Das nachfolgend vorgestellte SL-Projektmodul aus der geographischen Lehrerbildung greift diese Gedanken auf und versucht, im Rahmen von kommunalen Partnerschaften mit Schulen, außerschulischen Bildungseinrichtungen und anderen sozialen sowie städtischen Akteuren der Stadt Frankfurt am Main, Theorie und Praxis in der geographischen Lehrerbildung gewinnbringend zu verknüpfen.

4. Service Learning: Fallbeispiel zur geographischen Lehrerinnen- und Lehrerbildung: „Räumliche Sozialisation und Schule"

Das nachfolgend skizzierte Fallbeispiel verdeutlicht, dass es sich nicht um eine Lehrveranstaltung im Sinne eines fachwissenschaftlichen Forschungsprojekts handelt. Vielmehr steht als konzeptionelles Orientierungsmuster der auch beim Globalen Lernen adressierte Dreiklang aus Erkennen, Bewerten und Handeln – als Grundlage einer kompetenz- und handlungsorientierten Lehr-/Lernplanung von Erdkunde- bzw. Geographieunterricht – im Vordergrund, die sich an der Lebenswelt von Kindern und Jugendlichen (K & J) und ihren lokalen, städtischen Alltagserfahrungen im Umgang mit „Globalität" bzw. mit dem „Wandel der Lebenswelten" auf der Mikro-Ebene orientiert (KMK/BMZ, 2016). Neben der fachdidaktischen Rezeption der bereits genannten fünf didaktischen Leitideen des Globalen Lernens, adressiert unser Fallbeispiel folgende Kernkompetenzen (KK) für das Fach Geographie im Orientierungsrahmen für den Lernbereich Globale Entwicklung:

- Kompetenzbereich Erkennen: KK 1. Informationsbeschaffung und -verarbeitung, KK 2. Erkennen von Vielfalt;
- Kompetenzbereich Bewerten: KK 5. Perspektivwechsel und Empathie, KK 6. Kritische Reflexion und Stellungnahme;
- Kompetenzbereich Handeln: KK 9. Verständigung und Konfliktlösung, KK 11. Partizipation und Mitgestaltung (KMK/BMZ, 2016).

Über diese Bezüge des Moduls hinaus spielen auch mediendidaktische Implikationen der gegenwärtigen Digitalisierung und Mediatisierung der Gesellschaft im Sinne der reflexiven Geomedienkompetenz bei angehenden geographischen Lehrkräften als auch bei K & J eine zentrale Rolle im Lehr-/Lerngeschehen (Kanwischer, 2014a; Gryl & Schulze, 2013). Auch dieser Thematik wird im Orientierungsrahmen eine sehr wichtige Rolle im Lernbereich Globale Entwicklung zugeschrieben (KMK/BMZ, 2016).

4.1 Fachliche Bezüge und curricularer Rahmen

Das Ziel des Projektmoduls „Räumliche Sozialisation und Schule" ist es, bei angehenden geographischen Lehrkräften das Verständnis über die sozialräumliche Wahrnehmung, Konstruktion und Aneignung des Stadt-raumes bei K & J zu fördern. Die Studierenden sollen befähigt werden, Einflüsse des städtischen Lebensumfeldes von K & J auf die fachliche Lehr-/Lernplanung erkennen und bewerten zu können bzw. diese im Kontext pädagogischer und organisatorischer Unterrichtstrukturen zu reflektieren. Als räumliches Arbeitsgebiet wurde mit dem Frankfurter Ostend ein Stadtteil gewählt, der aufgrund stadtpolitischer Aufwertungs-strategien seit den 2000er Jahren gegenwärtig durch einen dynamischen Gentrifizierungsprozess gekennzeichnet ist (Mösgen & Schipper, 2017).

Für das Lehr-/Lerngeschehen „lohnenswerte Probleme" und Anknüp-fungspunkte sozialräumlicher Divergenzen im Spannungsfeld von Globa-lität und Lokalität einer pluralistischen (Stadt)Gesellschaft (KMK/BMZ, 2016) ergeben sich zum einen aus den städtebaulichen Veränderungs-prozessen des Stadtteils, die mit einer teils großflächigen Umwidmung einstiger Brach-, Handels- und Industrieflächen für quartäre Dienstleis-tungen und den kapitalmarktorientierten Wohnungsbau einhergehen. In diesem Kontext exemplarisch zu nennen ist der Neubau der Europä-ischen Zentralbank am Mainufer bis 2014, der symbolisch eindrucksvoll für die physisch-materielle Überprägung der urbanen Umwelt der inter-nationalen Finanzmetropole Frankfurt am Main durch globale Kapital-märkte steht. Zum anderen bietet die Bevölkerungsstruktur des Ostends, mit einem Ausländer/innenanteil von ca. 28 % und einem Anteil von Deutschen mit Migrationshintergrund von ca. 20 % (Stadt Frankfurt am Main, 2018; eigene Berechnung für das Jahr 2016), vielfältige Anknüp-fungspunkte für eine fachliche Auseinandersetzung im Bereich Transkul-turalität und interkulturelles Lernen im Geographieunterricht auf lokaler Ebene.

Das verpflichtende Modul wird im Studienfach Erdkunde für Gymna-sium und für Haupt- und Realschule jeweils im letzten Studienjahr angeboten. In zwei parallelen Durchläufen absolvieren ca. 50 Studie-rende jahrgangsweise die drei konsekutiven Veranstaltungteile „Stadt als Lebensraum", „Quartiersanalyse" und „Seminartage vor Ort". Abbil-dung 1 illustriert die Zuordnung dieser modularen Lehrveranstaltungen im Verlauf von Winter- und Sommersemester – unter Kennzeichnung der jeweiligen SL-Bezüge.

Wie in Abbildung 1 dargestellt, thematisiert die erste Modulphase im Wintersemester grundlegende Aspekte räumlicher Sozialisationsforschung in Verbindung mit einer pädagogischen und fachdidaktischen Einführung in das Lehr-/Lernformat SL. Im Kontext urbaner und sozialer Diversifi-

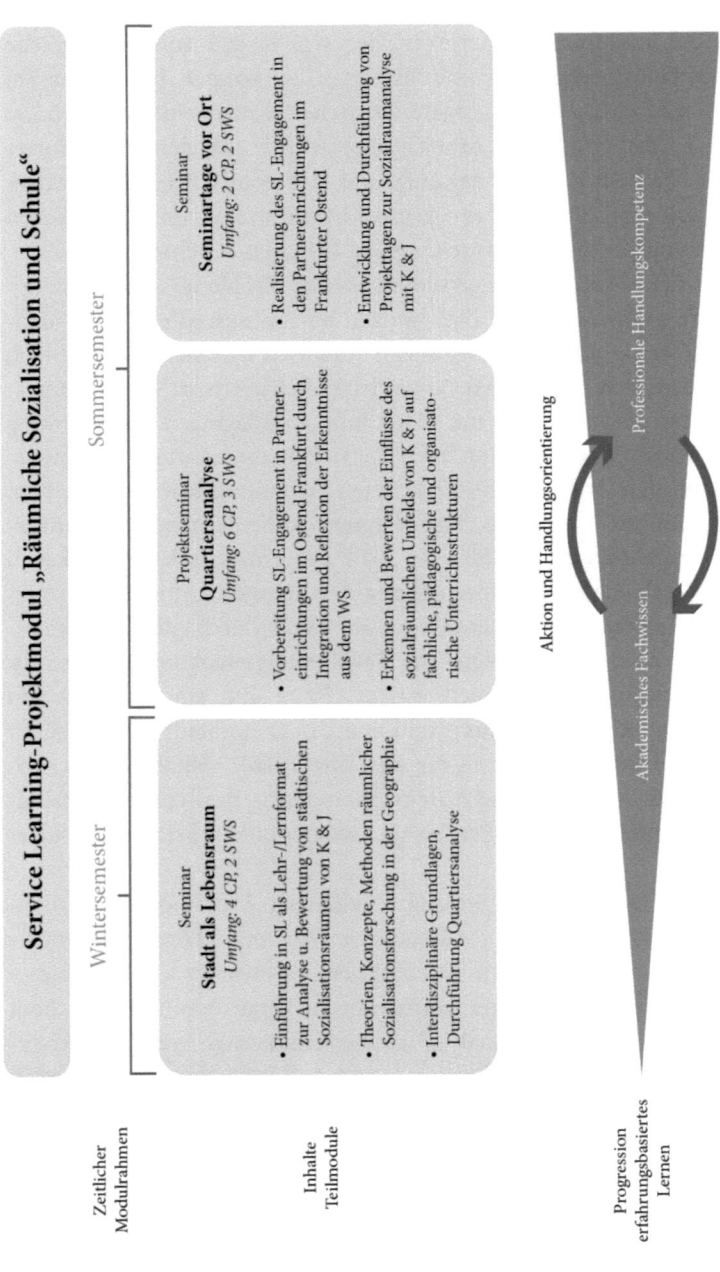

Abbildung 1: Modular aufgebaute Lehrveranstaltungen des Projektmoduls „Räumliche Sozialisation und Schule" im Verlauf von Winter- und Sommersemester (eigene Darstellung)

zierung großstädtischer Lebensräume werden dabei verschiedene fachliche Aspekte bearbeitet, insbesondere aber typische Problem- und Anwendungsfelder sozialräumlicher Arbeit in Verbindung mit Methoden geographischer Datenerhebung im Stadtquartier; Raumwahrnehmung und -konstruktion des städtischen Lebensumfeldes bei K & J; Formen und Folgen der Digitalisierung und Mediatisierung der städtischen Alltagswelt von K & J und damit verbunden, neue Möglichkeiten der Partizipation an städtischen Planungsprozessen mittels digitaler Geomedien. Im Kontext des erfahrungsbasierten SL-Geschehens im Modulverlauf ist allerdings nicht nur das deklarative Wissen über jüngere gesellschaftlich-räumliche Prozesse und Formen der sozialräumlichen Aneignung öffentlicher Funktionsräume bei K & J relevant. Vielmehr spielt in diesem Zusammenhang auch das prozedurale sowie das metakognitive Wissen und Können der Studierenden als Grundlage einer handlungsorientieren Ausgestaltung geographischer Lehr-/Lernprozesse im Unterrichtsgeschehen eine zentrale Rolle.

4.2 Entwicklung der Service-Learning-Konzeption

Die Integration von SL in die curriculare Modulstruktur eröffnet den Studierenden die Möglichkeit, sich das fachliche sowie pädagogische Wissen über räumliche Sozialisationsprozesse durch authentisches und situatives Arbeiten „vor Ort", d.h. auf Stadtteilebene, anzueignen, anstatt es lediglich aus der Perspektive universitärer Lehre „im Seminarraum" zu rezipieren. Genau vor diesem Hintergrund wurde die inhaltlich-konzeptionelle Entwicklung und Integration der SL-Komponenten gemeinsam mit den Studierenden des ersten veränderten Moduldurchlaufs im WS 16/17 und SoSe 2017 realisiert. Hierzu zählen insbesondere die Formulierung einer konkreten Zielsetzung und Erwartungshaltung an die Arbeit mit K & J im Frankfurter Ostend, die Exploration möglicher methodischer Vorgehensweisen zur Durchführung und Auswertung von Sozialraumanalysen mit den K & J sowie die Eruierung möglicher Kooperationspartner und Multiplikatoren für das SL-Engagement. Die auf diesem Wege im Seminargeschehen entwickelte SL-Idee zielt darauf ab, in gemeinsamen Projekttagen mit K & J das Frankfurter Ostend zu erkunden und aus den Augen von K & J qualitativ zu erfassen, um diesen städtischen Sozialraum als Lebenswelt von K & J besser zu verstehen. Das bedeutet: Als „Service-Geber" bieten die Lehramtsstudierenden im

Rahmen des Projektseminars K & J die Möglichkeit, ihren Stadtraum Ostend aus Sicht der Geographie zu erforschen und „neu" zu entdecken, um ihre eigenen sozialräumlichen Bedürfnisse und räumlichen Interessenskonflikte zu artikulieren und mit öffentlichen wie politischen Entscheidungsträgern, z.B. sozialen, bildungsinstitutionellen und städtischen Akteuren, kommunizieren zu können. Als „Service-Nehmer" erhalten unterschiedliche Bildungs- und soziale Einrichtungen ein pädagogisch ausgestaltetes Bildungsangebot, in dessen Rahmen, neben dem gemeinsamen Lehr-/Lerngeschehen mit K & J, fachlich-methodisch „belastbare" sozialräumliche Daten erhoben und für interessierte Dritte bereitgestellt werden. Aus der Perspektive der Studierenden ist diese Arbeit nicht mit dem Ziel einer sozialwissenschaftlichen Forschung „über" K & J verknüpft; im Gegenteil: Im gemeinsamen Lernen „mit" K & J erlangen sie praxisnah berufsqualifizierende Kompetenzen zur Analyse und Bewertung von Wohnquartieren, die Sozialisationsräume von Schüler/innen sind.

Abbildung 2 fasst die entwickelte SL-Umgebung aus der konzeptionellen Sicht des Projektmoduls zusammen. Neben den visualisierten Akteursgruppen im Zentrum der Grafik sind die zentralen Aspekte der avisierten „Service"- und „Learning"-Komponenten dargestellt. Nachfolgend werden die zentralen Aspekte der bis dato realisierten Integration der SL-Komponenten im Verlauf der einzelnen Modulphasen überblicksmäßig erläutert.

4.2.1 Service Learning-Aspekte im Wintersemester

Der Syllabus des Seminars „Stadt als Lebensraum" im Wintersemester (Abb.1) folgt dem Grundgedanken des erfahrungsbasierten Lernens, indem er der Auseinandersetzung mit den fachlichen Wissensinhalten des Moduls konsequent eine praktische Begegnung mit dem jeweiligen Lerngegenstand zur Seite stellt. Einige kurze Beispiele sollen diese neue Form des „Praxis-Erlebnisses" illustrieren:

- Die von den Studierenden sitzungsweise selbstgestalteten Arbeitsphasen (60 min) müssen entweder einen konkreten räumlichen Bezug zum Stadtteil Frankfurt Ostend aufweisen oder die eigenen räumlichen Sozialisierungserfahrungen der Studierenden berücksichtigen. Auf diese Weise werden z.B. neben den theoretischen, methodischen und pädagogischen Bezügen der sozialräumlichen Forschung, wie z.B.

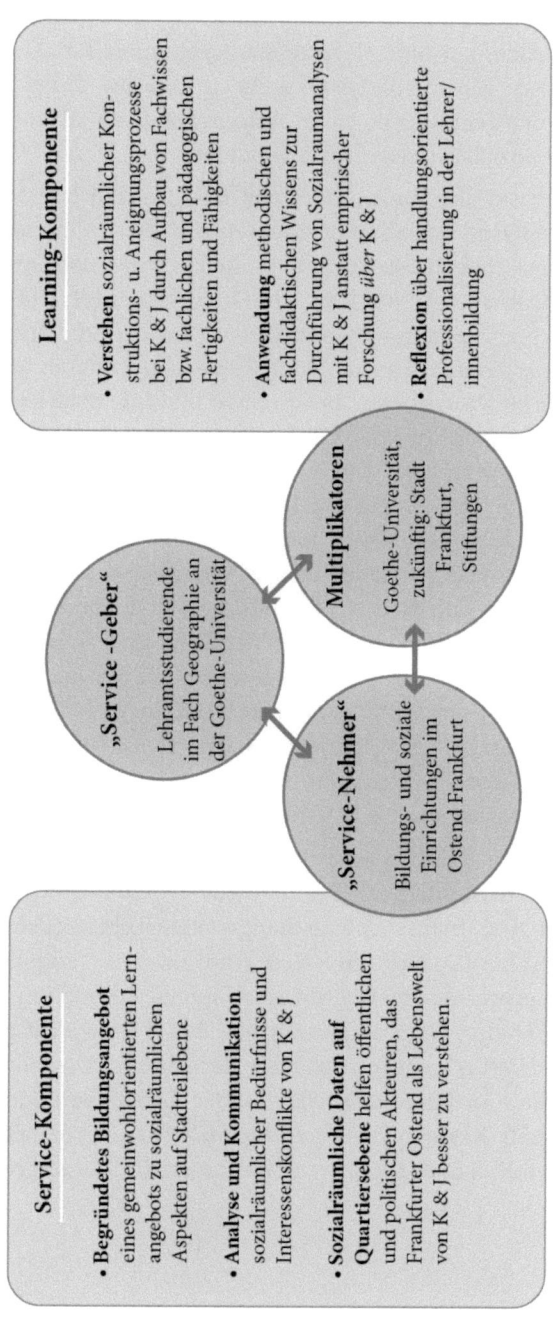

Learning-Komponente

- **Verstehen** sozialräumlicher Konstruktions- u. Aneignungsprozesse bei K & J durch Aufbau von Fachwissen bzw. fachlichen und pädagogischen Fertigkeiten und Fähigkeiten

- **Anwendung** methodischen und fachdidaktischen Wissens zur Durchführung von Sozialraumanalysen mit K & J anstatt empirischer Forschung *über* K & J

- **Reflexion** über handlungsorientierte Professionalisierung in der Lehrer/innenbildung

Multiplikatoren

Goethe-Universität, zukünftig: Stadt Frankfurt, Stiftungen

„Service -Geber"

Lehramtsstudierende im Fach Geographie an der Goethe-Universität

„Service-Nehmer"

Bildungs- und soziale Einrichtungen im Ostend Frankfurt

Service-Komponente

- **Begründetes Bildungsangebot** eines gemeinwohlorientierten Lernangebots zu sozialräumlichen Aspekten auf Stadtteilebene

- **Analyse und Kommunikation** sozialräumlicher Bedürfnisse und Interessenskonflikte von K & J

- **Sozialräumliche Daten auf Quartiersebene** helfen öffentlichen und politischen Akteuren, das Frankfurter Ostend als Lebenswelt von K & J besser zu verstehen.

Abbildung 2: Konzeptioneller Rahmen des Service Learning Projektmoduls „Räumliche Sozialisation und Schule" (eigene Darstellung)

Theorien zur psychosozialen Entwicklung von K & J oder räumlichen Sozialisationsmodellen, sowohl relevante stadtgeographische als auch soziotechnische und (geo-)mediendidaktische Inhalte im Umfeld der Geoinformationsverarbeitung mit einer aktiven Reflexion über selbst erlebte, räumliche Sozialisationsprozesse verknüpft.

- Der Perspektivwechsel der Studierenden auf den „alltäglichen Stadtraum" als gleichzeitigen „Sozialisationsraum von K & J" wird mittels Spurensuche (Kanwischer, 2014b) nach typischen Zeichen und Symbolen möglicher Aufenthaltsorte von K & J im Ostend realisiert. Die Spurensuche ist Teil einer autonomen Stadtteilexkursion der Studierenden und mündet in einer Fotodokumentation der entdeckten Spuren mittels Google Maps. Hierbei visualisieren, beschreiben und interpretieren die Seminarteilnehmer-/innen ihre per GPS-Referenz erzeugten Fotos auf einer digitalen Kartengrundlage. Der so entstandene Korpus von rund 80 geclusterten Fotographien gibt nicht nur multimedial-interaktiv Auskunft über die Gemeinsamkeiten und Unterschiede in der Wahrnehmung und Beschreibung vermeintlicher Aufenthalts- und Sozialisationsräume von K & J im Stadtteil Frankfurt Ostend, sondern kann auch mittels weniger „Klicks" global veröffentlicht und somit anderen Social Media-Nutzer-/innen zur Verfügung gestellt werden. Zudem ist er auch Grundlage einer weiterführenden Hashtag-Analyse in sozialen Medien (z.B. #Frankfurt #Ostend #Skaterpark), um theoretische Aspekte der geomedialen Konstruktion und Kommunikation von Räumen zu erarbeiten (Kanwischer & Schlottmann, 2016).

- Schließlich werden im Rahmen eines halbtägigen Besuchs von Schüler/innen einer Partnerschule im Seminar zur Durchführung einer Unterrichtseinheit zum Thema „Meine Stadt – mein Leben" (Pokraka, 2015) Aspekte der Partizipation von K & J an lokalen, stadtplanerischen Gestaltungsprozessen im Kontext der Bildungskonzeption Spatial Citizenship (Schulze, Gryl, & Kanwischer, 2015) unterrichtspraktisch erschlossen. Hierbei steht insbesondere der reflexive Umgang mit digitalen Geomedien im Unterricht, wie z.B. der Einsatz von Scribble Maps für die digitale Realisierung der Nadelmethode, die Arbeit mit Geoportalen bzw. mit digitalen Karten in Webseiten, im Vordergrund.

4.2.2 Service Learning-Aspekte im Sommersemester

Die zweite Modulphase im Sommersemester widmet sich vollständig der Zusammenarbeit der Studierenden mit den Partnereinrichtungen und K & J im Frankfurter Ostend. Um die Entwicklung und Durchführung von Projekttagen zur Sozialraumanalyse mit K & J realisieren zu können, werden die Veranstaltungen „Quartiersanalyse" und „Seminartage vor Ort" (Abb. 1) miteinander verschränkt. Somit ergibt sich curricular die Möglichkeit, die Praxisphasen in den Partnereinrichtungen in einem regelmäßigen Wechsel mit begleitenden Coaching- und Reflexionsphasen im Seminargeschehen stattfinden zu lassen. Die Praxiszeiten in den Partnereinrichtungen sind in zwei Phasen gegliedert:

Phase 1: Gemeinsam mit den involvierten Fachkräften der Partnereinrichtungen bereiten die Studierenden eine Projektarbeit vor (Phase 2). Die hierfür individuell abzustimmenden Vorbereitungstermine sollen den Studierenden die Möglichkeit bieten,

- die jeweilige Partnereinrichtung und die involvierten K & J kennenzulernen und gegenseitiges Vertrauen aufzubauen;

- zur Bestimmung der fachlichen und pädagogischen „Ausgangslage", z.B. Einblicke in Tages- und Unterrichtsabläufe, Vorwissen und Kompetenzstand der K & J und

- in Absprache mit den involvierten Fachkräften fachliche, methodische und organisatorische Inhalte und Rahmenbedingungen zu klären.

Phase 2: Die Studierenden erarbeiten gemeinsam mit den involvierten K & J kleingruppenbasierte Projekte (3 bis 4 Tage) in unterschiedlichen Themenbereichen, wie z.B. „Analyse Wohnumfeld und Schulumfeld", „Orientierung im Stadtraum", „Mein Stadtteil Ostend". Wesentliche fachliche bzw. fachdidaktische Ankerpunkte sind:

- Das gemeinsame Lehr-/Lerngeschehen folgt dem Ansatz des entdeckenden Lernens im außerschulischen, städtischen Lebensraum, d.h. auf Quartiers- oder Stadteilebene;

- Die Ziele und Inhalte der einzelnen Projekte orientieren sich an den sozialräumlichen Interessen und Problemlagen der K & J und können geographische, umweltbezogene, gesellschaftliche und (stadt-)politische Aspekte von der lokalen bis zur globalen Ebene thematisieren;

- Anhand einfacher, aber lohnenswerter Fragestellungen werden sozialräumliche Daten z.B. zur Qualität von Lieblings- und Angsträumen bzw. Gefahrenorten im öffentlichen Raum, zu Aspekten kindgerechter Stadtgestaltung, Partizipation und Mitgestaltung oder zu umweltrelevanten Themen, wie z.B. Lärm, Verkehr, Müll usw., gesammelt. Dafür werden verschiedene geographische Methoden bzw. Arbeitsweisen der Sozialraumanalyse eingesetzt, insbesondere Kartierungen (z.B. Nadelmethode, Schulwegekartierungen), ortsbasierte Datenaufnahme mit mobilen Endgeräten und digitalen Karten, Raumanalysen mittels Geoportalen, Autofotographie, Stadtteilbegehungen u.v.a.m.

5. Diskussion und Ausblick

Die im ersten Durchlauf des neukonzipierten Projektmoduls begleitend durchgeführte Aktionsforschung, die aus a) regelmäßigen Reflexionsrunden im Seminarverlauf, b) Gruppendiskussion am Ende des WS 16/17 und Ende SoSe 17, c) einer Onlinebefragung und d) einer Auswertung der erstellten Portfolios der Studierenden bestand, zeigt, dass SL eine Lehr-/Lernform ist, um lebendiges geographisches Lernen, Gesellschaftsbezug und bürgerschaftliches Engagement gewinnbringend miteinander zu verknüpfen. So verspürt die Mehrheit der Studierenden subjektiv z.B. einen deutlichen Zuwachs sowohl an Fachwissen als auch an fachdidaktischem und pädagogischem Wissen und Können im Vergleich zu einer „normalen" universitären Lehrveranstaltung. Weiterhin geben die Studierenden mehrheitlich positiv an, Aspekte bürgerlichen Engagements bei stadträumlichen Planungsprozessen durch die fachliche und methodische Einbindung von SL in den eigenen Geographieunterricht lernwirksam nachhaltig bei Schüler/innen fördern zu können.

In Bezug auf die mediendidaktischen Implikationen wurde von den Studierenden deutlich gemacht, dass die durchgeführten Sozialraumanalysen mit den K & J, z.B. zur Qualität von Lieblings- und Angsträumen bzw. Gefahrenorten im öffentlichen Raum, mittels ortsbasierter Datenaufnahme mit mobilen Endgeräten und Online-Mapping, ihnen ein Gefühl für die Orte aus der Sicht der K & J vermittelt hat und somit ihr Erfahrungshorizont erweitert wurde. Besonders beeindruckt waren die Studierenden, dass die Arbeit mit Scribble Maps auch mit 10- bis 13-jährigen Schüler/innen problemlos realisiert werden konnte und die anschließende Onlinerecherche nach städtischen Ansprechpartner/innen, z.B. für die Meldung von Gefahrenorten, unkompliziert verlief. Diese Ergebnisse verdeutlichen, dass digitale Werkzeuge, wie z.B. das kollaborative Online-Mapping, auch in Lernarrangements zum Lernbereich Globale Entwicklung implementiert werden können, um Strukturen und Prozesse zu verdeutlichen.

Ein weiterer mediendidaktischer Aspekt bezog sich auf die Einbindung sozialer Medien, die auch im Lernbereich Globale Entwicklung mit Jugendlichen erörtert werden sollen (KMK/BMZ, 2016). Die durchgeführten Analysen zu ortsbezogenen Hashtags in Postings in sozialen Medien (z.B. #Frankfurt #Ostend #Skaterpark), die sich als webbasierte Ausdrucksformen Jugendlicher beschreiben lassen und als neue kulturtechnologische Formate kommunikativen Handelns interpretiert werden können, wurden von den Studierenden als sehr erkenntnisreich eingestuft. Es wurde hervorgehoben, dass bisher die Rolle der sozialen Medien bei der Aneignung von Sozialräumen kaum beachtet wurde, die Studierenden aber davon ausgehen, dass es im Zuge der Mediatisierung der Gesellschaft auch zu veränderten sozialräumlichen Aneignungsprozessen Jugendlicher im Zusammenspiel von lebensweltlich bedeutenden Alltags- und Handlungsorten und sozialen Medien kommen wird. Übertragen auf die Einbindung des Web 2.0 in Lernarrangements zum Lernbereich Globale Entwicklung verweisen diese Ergebnisse darauf, dass die sozialen Medien eine immer höhere Wirkmacht entfalten und somit auch neue vielversprechende Zugänge zu Themenbereichen des Lernbereichs Globale Entwicklung eröffnen, weil unser Leben mittlerweile bestimmt ist von einem online- und offline-Wechselspiel. Die sozialen Medien sind somit zugleich Teil der Welt wie auch „Weltlieferanten". Längst geht es nicht mehr darum, wie groß der gesellschaftliche Onlineanteil ist, sondern wie sich anhand der Nutzung des Internets kulturelle und gesellschaftliche Veränderungen diagnostizieren lassen, die Einfluss auf die globale Entwicklung haben.

Trotz der überwiegend positiven Modulevaluation bestehen für die zukünftige Umsetzung und curriculare Institutionalisierung des veränderten Projektmoduls vielfältige Herausforderungen, die insbesondere mit den didaktischen Grundprinzipien von SL verbunden sind. Zum einen zeigen die Ergebnisse der Gruppendiskussion sowie der Auswertung der Portfolios, dass der „Realitätsbezug" der durchgeführten Projektarbeiten aus Sicht der Studierenden einerseits zwar erkannt und positiv bewertet wurde, andererseits aber noch immer als zu sehr konstruiert, im Sinne eines „artifiziellen Lernsettings in der Hochschule" (Reinders, 2016, S. 27), wahrgenommen wird. Dies ist aus unserer Sicht vor allem mit der bislang noch fehlenden, echten „Reziprozität" von Service-Angebot und Bedarfsorientierung in den Partnereinrichtungen begründet. Dem haben wir im aktuellen Moduldurchlauf insofern Rechnung getragen, als wir feste Kooperationsvereinbarungen auf institutionalisierter Ebene zwischen Universität, Schulen, weiteren Bildungseinrichtungen und der Stadt Frankfurt a. M. aushandeln, die zukünftig ein wechselseitig verlässliches und bedarfsorientiertes Lernen und Arbeiten garantieren.

Die Ergebnisse demonstrieren, dass sich insbesondere im Bereich der Lehramtsausbildung vielfältige Schnittstellen ergeben, um die professionelle Handlungskompetenz von zukünftigen Lehrkräften durch Berufsfeldorientierung in Verbindung mit Projektorientierung im Rahmen von SL zu stärken. Zudem ist deutlich geworden, dass durch den vorgestellten SL-Ansatz in Verknüpfung mit dem Einsatz digitaler Geomedien und Web 2.0-Analysen wichtige Kernkompetenzen gefördert und Themenbereiche behandelt werden, die auch im Orientierungsrahmen für den Lernbereich Globale Entwicklung festgeschrieben sind. Abschließend möchten wir noch darauf verweisen, dass durch die Implementierung von SL im Lehr-/Lerngeschehen im Kontext des Lernbereichs Globale Entwicklung auch die Chance für Universitäten und Schulen besteht, die Präsenz der Universität oder Schule in und den gemeinwohlorientierten Einsatz für die soziale Umgebung zu stärken. Dies würde auch zur Folge haben, dass sich die Universitäten und Schulen im Rahmen von SL in Verbindung mit Globalem Lernen und BNE von innen heraus verändern, da die Bildungsarbeit dann nicht mehr nur eine Moderation vorgefundener Probleme ist, sondern die reflektierte erfahrungs- und handlungsbasierte Teilhabe an konkreten gesellschaftliche Prozessen impliziert.

Literatur

Allahwala, A., Bunce, S., Beagrie, L., Shauna, B., Hawthorne, T., Levesque, S., et al. (2013). Building and Sustaining Community – University Partnerships in Marginalized Urban Areas. *Journal of Geography, 112*(2), 43–57.

Backhaus-Maul, H., & Roth, C. (2013). *Service Learning an Hochschulen in Deutschland. Ein erster empirischer Beitrag zur Vermessung eines jungen Phänomens.* Wiesbaden.

Biberhofer, P., & Rammel, C. (2017). Transdisciplinary learning and teaching as answers to urban sustainability challenges. *International Journal of Sustainability in Higher Education, 18*(1), 63–83.

Bringle, R., & Hatcher, J. (1995). A service learning curriculum for faculty. *Michigan Journal of Community Service Learning, 2*(1), 112-122.

Campus Compact (2018). Service Leraning. Verfügbar unter https://compact.org/initiatives/service-learning [29.03.2018]

Kanwischer, D. (2014a). Digitale Geomedien und Gesellschaft. Zum veränderten Status geographischen Wissens in der Bildung. *Geographische Rundschau, 66*(6), 12-17.

Kanwischer, D. (2014b). Spuren lesen und geographische Bildung. *Geographische Revue, 16*(1), 79–89.

Kanwischer, D., & Schlottmann, A. (2017). Virale Raumkonstruktionen – Soziale Medien und #Mündigkeit im Kontext gesellschaftswissenschaftlicher Medienbildung. *zeitschrift für didaktik der gesellschaftswissenschaften, 8*(2), 60–78.

Kultusminister Konferenz, & Bundesministerium für wirtschaftliche Zusammenarbeit und Entwicklung (2016). *Orientierungsrahmen für den Lernbereich Globale Entwicklung im Rahmen einer Bildung für nachhaltige Entwicklung.* 2. (aktualisierte und erweiterte) Auflage. Bonn.

Makrakis, V., & Kostoulas-Makrakis, N. (2017). A Paradigm Shift in Higher Education Teaching and Learning: Practices Towards Education for Sustainability. In G. Michelsen, & P. J. Wells (Hrsg.), *A Decade of Progress on Education for Sustainable Development. Reflections from the UNESCO Chairs Programme* (S. 94–102). Paris.

Mergler, A., Carrington, S. B., Boman, P., Kimber, M. P., & Bland, D. (2017). Exploring the Value of Service-learning on Pre-service Teachers. *Australian Journal of Teacher Education, 42*(6), 69–80.

Mitchell, T. D. (2008). Traditional vs. Critical Service-Learning: Engaging the Literature to Differentiate Two Models. *Michigan Journal of Community Service Learning, 14*(2), 50–65.

Mösgen, A., & Schipper, S. (2017). Gentrifizierungsprozesse im Frankfurter Ostend. Stadtpolitische Aufwertungsstrategien und Zuzug der Europäischen Zentralbank. *Raumforschung und Raumordnung, 75*(2), 125–41.

Molderez, I., & Fonseca, E. (2017). The efficacy of real-world experiences and service learning for fostering competences for sustainable development in higher education. *Journal of Cleaner Production, 172,* 4397–4410.

Pokraka, J. (2015). Meine Stadt – mein Leben. Subjektives Kartographieren und partizipative Stadtgestaltung. *GW-Unterricht, 137,* 41–48.

Pompa, L. (2005). Service learning as crucible: Reflections on immersion, context, power, and transformation. In D. Butin (Hrsg.), *Service learning in higher education* (S. 173–192). New York.

Pritchard, I. A. (2002). Community service and service-learning in America: The state of the art. In A. Furco, & S. H. Billig (Hrsg.), *Service-Learning. The essence of the Pedagogy* (S. 3–21). Greenwhich.

Reinders, H. (2016). *Service Learning – Theoretische Überlegungen und empirische Studien zu Lernen durch Engagement.* Weinheim.

Rieckmann, M., & Holz, V. (2017). Verankerung von Bildung für nachhaltige Entwicklung in der Lehrerbildung in Deutschland. *ZEP Die Zeitschrift für internationale Bildungsforschung und Entwicklungspädagogik, 40*(3), 4–10.

Risch, B., Blöcher, K., Holfelder, A.-K., Schehl, M., & Weinberger, P. (2017). Konzept und Praxis des Zertifikats „Bildung – Transformation – Nachhaltigkeit (BTN)". *ZEPDie Zeitschrift für internationale Bildungsforschung und Entwicklungspädagogik, 40*(3), 11–17.

Sandy, M. G., & Franco, Z. E. (2014). Grounding Service-Learning in the Digital Age: Exploring a Virtual Sense of Geographic Place Through Online Collaborative Mapping and Mixed Media. *Journal of Higher Education Outreach and Engagement, 18*(4), 201–232.

Schulze, U., Gryl, I., & Kanwischer, D. (2015). Spatial Citizenship education and digital geomedia: composing competences for teacher education and training. *Journal of Geography in Higher Education, 39*(3), 369–385.

Seifert, A., & Zentner, S. (2010). *Service-Learning – Lernen durch Engagement: Methode, Qualität, Beispiele und ausgewählte Schwerpunkte. Eine Publikation des Netzwerks Lernen durch Engagement.* Weinheim.

Stadt Frankfurt am Main (2018). *Materialien zur Stadtbeobachtung. Bürgeramt, Statistik und Wahlen, 2017, fortlaufende Aktualisierung.* Verfügbar unter http://www.statistik.stadt-frankfurt.de/strukturdatenatlas/stadtteile/html/atlas.html [20.03.2018]

Thönnessen, N. (2015). Implementationsstudien in der Geographiedidaktik am Beispiel von Service Learning. In A. Budke, & M. Kuckuck (Hrsg.), *Geographiedidaktische Forschungsmethoden* (S. 219–243). Berlin.

United Nations Educational, Scientific and Cultural Organization (2017). *Education for Sustainable Development Goals. Learning Objectives.* Paris.

Anne-Kathrin Lindau, Martin Lindner, Stefan Claus, Christina Schnorr, Silvia Vetter

„The Bittersweet Journey of Chocolate" – eine virtuelle Exkursion als Beitrag zum Globalen Lernen 2.0 in der universitären Lehrerinnen- und Lehrerbildung

Abstract

Am Beispiel der virtuellen Exkursion „The Bittersweet Journey of Chocolate" wird eine Möglichkeit zur Implementierung von Web 2.0-Anwendungen anhand des Konzepts des Globalen Lernens in die Lehrer/innenbildung diskutiert.

1. Einleitung

Die Lehrer/innenprofessionalisierung ist eine zentrale Aufgabe der universitären Lehre, die von vielfältigen Herausforderungen, wie der Entwicklung von nötigen Wissensbeständen, Einstellungen, Motivationen sowie Fähigkeiten und Fertigkeiten geprägt ist (Baumert & Kunter, 2006; Blömeke, Kaiser, & Lehmann 2008; Helmke, 2015). Die Standards für die Lehrer/innenbildung fordern im Kompetenzbereich Unterrichten, dass Lehrer/innen „Fachleute für das Lehren und Lernen" (Kultusministerkonferenz [KMK], 2004, S. 7) sind und Unterricht fach- und sachgerecht planen können (ebd.). Dazu gehört sowohl in der Fachwissenschaft als auch im Schulfach Geographie die Entwicklung von Fähigkeiten, um Natur- und Kulturräume analysieren zu können (Deutsche Gesellschaft für Geographie [DGfG], 2010, 2017). Aufgrund globaler Gesellschafts- und Umweltveränderungen und den damit verbundenen zukünftigen Herausforderungen für die Gesellschaft muss die Lehrer/innenbildung neuen Anforderungen gerecht werden, welche durch die Entwicklung von fach- und mediendidaktischen Konzepten zur Kompetenzförderung im Bereich Globales Lernen sowie die Gestaltung von digitalen Lernumgebungen sowie Lernsituationen unterstützt werden können (Fischer, 2013; Hummel, 2014). Das Unterrichtsfach Geographie ist aufgrund seines Lerngegenstandes – die Erde als System – und seines Anspruchs, als Brückenfach zwischen Natur- und Humanwissenschaften wahrgenommen zu werden, untrennbar mit den Konzepten des Globalen Lernens sowie der Bildung für nachhaltige Entwicklung verbunden (DGfG, 2017;

Bundesministerium für wirtschaftliche Zusammenarbeit und Entwicklung [BMZ] & KMK, 2016). Die Herausforderung, diese Konzepte im Geographieunterricht zu realisieren, liegt einerseits in der bestehenden Komplexität und Abstraktheit bzw. Modellhaftigkeit der Globalisierung sowie des Ansatzes des Globalen Lernens sowie einer Bildung für nachhaltige Entwicklung (Hasse, 2010). Andererseits verlangen die schul- und unterrichtspraktischen Rahmenbedingungen eine schüler/innenorientierte Strukturierung und Reduktion komplexer und globalisierter Prozesse, die eine Integration des Raum- und Lebensbezugs der Lernenden garantieren. Einen wesentlichen Teilaspekt im Rahmen von Globalisierungsprozessen und einer transformativen Gesellschaft stellen Kommunikationsformen – insbesondere die Integration von digitalen und sozialen Medien – dar, wie auch die Neuauflage des Orientierungsrahmens für den Lernbereich Globale Entwicklung betont (BMZ & KMK, 2016). Durch die wachsenden und sich verändernden Herausforderungen an das Bildungskonzept Globales Lernen verändern sich auch die Ansprüche und Forderungen an die Lehrer/innen, die wiederum in der universitären Lehrer/innenbildung an Bedeutung gewinnen (Schreiber, 2015).

Aus den genannten Gründen widmet sich der vorliegende Beitrag der Darstellung eines Beispiels aus der geographiedidaktischen Lehrer/innenbildung – mit dem Ziel, Potenziale des Einsatzes von Lerninhalten des Globalen Lernens mit digitalen und sozialen Medien darzustellen, ohne einen Anspruch auf Vollständigkeit mit einer abschließende Bearbeitung zu erheben. Das vorliegende Beispiel einer virtuellen Exkursion „The Bittersweet Journey of Chocolate" ist im Rahmen eines geographiedidaktischen Projektseminars von Lehramtsstudierenden entwickelt worden.

2. Globales Lernen 2.0 im Unterrichtsfach Geographie und in der Lehrer/innenbildung

2.1 Globales Lernen 2.0 und Geographieunterricht am Beispiel „Waren aus aller Welt"

Von den im Orientierungsrahmen für den Lernbereich „Globale Entwicklung" gelisteten 21 Themenbereichen eignet sich u.a. das Thema „Waren aus aller Welt: Produktion, Handel und Konsum" (BMZ & KMK, 2016, S. 152) für das Globale Lernen im Unterrichtsfach Geographie. Die

Einbindung von Alltagsgegenständen bietet einerseits Potenzial für einen hohen Lebensweltbezug und authentische Lernsituationen für Schüler/innen, andererseits ermöglicht die Themenwahl ein Abbilden des Faches Geographie unter Berücksichtigung seiner Basiskonzepte sowie die Integration der im Orientierungsrahmen formulierten Kompetenzbereiche „Erkennen", Bewerten" und „Handeln" (ebd., S. 90). Durch die Thematisierung des Wegs vom Kakao zur Schokolade in Form einer virtuellen Exkursion als Beispiel für den Themenbereich „Waren aus aller Welt" kann es gelingen, lokale und globale Perspektiven mit systemischen Fragestellungen zu verbinden, die sich Aspekten der Herkunft, Verarbeitung bzw. Produktion sowie des Handels und des persönlichen Konsumstils widmen.

Für die von globalen Vernetzungen geprägten Themenbereiche ist eine Annäherung nur über den Einsatz von Medien möglich, da – wie auch im Orientierungsrahmen für den Lernbereich Globales Lernen ausgeführt – „sich Globalität in ihrer Vielfalt nur bedingt im realen Lebensraum von den Lernenden erschließen lässt" (ebd., S. 65). Speziell digitale Medien nehmen eine wesentliche Rolle im Alltag von Schüler/innen ein (Medienpädagogischer Forschungsverbund Südwest [MPFS], 2017) und bieten im Zuge des globalen Datenaustauschs ein großes Potenzial. In diesem Zusammenhang fordern die Kultusministerkonferenz in ihrer Strategie für eine Bildung in der digitalen Welt (KMK, 2016) sowie der Orientierungsrahmen für das Globale Lernen (BMZ & KMK, 2016) die stärkere Einbindung von digitalen und sozialen Medien innerhalb eines zeitgemäßen Unterrichts. Die Problematik der Kakao- und Schokoladenproduktion bietet sich aufgrund ihrer globalen Beziehungen für die Gestaltung einer digitalen Lernumgebung an.

Im Fach Geographie sind die potenziellen Möglichkeiten der Integration von Web 2.0-Anwendungen (z.B. E-Portfolios, Blogs, Lernmodule, Lernplattformen, interaktive Tests) durch raumbezogene, georeferenzierte Angebote (z.B. Web- und Online-GIS) hoch und ermöglichen dadurch eine fachspezifische Medieneinbindung (DGfG, 2017). Die noch stärkere Verknüpfung des Konzeptes Globales Lernen mit Web 2.0-Anwendungen weist auf eine hohe Komplexität gegenwärtiger und zukünftiger Szenarien im Geographieunterricht hin und ermöglicht dadurch die Förderung unterschiedlicher Kompetenzen, wie beispielsweise die System-, Bewertungs-, Handlungs- und Medienkompetenz. Dies macht die (Weiter-) Entwicklung von didaktischen Konzepten sowie Good-practice-Beispielen

notwendig, um einen gegenwarts- und zukunftsorientierten Geographieunterricht zu gewährleisten.

2.2 Globales Lernen 2.0 in der geographiedidaktischen Lehrer/innenbildung

Um der Forderung nach einem innovativen, modernen Geographieunterricht im Sinne des Globalen Lernens sowie der Einbindung
von digitalen und sozialen Kommunikationstechnologien gerecht zu
werden, ist es notwendig, schon während des Studiums für zukünftige
Geographielehrer/innen geeignete Lerngelegenheiten bereitzustellen. Die
hohen und vielfältigen Anforderungen an Lehrer/innen, selbst gewinnbringende Lehr- und Lernumgebungen für das Globale Lernen zu schaffen, setzen ein erweitertes Verständnis von Lehr- und Lernprozessen
sowie ein verändertes Rollenbild der Lehrkräfte im Unterricht voraus.
Themen von globaler und lokaler Dimension mit interdisziplinären Bezügen erfordern eine didaktische und methodische Aufbereitung, welche die
Einbindung aller Schüler/innen sowie die Entwicklung von Kompetenzen und Wissensbeständen zu komplexen Zusammenhängen ermöglicht
(Grobbauer & Thaler, 2010). Neben der inhaltlich-didaktischen Strukturierung von Inhalten des Globalen Lernens ist es zwingend erforderlich,
dass angehende Lehrkräfte ihr technisches und digitales Kompetenzfeld
zukunftsorientiert, auch im Sinne von Web 2.0 erweitern. Die Notwendigkeit der Schaffung von neuen auf die zukünftigen Herausforderungen
vorbereitende Lerngelegenheiten schon während des Lehramtsstudiums
bestätigen Studien innerhalb der Lehrer/innenbildung. So stellen Scheunpflug und Uphues (2010) fest, dass Defizite innerhalb des Globalen
Lernens in der Lehrer/innenbildung bestehen, da sich der Begriff „Globales Lernen" schwer fassen lasse. Die Lehrer/innen haben Schwierigkei-
ten, das abstrakte Konzept im Unterricht konkret umzusetzen. Daher
bestehen Forderungen, für die Lehrer/innenbildung Angebote zu schaffen, die für das Konzept des Globalen Lernens sensibilisieren bzw. Unterrichtsbeispiele anbieten, die eine reflektierte, strukturierte, reduzierte und
schüler/innenorientierte Aufbereitung von komplexen Fragestellungen
mithilfe digitaler Medien sowie Social Media beinhalten. Der Bedarf an
umfassenden Studien zum Globalen Lernen im Unterrichtsfach Geographie ist nach wie vor groß (ebd., 2010), obgleich in den letzten Jahren die

Zahl der Untersuchungen zunimmt (Applis, 2012; Höhnle, 2014; Brendel, 2017).

Bezogen auf die zur Realisierung von Web 2.0-Anwendungen im Unterricht erforderlichen Kompetenzen bei Lehrer/innen zeigt sich ein ähnliches Bild. So haben angehende Lehrer/innen einerseits ein geringes Vorwissen und unzureichende Befähigungen im Umgang mit digitalen Medien, welche sie auf konkrete Schul- und Unterrichtssituationen übertragen können und fühlen sich den Herausforderungen beim Einsatz digitaler Medien in Lernsettings nicht gewachsen und unzureichend vorbereitet (So & Kim, 2009). Andererseits zeigen Untersuchungen, dass Schulen und auch die Lehrer/innenbildung digitale Medien noch nicht effektiv genug einsetzen (Smeets, 2005; Tondeur, Van Braak & Valcke, 2006; Mueller, Wood, Willoughby, Ross, & Specht, 2008). Für den Aufbau fachbezogener Medienkompetenzen besteht deshalb der Anspruch, bereits im Studium die Nutzung und Erstellung von digitalen Lernangeboten zu ermöglichen und aktiv zu erproben (Schaal & Crossley, 2014; KMK, 2017). Als Orientierung zur Schaffung von Lehr- und Lernangeboten für das Globale Lernen im Kontext von Web 2.0-Anwendungen in der Lehrer/innenbildung können die Leitlinien des Globalen Lernens nach Applis, Höhnle & Uphues (2012) als Orientierung dienen, die in Abb. 1 dargestellt sind.

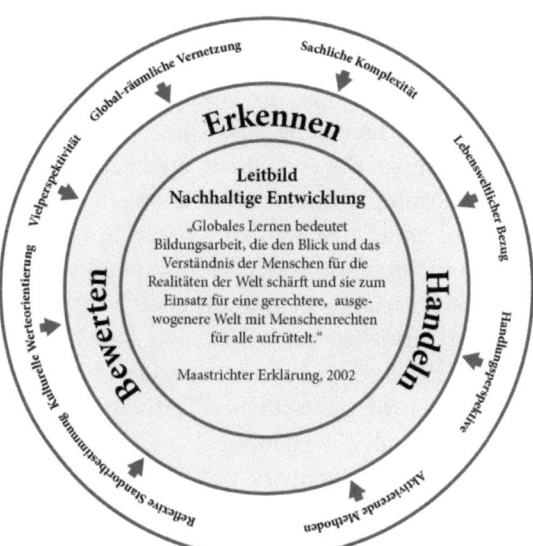

Abbildung 1: Leitprinzipien des Globalen Lernens (Applis, Höhnle, & Uphues, 2012, S. 11)

3. Globales Lernen 2.0 mithilfe von virtuellen Exkursionen

3.1 Legitimation der Methode „Virtuelle Exkursion" im Kontext Globales Lernen 2.0

Im Folgenden soll die Methode der virtuellen Exkursion in der universitären Lehrer/innenbildung vorgestellt werden, die vielfältige Potenziale bietet, sowohl Fragestellungen des Globalen Lernens als auch Web 2.0-Anwendungen zu vereinen. Unter dem Begriff der virtuellen Exkursion wird eine didaktisch strukturierte und aufbereitete, multimediale sowie interaktive Lehr- und Lernumgebung verstanden, welche die Möglichkeit bietet, nachgebildete, inszenierte Räume auf verschiedenen Maßstabsebenen unter fragegeleiteten Aspekten zu erkunden und zu analysieren. Durch die Konstruktion einer Exkursionsroute mit entsprechenden Standorten wird das Lehr- und Lernsetting einer realen Exkursion nachempfunden (Stainfield, Fischer, Ford, & Solem, 2000; Spicer & Stratford, 2001; Tuthill & Klemm, 2002; Harrington, 2009; Lindau, 2014). Die Darstellung der virtuellen Räume erfolgt durch die Kombination verschiedener Einzelmedien (z.B. Karten, Videos, Animationen, Simulationen, Bilder, Texte, Hörtexte) (Schmidt, Lindau, & Finger, 2013). Zunehmend finden auch Web 2.0-Anwendungen Eingang in das Medium der virtuellen Exkursionen, indem z.B. interaktive Tests angeboten werden, welche zur Selbstüberprüfung oder für eine Leistungserhebung für die Lehrer/in dienen. Die Rückmeldung über das Ergebnis erfolgt direkt nach der Testdurchführung. Dabei können unterschiedliche Aufgabenformate (Single- und Multiple-Choice, Zuordnungen in Bild und Text sowie freie Antworten) angeboten werden. Weiterhin ist die Einbindungen von Social Media in Form von Blogs, Portfolio und sozialen Netzwerken (Facebook, Twitter, Instagram) sowie Kurznachrichten-Apps (Whatsapp) in das Format der virtuellen Exkursionen zum Verfassen von Beiträgen, Kommentaren und Reflexionen in individueller und kollektiver Form möglich. Zudem können neben schriftlichen Textbeiträgen auch Hörtexte, Bilder und Videos eingebunden werden.

Im Rahmen eines Projektseminars zu Medien im Geographieunterricht (Lindau & Lindner, 2013) wurde von Geographielehramtsstudierenden eine virtuelle Exkursion zum Konzept des Globalen Lernens erstellt. Aufgrund der oben aufgezeigten Defizite bzw. Unsicherheiten von angehenden Lehrkräften hinsichtlich des Umgangs mit digitalen Lernumgebungen kann die Methode der virtuellen Exkursion eine Variante für die Integration des Globalen Lernens und Web 2.0-Anwendungen darstellen. Dadurch wird eine Möglichkeit aufgezeigt, wie ein digitales Lernangebot zum Globalen Lernen in einem geographiespezifischen Format einer virtuellen Exkursion aussehen kann. Erfahrungsgemäß haben die Studierenden in der Regel keine Vorkenntnisse zu virtuellen Exkursionen und kaum Erfahrungen im Erstellen eines digitalen Mediums. Die Einbindung von Web 2.0-Anwendungen bietet einen dritten, für die meisten Studierenden neu zu schließenden Bereich. Weiterhin wird diese Überlegung von den Ergebnissen der Interessenforschung gestützt, die zeigt, dass Schüler/innen ein hohes Interesse an fernen Regionen sowie der Nutzung von digitalen Medien im Geographieunterricht aufweisen (Hemmer & Hemmer, 2010), so dass das Konzept des Globalen Lernens in der Form einer virtuellen Exkursion bei Lernenden positive Effekte vermuten lässt und somit eine Variante für die Gestaltung von Lehr- und Lernumgebungen für zukünftige Lehrpersonen darstellt.

3.2 Ziele der virtuellen Exkursion im Kontext des Globalen Lernens 2.0

Im Rahmen des geographischen Lehramtsstudiums stellt das Entwickeln einer eigenen virtuellen Exkursion zu einer Fragestellung des Globalen Lernens eine sehr komplexe und anspruchsvolle Form der Kompetenzentwicklung dar. Ziel ist es, die Studierenden zu befähigen, eine konkrete, den Leitlinien des Globalen Lernens (Abb. 1) nach Applis et al. (2012) entsprechende digitale Lernumgebung für den Geographieunterricht zu gestalten, um einerseits Kompetenzen zum Globalen Lernen sowie andererseits zur digitalen Medienentwicklung zu erwerben. Dabei wird eine Vielzahl der in der KMK-Strategie zur Bildung in der digitalen Welt (KMK, 2016) für die schulische und universitäre Bildung geforderten Kompetenzen unterstützt, z.B. *Kompetenzbereich 1: Suchen, Verarbeiten und Aufbewahren* von Informationen; *Kompetenzbereich 2: Kommunizieren und Kooperieren*, indem digitale Kommunikationsmöglichkeiten zielgerichtet und situationsgerecht ausgewählt und zusammengeführt werden; *Kompetenzbereich 3: Produzieren und Präsentieren* durch die Projektplanung sowie Weiterverarbeitung und Integration von Informationen unter Berücksichtigung der rechtlichen Vorgaben; *Kompetenzbereich 4: Schützen und sicher Agieren* durch Maßnahmen der Datensicherheit sowie der Reflexion darüber; *Kompetenzbereich 5: Problemlösen und Handeln*, indem ein den eigenen Fähigkeiten entsprechendes digitales Werkzeug ausgewählt und genutzt wird sowie eigene Defizite identifiziert und Lösungsstrategien (auch in der Gruppe) gesucht werden; *Kompetenzbereich 6: Analysieren und Reflektieren*, durch das Analysieren, Bewerten und Reflektieren von Medien.

Die von den Studierenden selbst gewählte Problematik der Kakao- und Schokoladenproduktion in Ecuador eignet sich, um für unterschiedliche Raumperspektiven bzw. -konzepte zu sensibilisieren und eigene subjektive Raumwahrnehmungen, die wiederum durch subjektiv geprägte Medienangebote beeinflusst sind, bewusst zu machen und darüber zu reflektieren. Die Anforderungen an die Lernenden sind insofern hoch, da zunächst die Informationsbeschaffung aufgrund des frei verfügbaren Medienangebots erfolgt; weiterhin muss die Informationsauswahl mit Blickrichtung auf die Lerngruppe, für welche die virtuelle Exkursion konzipiert werden soll, erfolgen. Diese Befähigung lässt sich dem im Orientierungsrahmen für den Lernbereich Globale Entwicklung (BMZ & KMK, 2016) ausgewiesenen Kompetenzbereich „Erkennen" zuordnen. Im Kontext des Kompetenzbereichs „Bewerten" setzen sich die Studierenden kritisch mit den fachlichen Inhalten, die in unterschiedlichen Medienangeboten zur Verfügung gestellt werden, auseinander und entwickeln eine zielgruppenspezifische Strukturierung, die an die Form einer Exkursion angelehnt ist. Unter Berücksichtigung unterschiedlicher Perspektiven (z.B. der Kakaoproduzent/innen in Ecuador sowie der Schokoladenkonsument/innen in Deutschland) können „eigene und fremde Wertorientierungen und ihre Bedeutung für die Lebensgestaltung bewusst" (ebd., S. 95) gemacht und reflektiert werden. Der Kompetenzbereich „Handeln" wird durch die Anbindung des Schokoladenverbrauchs an das eigene Lebensumfeld angesprochen, da durch den zuvor eingenommenen Perspektivwechsel eine individuelle Mitverantwortung für das Leben von Menschen in anderen Regionen der Erde sichtbar gemacht wird. Durch bewusste Entscheidungen bezüglich des eigenen Konsumverhaltens am Beispiel Schokolade werden Optionen der Mitgestaltung mit dem Ziel einer nachhaltigen Entwicklung durch die Einbindung von außerschulischen Lernorten aufgezeigt (z.B. fair gehandelte Waren). Parallel dazu können durch die Einbindung von Web 2.0-Anwendungen in Form von Blogs (Brendel, 2017) die Kompetenzbereiche „Bewerten" und „Handeln" explizit eingebunden werden.

3.3 Raumkonzepte als Basis für virtuelle Exkursionen im Kontext des Globalen Lernens 2.0

Vorteil von virtuellen Exkursionen sind die digitalen Gestaltungsmöglichkeiten von geographischen Räumen und Raumdarstellungen bzw. -konstruktionen als Ergebnis von subjektiven Raumwahrnehmungen, die ein reflexives Arbeiten potenziell ermöglichen. Das erweiterte Raumverständnis hat u.a. durch Wardenga (2002) Eingang in die geographische Diskussion gefunden (Döring & Thielmann, 2009; Rhode-Jüchtern, 2013). Diese Raumkonzepte sind mittlerweile als Basiskonzepte der Geographie anerkannt und umfassen folgende Konstrukte:

1. „Raum" als Container, in dem verschiedene Sachverhalte als Wirkungsgefüge von natürlichen und anthropogenen Faktoren verstanden werden, die das Ergebnis von landschaftsgestaltenden Prozessen oder ein Prozessfeld menschlicher Handlungen sind.

2. „Raum" als System von Lagebeziehungen materieller Objekte, wobei der Schwerpunkt der Fragestellung besonders auf der Bedeutung von Standorten, Lagerelationen und Distanzen für die Schaffung geographischer Wirklichkeiten liegt.

3. „Raum" als Kategorie von Sinneswahrnehmungen, mit deren Hilfe Individuen ihre Wahrnehmungen einordnen und so Handlungen „räumlich" differenzieren.

4. „Raum" wird in der Perspektive seiner sozialen, politischen, technischen und gesellschaftlichen Konstruiertheit aufgefasst, indem danach gefragt wird, wer unter welchen Bedingungen und aus welchen Interessen wie über Räume kommuniziert und sie durch fortlaufendes Handeln produziert und reproduziert (Wardenga, 2002; Rhode-Jüchtern, 2013).

Die Abb. 2 zeigt die Darstellung der Raumkonzepte im Kontext der Basiskonzepte der Geographie (Wardenga, 2002; Köck, 2006), die als Basis für die Analyse von Räumen aus unterschiedlichen Perspektiven dient.

Im Geographieunterricht wird explizit die differenzierte Integration des erweiterten konstruktivistischen Raumbegriffs in Studium, Unterricht und Lehrplänen gefordert, wie z.B. das Curriculum 2000+ (DGfG, 2002), die Rahmenvorgaben der Deutschen Gesellschaft für Geographie für die Lehrerbildung im Fach Geographie (DGfG, 2010) sowie die Bildungsstandards für den Mittleren Schulabschluss (DGfG, 2017) zeigen.

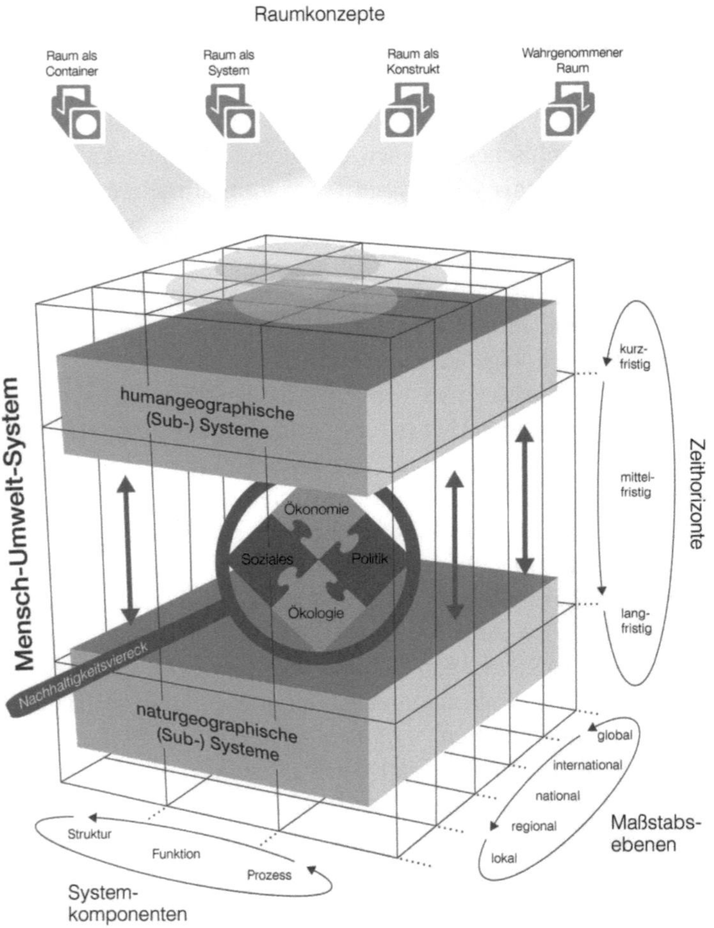

Abbildung 2: Raum- und Basiskonzepte der Geographie (Fögele, 2016, S. 73)

Virtuelle Exkursionen sowie die Einbindung von Web 2.0-Anwendungen können die Integration von Raumkonzepten der Geographie in den Kontext des Globalen Lernens unterstützen.

Die Darstellung des Landes Ecuador bedient das Konzept des Containerraums, in dem z.B. die Daten der Kakaoproduktion sowie die Anbaubedingungen von Kakaopflanzen thematisiert werden. Der Raum von Lagebeziehungen wird durch das Aufzeigen des Welthandels von Kakao unter besonderer Berücksichtigung von Ecuador und Deutschland in den Fokus der Betrachtungen gerückt, wobei insbesondere die Förderung der Systemkompetenz im Fokus steht. Durch die Analyse und

Reflexion verschiedener medialer Informationsquellen sowie deren -verarbeitung und -präsentation stehen die subjektiven Raumwahrnehmungen bzw. Raumdarstellungen im Mittelpunkt der Betrachtungen. Die gesamte virtuelle Exkursion stellt eine Raumkonstruktion dar, die unter der Perspektive der Kakao- und Schokoladenproduktion didaktisch und methodisch aufbereitet wurde. Perspektivisch kann durch die Einbindung von Formen der Virtual Reality die Konstruktion von Räumen noch stärker und „realitätsnäher" umgesetzt werden, da sich die Darstellungen an denen der realen Räume orientieren. Dies kann durch Simulationen des Exkursionsraumes erfolgen, den die Lernenden virtuell erkunden können. Da die Studierenden die einzelnen Raumkonzepte während der Entwicklung der virtuellen Exkursion durchlaufen, kann ein Beitrag zur Entwicklung einer differenzierten Sichtweise auf Räume geleistet und gleichzeitig können praktische Anwendungsbezüge für die eigene berufliche Praxis aufgezeigt werden.

3.4 Praxisbeispiel: Aufbau der virtuellen Exkursion „Bittersweet Journey of Chocolate"

Anhand der Kriterien für die Festlegung konkreter Unterrichtsthemen zur Konstruktion von Lernsituationen (BMZ & KMK, 2016) sowie der Merkmale einer virtuellen Exkursion (Schmidt et al., 2013; Lindau, 2014) wird im Folgenden der Aufbau der virtuellen Exkursion „Bittersweet Journey of Chocolate" erläutert. Die virtuelle Exkursion orientiert sich an der Methode der Exkursion, indem zunächst die Einordnung der geographischen Lage mithilfe von Google Maps bzw. Google Earth vorgenommen wird. Durch die Simulation einer Flugroute von Deutschland nach Quito in Ecuador wird ein Bezug zum Nahraum Deutschland und damit eine Verbindung zum Exkursionsraum hergestellt. Einzelne Standorte der virtuellen Exkursion beinhalten Themenfelder, die in einer festgelegten Reihenfolge, dem Prozess der Kakao- und Schokoladenproduktion entsprechend, folgen. Zum Ende der virtuellen Exkursion kehren die Lernenden virtuell nach Deutschland zurück und können sich mit Fragestellungen zum Fair Trade bzw. zu Weltläden auseinandersetzen (Abb. 3).

Am Beginn der virtuellen Exkursion werden im globalen Maßstab die Kakaoproduzent/innen der Erde in einer Karte dargestellt; die Lernenden haben interaktiv die Möglichkeit, sich ausgewählte Länder und deren

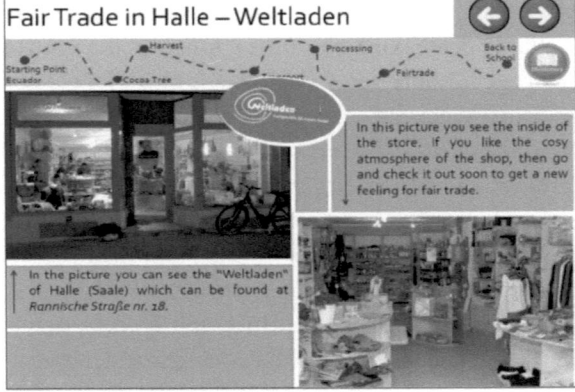

Abbildung 3: Beispielseiten der virtuellen Exkursion „Bittersweet Journey of Chocolate"

Kakaofördermengen anzeigen zu lassen. Anschließend wird der Fokus auf Ecuador als einen der Hauptproduzenten von Kakao gerichtet, indem mithilfe von verschiedenen Medien einer problemorientierten Fragestellung im Rahmen des Globalen Lernens insofern Rechnung getragen wird, dass Raum- und Basiskonzepte, wie bereits oben schon erläutert, angewendet werden. Die Darstellung der Vor- und Nachteile der Schokoladenproduktion sowie des -handels erfolgt aus unterschiedlichen Perspektiven, von den Kakaobauern und -bäuerinnen in Ecuador bis zu den Schokoladenkonsument/innen in Deutschland. Durch das Verbinden der globalen und lokalen Maßstabsebene wird insbesondere die Systemkompetenz angesprochen (Scheunpflug & Uphues, 2010). Dazu werden Filme mit landeskundlichen Erläuterungen zu Ecuador, Karten zur natürlichen Vegetation sowie zur wirtschaftlichen Nutzung mit dem Schwerpunkt des landwirtschaftlichen Anbaus – speziell Kakao – sowie dessen Ernte und Weiterverarbeitung durch unterschiedliche interaktive Formen thematisiert. Der Perspektivwechsel wird angeregt, indem die Schüler/innen die Lebensbedingungen der Kakaoproduzent/innen kennenlernen, zum anderen auch durch die Perspektive des Supermarktes sowie des Weltladens und deren Schokoladenproduktpalette sowie deren Preisunterschiede und Gründe. Die Unterrichtssprache der virtuellen Exkursion ist Englisch, um durch die Fremdsprache einen Beitrag zum bilingualen Unterricht zu leisten und damit die Anforderungen auch aus der Perspektive des Spracherwerbs zu erweitern. Bei der Erarbeitung der virtuellen Exkursion wurde darauf geachtet, verschiedene Kompetenzen im Bereich des englischen Hör- und Leseverstehens in Verbindung mit geographischen Fachinhalten zu fördern. Durch den Einsatz von interaktiven Tests kann der Lernerfolg durch unterschiedliche Aufgabenformate (z.B. Multiple Choice, Simple Choice, Zuordnungen, Lückentext) selbstständig von den Lernenden überprüft werden. Die Bereitstellung von Informationen dient dabei vorwiegend dem Kompetenzbereich „Erkennen". Durch den mehrmaligen Perspektivwechsel wird insbesondere der Kompetenzbereich „Bewerten" angesprochen. Der Kompetenzbereich „Handeln" wird im zweiten Teil der virtuellen Exkursion in den Fokus gerückt, indem in der Rubrik „Back to school" der Besuch eines Supermarkts im Lebensumfeld der Schüler/innen mit der Aufgabe, das Produktsortiment hinsichtlich des Anteils von Fair-Trade-Angeboten zu analysieren und zu bewerten. Anschließend erfolgt die Erkundung eines Weltladens im Vergleich. Die Einbindung von außerschulischen Lernorten in Form von Supermarkt und Weltladen als Lernort (Hartmeyer, 2012) fördert den Kompetenzbereich „Handeln" und ermöglicht das Erörtern und Bewerten von Preisunterschieden sowie deren Ursachen (Grobbauer & Thaler, 2010). Die Ergebnisse der Analyse werden in einem Web-Blog dokumentiert sowie die Ergebnisse digital reflektiert. Das reflexive Vorgehen ermöglicht ein selbstorganisiertes Lernen und fördert gleichzeitig das freie Schreiben. Hierbei können die Schüler/innen selbst entscheiden, ob sie in englischer oder deutscher Sprache ihren Blog verfassen. Durch die virtuelle Exkursion werden im Sinne des Globalen Lernens mehrere Unterrichtsfächer – wie Geographie, Englisch, Biologie, Sozialkunde, Wirtschaft und Ethik – in einer Lernumgebung integriert. Durch das Lernangebot der virtuellen Exkursion kann die von Schrüfer und Schwarz (2010) geforderte Kombination von Lernen, Forschen und Handeln auf globaler sowie aktionaler Ebene in schulischen und außerschulischen Einrichtungen realisiert werden.

3.5 Praxisbeispiel: Virtuelle Exkursion „Bittersweet Journey of Chocolate" – ein Erfahrungsbericht

Die Studierenden bewältigten im Rahmen der universitären Phase der Lehrer/innenbildung eine komplexe Herausforderung, die eine Vielzahl von Kompetenzen und deren Verflechtung erforderte. Im Sinne der Lehrer/innenprofessionalisierung konnten die zukünftigen Lehrkräfte Erfahrungen bei der Gestaltung einer digitalen Lernumgebung zu einem Themenkomplex mit dem Fokus auf eine bestimmte Zielgruppe sammeln und kritisch reflektieren. Die Inhaltswahl verlief parallel zur Auswahl des Mediums. Im dargestellten Beispiel entschieden sich die Studierenden für die Thematik „Bittersweet Journey of Chocolate" und das Raumbeispiel Ecuador. Im Titel wird auf die erwünschte kritische Sichtweise sowie das Ziel der Reflexion der dargestellten Inhalte durch die Nutzer/innen verwiesen. Die Erfahrungen der Studierenden drückten sich vor allem im zunehmenden Bewusstsein aus, wie komplex die Kompetenzanforderungen an eine Lehrkraft bei Erstellen einer Web 2.0-basierten Lernumgebung sind, die für das Globale Lernen geeignet ist. Die Analyse des gewählten Themas auf einem fachwissenschaftlichen Niveau erforderte neben der geographischen Perspektive auch die fremdsprachliche im Sinne eines fächerübergreifenden Lernangebots. Die größten Herausforderungen sahen die Studierenden in der didaktischen Strukturierung und Reduktion der Fachinhalte. Dabei dienten die Kompetenzen der Bildungsstandards für das Fach Geographie, die Basis- und Raumkonzepte der

Geographie (DGfG, 2017) sowie der Orientierungsrahmen für den Lernbereich Globale Entwicklung (BMZ & KMK, 2016) als Orientierung für die Zielformulierung sowie die Strukturierung von Inhalten. Um die Methode der Exkursion zu realisieren, wurde die Suche nach geeigneten exemplarischen Raumbeispielen in Form von virtuellen Exkursionsstandorten zur Darstellung von allgemeingeographischen Inhalten als eine wichtige Erkenntnis in der Entwicklung des Verständnisses des Faches Geographie wahrgenommen. Das Zusammensetzen der Einzelmedien zu einem Verbundmedium der virtuellen Exkursion erforderte zielgerichtete Vorüberlegungen zur Auswahl und Kombination von z.B. Bildern, Texten, Videos und interaktiven Tests. Als weitere große Herausforderung schätzten die Studierenden ihre eigenen Fähigkeiten zur Gestaltung einer digitalen Lernumgebung ein, da bisher keine Erfahrungen vorlagen. Die Studierenden entschieden sich bewusst für eine niedrigschwellige, internetfähige und -aktive Anwendung in Form von Microsoft PowerPoint, die später auch für Schüler/innen ohne Vorkenntnisse anwendbar wäre. Insgesamt wurde die theoriegeleitete Erstellung der virtuellen Exkursion für die eigene Professionalisierung als sehr positiv, sehr intensiv, aber vom zeitlichen Umfang her auch als sehr aufwendig eingeschätzt. Die praktischen Erfahrungen sowie das Durchlaufen des Erkenntnisprozesses, eine interaktive Lernumgebung für Schüler/innen zu kreieren, leisten einen Beitrag in der fachlichen, geographiedidaktischen und mediendidaktischen Kompetenzentwicklung der angehenden Lehrkräfte. Gleichzeitig analysieren die Studierenden bei der Erstellung der virtuellen Exkursion die Kompetenzbereiche „Erkennen", „Bewerten" und „Handeln" aus Schüler/innenperspektive und setzen sich parallel mit den Fragen der didaktischen und methodischen Strukturierung, Reduktion und Gestaltung intensiv auseinander. Neben der inhaltlichen Erarbeitung von Aspekten des Globalen Lernens kann eine Integration von digital-technischen Elementen in einem Medium gelingen (Issing & Klimsa, 2002; Kerres, Engert, & Weckmann, 2004; Schaumburg & Issing, 2004). Die Studierenden nutzen im Rahmen des Lehramtsstudiums – trotz häufig geringer Vorkenntnisse – die Gelegenheit, unter Anleitung eine digitale Lernumgebung unter Einbindung von Web 2.0-Anwendungen zu realisieren. Der im Orientierungsrahmen für das Globale Lernen empfohlene Themenbereich „Waren aus aller Welt: Produktion, Handel und Konsum" (BMZ & KMK, 2016, S. 252) bietet sich aus diesem Grund für die Erstellung einer virtuellen Exkursion im Rahmen des geographiedidaktischen Studiums an.

Literatur

Applis, S. (2012). *Wertorientierter Geographieunterricht im Kontext Globales Lernen. Theoretische Fundierung und empirische Untersuchung mit Hilfe der dokumentarischen Methode.* Geographiedidaktische Forschungen, 51. Münster: Monsenstein und Vannerda.

Applis, S., Höhnle, S., & Uphues, R. (2012). Globales Lernen: Eine Ideencollage für den Geographieunterricht. In N. Scharfenort (Hrsg.), *„Lokal verankert, global vernetzt"* – *Geographien der Globalisierung* (S. 3–16). Mainz: Geographisches Institut.

Baumert, J., & Kunter, M. (2006). Stichwort: Professionelle Kompetenz von Lehrkräften. *Zeitschrift für Erziehungswissenschaft, 4,* 469–520.

Blömeke, S., Kaiser, G., & Lehmann, R. (Hrsg.). (2008). *Professionelle Kompetenz angehender Lehrerinnen und Lehrer. Wissen, Überzeugungen und Lerngelegenheiten deutscher Mathematikstudierender und -referendare.* Münster: Waxmann.

Brendel, N. (2017). *Reflexives Denken im Geographieunterricht. Eine empirische Studie zur Bestimmung von Schülerreflexion mithilfe von Weblogs im Kontext Globalen Lernens.* Erziehungswissenschaft und Weltgesellschaft, 10. Münster: Waxmann.

Bundesministerium für wirtschaftliche Zusammenarbeit und Entwicklung, & Kultusministerkonferenz (Hrsg.). (2016). *Orientierungsrahmen für den Lernbereich Globale Entwicklung im Rahmen einer Bildung für nachhaltige Entwicklung.* Bonn: Cornelsen.

Deutsche Gesellschaft für Geographie (Hrsg.). (2002). *Grundsätze und Empfehlungen für die Lehrplanarbeit im Schulfach Geographie. Arbeitsgruppe Curriculum 2000+ der Deutschen Gesellschaft für Geographie (DGfG).* Bonn: Selbstverlag.

Deutsche Gesellschaft für Geographie (Hrsg.). (2010). *Rahmenvorgaben für die Lehrerausbildung im Fach Geographie an deutschen Universitäten und Hochschulen.* Bonn: Selbstverlag.

Deutsche Gesellschaft für Geographie (Hrsg.). (2017). *Bildungsstandards im Fach Geographie für den Mittleren Schulabschluss* (9. Aufl.). Bonn: Selbstverlag.

Döring, J., & Thielmann, T. (Hrsg.). (2009). *Spatial Turn. Das Raumparadigma in den Kultur- und Sozialwissenschaften* (2. Aufl.). Bielefeld: Transkript.

Fischer, H. (2013). Ausgangssituation: E-Learning-Nutzung an Hochschulen. In H. Fischer (Hrsg.), *E-Learning im Lehralltag* (S. 39–49). Wiesbaden: Springer.

Fögele, J. (2016). *Entwicklung basiskonzeptionellen Verständnisses in geographischen Lehrerfortbildungen: Rekonstruktive Typenbildung, Relatio-nale Prozessanalyse, Responsive Evaluation.* Geographiedidaktische Forschungen, 61. Münster: Monsenstein und Vannerda.

Grobbauer, H., & Thaler, K. (2010). Globales Lernen – die Welt deuten, erfahren und verstehen. In G. Schrüfer, & I. Schwarz (Hrsg.), *Globales Lernen – ein geographischer Diskusbeitrag* (S. 125-147). Münster: Waxmann.

Harrington, M. C. R. (2009). *An Ethnographic Comparison of Real and Virtual Reality Field Trips to Trillium Trail: The Salamander Find as a Salient Event. Children, Youth and Environments, 19*(1), 1–28. Verfügbar unter http://www.colorado.edu/journals/cye [01.02.2018]

Hartmeyer, H. (2012). *Von Rosen und Thujen. Globales Lernen in Erfahrung bringen.* Erziehung und Weltgesellschaft, 5. Münster: Waxmann.

Hasse, J. (2010). Globales Lernen. Zum ideologischen Gehalt einer Leer-Programmatik. In G. Schrüfer, & I. Schwarz (Hrsg.), *Globales Lernen. Ein geographischer Diskursbeitrag* (S. 45–61). Münster: Waxmann.

Helmke, A. (2015). *Unterrichtsqualität und Lehrerprofessionalität. Diagnose, Evaluation und Verbesserung des Unterrichts* (6. Aufl.). Seelze: Klett-Kaltmeyer.

Hemmer, I., & Hemmer, M. (Hrsg.). (2010). *Schülerinteresse an Themen, Regionen und Arbeitsweisen des Geographieunterrichts. Ergebnisse der empirischen Forschung und deren Konsequenzen für die Unterrichtspraxis.* Geographiedidaktische Forschungen, 46. Weingarten: Selbstverlag des HGD.

Höhnle, S. (2014). *Online-gestützte Projekte im Kontext Globalen Lernens im Geographieunterricht. Empirische Rekonstruktion internationaler Schülerperspektiven.* Geographiedidaktische Forschungen, 53. Münster: Monsenstein und Vannerda.

Hummel, M. J. (2014). *Digitale Geomedien im Geographie- und Wirtschaftskundeunterricht.* Diplomarbeit. Universität Wien. Verfügbar unter http://othes.univie.ac.at/34117/1/2014-06-24_0326428.pdf [15.12.2017]

Issing, L. J., & Klimsa, P. (2002). *Information und Lernen mit Internet und Multimedia. Lehrbuch für Studium und Praxis* (3. Aufl.). Weinheim: Beltz.

Kerres, M., Engert, S., & Weckmann, H.-D. (2004). Das Duisburger eCompetenz-Modell für Faculty Engagement. Gewinnung einer zweiten Welle von Lehrenden für einen innovativen Medieneinsatz in der Lehre. In C. Bremer, & K. Kohl (Hrsg.), *eLearning Kompetenz und eLearning Strategien an Hochschulen.* Münster: Lit.

Köck, H. (2006). Von der Unmöglichkeit eines objektiven räumlichen Weltbildes. *Geographie und Schule, 164,* 20–28.

Kultusministerkonferenz (2004). *Standards für die Lehrerbildung: Bildungswissenschaften.* Verfügbar unter http://www.kmk.org/fileadmin/veroeffentlichungen_beschluesse/2004/2004_12_16-Standards-Lehrerbildung.pdf [14.12.2017]

Kultusministerkonferenz (2016). *Bildung in der digitalen Welt. Strategie der Kultusministerkonferenz.* Verfügbar unter https://www.kmk.org/fileadmin/Dateien/pdf/PresseUndAktuelles/2017/Strategie_neu_2017_datum_1.pdf [15.04.2018]

Lindau, A.-K. (2014). Der Einsatz der virtuellen Exkursion im naturwissenschaftlichen Unterricht. In J. Maxton-Küchenmeister, & J. Meßinger-Koppelt (Hrsg.), *Digitale Medien im naturwissenschaftlichen Unterricht* (S. 261–270). Hamburg: Joachim Herz Stiftung.

Lindner, M., & Lindau, A.-K. (2013). Die Veranstaltungsform des Projektseminars zur Förderung der Kompetenzentwicklung bei Lehramtsstudierenden. In K. Neeb, U. Ohl, & J. Schockemöhle (Hrsg.), *Hochschullehre in der Geographiedidaktik* (S. 30–37). Aachen: Shaker.

Medienpädagogischer Forschungsverbund Südwest (Hrsg.). (2017). *JIM 2017. Jugend, Information, (Multi-)Media. Basisstudie zum Medienumgang 12- bis 19-Jähriger in Deutschland.* Stuttgart: Landesanstalt für Kommunikation Baden-Württemberg.

Mueller, J., Wood, E., Willoughby, T., Ross, C., & Specht, J. (2008). Identifying discriminating variables between teachers who fully integrate computers and teachers with limited integration. *Computers and Education, 51,* 1523–1537.

Rhode-Jüchtern, T. (2013). Raum (Begriffe und Konzepte). In D. Böhn, & G. Obermaier (Hrsg.), *Wörterbuch der Geographiedidaktik* (S. 227–228). Braunschweig: Westermann.

Schaal, S., & Crossley, A. (2014). Draußen ist die Natur – oder vielleicht doch auch ein bisschen am Computer?! Grundbildung (digitale) Medien aus Sicht der Naturwissenschaftsdidaktik. In H. Niesyto, & P. Imort (Hrsg.), *Grundbildung Medien in pädagogischen Studiengängen* (S. 271–288). München: kopaed.

Schaumburg, H., & Issing, L. J. (2004). Interaktives Lernen mit Multimedia. In R. Mangold, & P. Vorderer (Hrsg.), *Lehrbuch der Medienpsychologie.* Göttingen: Hogrefe.

Scheunpflug, A., & Uphues, R. (2010). *Was wissen wir in Bezug auf das Globale Lernen? Eine Zusammenfassung empirisch gesicherter Erkenntnisse.* In G. Schrüfer, & I. Schwarz (Hrsg.), *Globales Lernen: Ein geographischer Diskursbeitrag.* Erziehungswissenschaft und Weltgesellschaft, 4. (S. 63–100). Münster: Waxmann.

Schmidt, D., Lindau, A.-K., & Finger, A. (2013). Die Methode der virtuellen Exkursion in Hochschule und Schule. *Hallesches Jahrbuch* (S. 145–157). Halle. Verfügbar unter http://public.bibliothek.uni-halle.de/index.php/hjg/article/view/418 [15.12.2017]

Schreiber, R. (2015). Bildung für nachhaltige Entwicklung. *Pädagogik, 8,* 33–37.

Schrüfer, G., & Schwarz, I. (2010). *Globales Lernen. Ein geographischer Diskursbeitrag.* Erziehungswissenschaft und Weltgesellschaft, 4. Münster: Waxmann.

Smeets, E. (2005). Does ICT contribute to powerful learning environments in primary education? *Computers & Education, 44,* 343–355.

So, H.-J., & Kim, B. (2009). Learning about problem based learning: Student teachers integrating technology, pedagogy and content knowledge. *Australian Journal of Educational Technology, 25*(1), 101–116.

Spicer, J. I., & Stratford, J. (2001). Student perceptions of a virtual field trip to replace a real field trip. *Journal of Computer Assisted Learning, 17*, 345–354.

Stainfield, J., Fischer, P., Ford, B., & Solem, M. (2000). International Virtual Field Trips: a new direction? *Journal of Geography in Higher Education, 24*(2), 255–262.

Tondeur, J., Van Brack, J., & Valcke, M. (2006). Towards a typology of computer use in primary education. *Journal of Computer Assistant Learning, 3*(23), 197–206.

Tuthill, G., & Klemm, E. B. (2002). Virtual field trips: Alternatives to actual field trips. *International of Instructional Media, 29*(4), 453–468.

Wardenga, U. (2002). Alte und neue Raumkonzepte für den Geographieunterricht. *geographie heute, 23*, 8–11.

Anna Chatel, Gregor Falk

Globales Lernen mobil

Abstract

Das Potenzial von mobilen, digitalen Endgeräten wie Smartphones und Tablets rückt zunehmend auch in den Fokus von Bildungs- und Ausbildungsinstitutionen. Ein breites Spektrum von Apps eröffnet in der Geographie bereits vielseitige Anwendungsbereiche wie die Navigation, Orientierung, Tracking u.v.m. Unabhängig von Kommunikations- und Informationsmöglichkeiten umfasst die Anwendung von Apps vielfältige Möglichkeiten, in lokalen und globalen Kontexten zu lernen. In Verbindung mit den integrierten GPS-Werkzeugen und Recherchefunktionen können raumbezogene Informationen erfasst, analysiert und dargestellt werden.

In diesem Zusammenhang birgt die Verschränkung von in der Wirklichkeit beobachteten Phänomenen mit zusätzlichen Informationen ein ganz besonderes Potenzial, geographische Kompetenzen zu entwickeln. Die Einblendung, also die zusätzliche Bereitstellung von Informationen durch das technische Gerät, genannt „Augmented[1] Reality", erweitert die methodischen Möglichkeiten, Prozesse und Strukturen zu erfassen, in erheblichem Umfang. Apps selbst zu generieren ist ein weiterer Schritt, sich mit diesem Medium eingehend und kritisch-reflektierend auseinanderzusetzen. Der Schritt von App-Anwendern hin zu Entwicklern von App-basierten Inhalten eröffnet den Lernenden neue Perspektiven und kann das globale und lokale Lernen nachweislich fördern. In diesem Beitrag werden, die Potenziale der Smartphone-Nutzung im Kontext des globalen und lokalen Lernens beleuchtet, und anhand der Projekte „Spurensuche in Denzlingen" und „Studierende generieren Apps für die Öffentlichkeit" diskutiert, in welchem Studierende, eigene Apps erstellen. Das Anwendungsbeispiel bleibt demnach nicht auf schulisches Lernen beschränkt, sondern leistet als innovatives Lehr-Lernformat einen wichtigen Beitrag für die wissenschaftliche Öffentlichkeitsarbeit, indem die Apps in den Playstore hochgeladen werden. Um das mutmaßliche Innovationspotenzial zu erfassen, wurden die Prozesse und Resultate konsequent evaluiert und evidenzbasiert modifiziert. Insofern leistet die flankierende Begleitforschung einen Beitrag zur Fortentwicklung des fachdidaktischen Diskurses. Globales Lernen wird hier zum einen für den Lernenden greifbar und bietet zum anderen auch eine Chance im Hinblick auf lebenslanges Lernen für verschiedene Zielgruppen außerhalb der Hochschulen.

---

1   augere (lat.) – erweitern

1. Mobiles Lernen: Smartphones, Phablets und Tablets im Bildungskontext

1.1 Das Potenzial - ein breites Spektrum an Optionen und Risiken

Das Potenzial mobiler Endgeräte rückt mehr und mehr in den Fokus schulischer und außerschulischer Bildungsinstitutionen, doch fehlt es aufgrund des innovativen Charakters vieler Projekte an fundierter wissenschaftlich-didaktischer Forschung, die die Implementierung begleitet. Insbesondere in Bezug auf die Lerneffizienz und die methodische Optimierung öffnen sich neue Untersuchungsfelder.

Ein breites Spektrum an geographiespezifischen Smartphone-Apps steht zur Nutzung in Bildungskontexten bereit: Navigation, räumliche Orientierung, Informationsbeschaffung, Kommunikation, GIS, Geotagging und Tracking und die Möglichkeit realweltliche Wahrnehmung durch Augmented Realities zu erweitern. Der multifunktionale Charakter mobiler Endgeräte und die Möglichkeit, nicht ortsgebunden arbeiten zu können, weisen auf das hohe Bildungspotenzial hin (Welsh et al., 2015), denn überall und zu jeder Zeit können mit mobilen Endgeräten Wissensbestände erweitert oder neu geschaffen werden (Burghardt et al., 2016). Die Integration mobiler Geräte in den Lernprozess erweitert das methodische Potenzial, Unterricht an außerschulischen Lernorten zu implementieren und raumbezogene Phänomene besser zu verstehen. So konstatiert Medzini (2014), dass „mobile Geräte das Lernen durch die Erschließung authentischer und kontextualisierter Lernumgebungen bereichern". Überdies betonen Welsh et al. den hohen Einladungscharakter an Lehrende und Lernende, mit dem Medium zu experimentieren und eigenständig neue Einsatzfelder zu erkunden. Insbesondere das individuelle Entwickeln von Apps kann sich motivierend auf die Lernenden auswirken (Welsh et al., 2012).

Um diese Potenziale zu erproben, erkunden seit einigen Semestern Studierende mit Apps außerschulische Lernumgebungen. Im Fokus steht dabei nicht nur die Wissensvermittlung, sondern auch die kritische Reflexion der Informationsaufbereitung, vor allem, um die Medien und Lernkontexte auch für den eigenen Unterricht zu nutzen. Überdies entwickeln die Studierenden eigenständig Smartphone-Apps. Die Konstruktion innovativer Bildungsangebote hilft nicht nur dabei ihre Medienkompetenz zu erweitern, sondern führt auch zur kritischen Metareflexion des Wissensaneignungsprozesses. Unabdingbare Voraussetzung zur Konzeption kontextbezogener Smartphoneanwendungen ist zunächst die Beschaffung relevanter Primärinformationen. Das inhaltliche „Rohmaterial" muss nachfolgend didaktisch reduziert, bewertet und aufbereitet werden. Erst nach gründlicher Analyse und kognitiver Durchdringung erfolgt die technische Umsetzung.

Nicht nur die Studierenden, sondern auch Schülerinnen und Schüler „stehen mit den an sie gerichteten Herausforderungen einer sich dynamisch verändernden globalisierten Lebenswelt als Lernende im Mittelpunkt" (Schreiber & Siege, 2015). Insofern ist es von besonderer Relevanz, selbst organisierte Lernformen anzubahnen, innovative Medien in den Lernprozess einzubeziehen und Wissensvermittlung über Fachgrenzen hinweg umzusetzen. So rückt auch der Orientierungsrahmen für den Lernbereich Globale Entwicklung den zukunftsorientierten und realitätsbezogenen Wissenserwerb in den Fokus (Schreiber & Siege 2015). Viele der behandelten geographischen Themenfelder weisen einen direkten Bezug zur Bildung für nachhaltige Entwicklung auf und erlauben die Einbettung lokal gesammelter Informationen in globale Kontexte. Beispielhaft seien hier nur die Erkundung klimatischer Phänomene, globaler Verflechtungen der Nahrungsmittelindustrie oder der Migration genannt.

98 % der 12- bis 19-Jährigen verfügen heute über ein Smartphone, das nicht nur zur Kommunikation, sondern auch zur Unterhaltung (Videos, Spiele, Musik hören) und zur Informationsbeschaffung täglich mehrere Stunden benutzt wird (Medienpädagogischer Forschungsverbund Südwest 2017). Besonders wichtig sind den Jugendlichen das Spielen auf dem Handy sowie die Nutzung sozialer Plattformen. Speziell für unterrichtliche Zwecke entwickelte Apps erfreuen sich jedoch ebenfalls wachsender Beliebtheit (MMB Institut, 2011). Immerhin 31 % der Schülerinnen und Schüler geben an, ihr Smartphone einmal im Monat oder öfter im Unterricht einzusetzen (Medienpädagogischer Forschungsverbund Südwest, 2017, S. 7). Ein besonderes Einsatzfeld für Smartphones bieten die außerschulischen Lernorte.

France et al. (2016) dokumentierten für Studierende im Studienverlauf einen zunehmenden Einsatz von Lernapps. Diese werden allerdings nicht von der Bildungsinstitution bereitgestellt, sondern eher auf dem freien Markt angeboten. Veranstaltungsbegleitende Apps spielen im universitären Kontext bislang so gut wie keine Rolle (France et al., 2016). Auf Basis der eigenen Erfahrungen im vorliegenden Projekt und der Studierendenevaluation kann konstatiert werden, dass die Integration von Mobiltelefonen in die universitäre Ausbildung nicht nur effektiv in Bezug auf den Wissenszuwachs, sondern sich auch außerordentlich motivierend auf Lernende und Lehrende auswirkt und als ein vielversprechendes Tool integriert werden kann.

1.2 Die Schaffung innovativer Lernumgebungen

Für die meisten Menschen sind Smartphones interessant, handelt es sich doch um ein einladendes, interaktives und holistisches Medienwerkzeug. Diese positive Grundeinstellung der überwiegenden Mehrheit der Nutzer kann den Einsatz von Smartphones in der Lehre unterstützen, insbesondere auf Exkursionen oder in anderen außerschulischen Lernumgebungen. Der Einsatz des technischen Gerätes scheint eine Art intrinsische Motivation zu erzeugen, die die kognitive Tür öffnet, Realweltphänomene zu untersuchen, zu begreifen und zu bewerten. Da die Grenzen zwischen Realität und Virtualität mehr und mehr verschwimmen, kann Augmented Reality dazu genutzt werden, neue Lerninhalte zu erschließen, die dem Lernenden sonst verborgen geblieben wären.

Beobachtet man Handynutzer/innen in der Bahn, so mag man zu dem Schluss kommen, es handele sich dabei um Geräte, die unmittelbar in die soziale Isolation führen. Aufgrund der „dreifachen Interaktivität" (Chatel & Falk, 2017) sind jedoch das Gerät und ggf. auch entsprechende Apps in der Lage, zum einen die Mensch-Umwelt-Interaktion zu stimulieren, indem sie zum Beobachten, Forschen und Entdecken einladen, zum anderen ermöglichen die Kommunikationstools nicht nur die Schüler-Schüler-Kommunikation, sondern auch den Informationsaustausch mit dem Lehrenden sowie auch weit über die unmittelbare Peergroup hinaus.

Die nachfolgenden Projekte sind Teil der „Smartgeo"-Aktivitäten, deren Hauptintention die Anwendungsentwicklung und die Einsatzoptimierung von Smartphones in geographischen und kulturwissenschaftlichen Lernkontexten bildeten. Ein besonderes Augenmerk liegt dabei auf der möglichst effektiven Entwicklung fachspezifischer Kompetenzen, zum Beispiel in den Querschnittsbereichen Bildung für nachhaltige Entwicklung (BNE) und Globale Entwicklung. Die Projekte versuchen insofern die Aneignung von interdisziplinärem Wissen zu unterstützen und den

Lehrinhalt über die neuen Medien auch anderen Zielgruppen zukommen zu lassen.

2. Von APP-Nutzer/innen zu APP-Entwickler/innen

2.1 Studierende generieren Apps für die Öffentlichkeit

Apps zu nutzen ist für fast alle von uns Alltag, App-Inhalte jedoch selbst zu erstellen eher ungewöhnlich. Der Wechsel von App-Nutzern zu App-Entwicklern eröffnet eine völlig neue Perspektive. Im Rahmen eines gemeinsamen Master-Moduls der Universität Freiburg im Studiengang Global Change und des Institutes für Geographie und ihre Didaktik der Pädagogischen Hochschule Freiburg generierten Studierende sowie auch eine Schulklasse der Werkrealschule in Bad Krozingen ihre eigenen Apps. Die Lernenden arbeiteten dabei kooperativ und kollaborativ in Dreier-Gruppen Inhalte zu „glokalen" Themen auf; d.h. Themen, welche globale und lokale Aspekte verbinden. Dadurch kann die Entwicklung eines tiefe-ren Verständnisses der jeweiligen Thematik unterstützt werden (Fögele, 2016): beispielsweise der Bauernmarkt in Freiburg mit seinen regiona-len Produkten in Verbindung mit den globalen Verflechtungen und dem Transport von Nahrungsmitteln.

Die in den Apps bearbeiteten Themen reichen daher vom kritischen, nachhaltigen Konsum und dem sensiblen Umgang mit Lebensmitteln im globalen Kontext über eine App für Flüchtlinge und Freiburger Bürger, um die jeweilige Lebenssituation des anderen besser zu verstehen, bis hin zum Thema Klimawandel mit seinen globalen und lokalen Folgen und Verflechtungen. Im Zentrum stand das Aufzeigen von Handlungsmöglichkeiten jedes Einzelnen. Die gebildeten Dreier-Gruppen durften ihr Thema und die Zielgruppe der App-Tour sowie die einzelnen Points of Intrest (POIs) jeweils selbst auswählen. Die Ziel-gruppen der entstandenen Apps bilden Studierende, Schüler sowie auch Touristen, Senioren oder Flüchtlinge.

2.2 Mit welcher Methode werden Apps erstellt?

Die Qualitätssicherung wurde durch die Integration des methodisch-didaktischen Ansatzes *Heritage Interpretation* erreicht. *Heritage Interpretation* beschreibt die professionelle Vermittlung von Natur- und Kulturphänomenen in ihrem sozialen und räumlichen Kontext. Entwickelt wurde der Ansatz in den Nationalparks der USA, um den Besuchern das naturelle Erbe näherzubringen – mit dem Hauptziel, den Besucher mit der Natur in Kontakt zu bringen, die Verbindung zur Natur zu vertiefen (Tilden, 2008) und ein lebenslanges Lernen zu fördern. *Heritage Interpretation* wird definiert als MMB Institut (National Association for Heritage Interpretation [NAI], 2018). Ziel von Heritage Interpretation ist es, demgemäß eine Verbindung zwischen dem Phänomen und der Zielgruppe herzustellen, welche zu einem tieferen Verständnis und einer emotionalen Anbindung führt. Der Ansatz ist im englischsprachigen Raum nicht nur in Nationalparks, sondern auch in Museen, Besucherzentren sowie UNESCO-Welterbestätten etabliert und wird in einschlägigen Kursen und Masterprogrammen an Hochschulen unterrichtet und intensiv beforscht.

In Europa dagegen ist der Ansatz *Heritage Interpretation*, bis auf die englischsprachigen Länder, bislang weitgehend unbekannt und in Deutschland bisher nur punktuell umgesetzt. Dabei bietet er ein weitreichendes Potenzial für die erfolgreichere Vermittlung wissenschaftlicher Erkenntnisse an die Öffentlichkeit. Untersuchungen zeigen, dass sich die große Mehrheit der Bevölkerung Informationen zu ihrem Umfeld wünscht (Chatel, 2014). Um die Qualität von außerschulischen Bildungsangeboten zu gewährleisten, wurde 2010 aus der Universität Freiburg heraus der Dachverband *Interpret Europe* mit zahlreichen europäischen Partnern gegründet. Erklärtes Ziel des Verbandes ist, sich für ein lebenslanges Lernen und den Schutz des Natur- und Kulturerbes in Europa einzusetzen (Interpret Europe, 2018). Interpret Europe definiert Heritage Interpretation wie folgt:

> „Heritage interpretation is a structured approach to non-formal learning specialised in communicating significant ideas about a place to people on leisure. It establishes a link between visitors and what they can discover at heritage sites such as a nature reserve, a historic site or a museum." (Interpret Europe 2018).

Auf jährlichen Konferenzen tauschen sich Experten aus der Wissenschaft und Praxis aus über 40 Ländern über neueste und erfolgreiche Entwicklungen aus, derzeit insbesondere über neue Medien wie beispielsweise Smartphone-Applikationen, zu Themen der Bildung für nachhaltige Entwicklung und dem Globalen Lernen, bezogen auf verschiedene Zielgruppen und verschiedene Altersstufen (siehe Proceedings Interpret Europe Conference, 2018). Die Erfahrungen der vergangenen Jahre zeigten auch ein großes Potenzial für *Heritage Interpretation* in der Lehre an den Universitäten und Schulen. An den Universitäten, insbesondere in der Exkursionsdidaktik kann der Ansatz dazu beitragen, den Lernenden naturelle oder kulturelle Phänomene näherzubringen, sie in einen globalen Kontext einzubetten und einen persönlichen und emotionalen Zugang herzustellen. Ziel ist es ferner, sich mit der eignen Identität auseinanderzusetzen, globale Zusammenhänge und Entwicklungen zu reflektieren und interkulturelle Kompetenzen zu entwickeln. T. Ludwig erklärte *Heritage Interpretation* zu dem weltweit erfolgreichsten Bildungskonzept in der Kurzzeit-Bildung (Ludwig, 2012) und zeigt Schlüsselphänomene einer Bildung für nachhaltige Entwicklung auf. Studien belegen ferner nachhaltige Verhaltensänderungen im Hinblick auf den Schutz der sensiblen Natur- und Kultur-Phänomene (Tubb, 2003). Der Ansatz *Heritage Interpretation* vermittelt demzufolge einen vertieften Zugang zu einzelnen Phänomenen und stellt diese in einen globalen Kontext; insofern eignet er sich sehr gut für die erfolgreiche Umsetzung glokaler Themen.

2.3 Wie werden App-Inhalte selbst erstellt?

Die Teilnehmenden legten jeweils zu Beginn der Projektarbeit das Ziel fest, das sie mit der App erreichen wollten und zusätzlich, welche Auswirkungen diese haben sollte (goals and impact). Beispielsweise generierten die Studierenden eine Tour zum nachhaltigen Konsum in Freiburg; als Ziele legten sie fest: für eine globale Gerechtigkeit, eine gerechtere Verteilung und ein friedliches Miteinander zu sensibilisieren und Handlungsmöglichkeiten im lokalen Kontext aufzuzeigen. Das eigene Handeln sollte kritisch hinterfragt, der bewusste Umgang mit Lebensmitteln angestoßen werden und nebstdem zur Stärkung des eigenen

Urteilsvermögens beitragen. Im Mittelpunkt steht infolgedessen handlungsorientiertes Lernen, welches im hohen Maße ganzheitlich und partizipativ angelegt ist.

Um die jeweiligen Inhalte der Applikationen zu generieren, bildet die Feldarbeit die Basis für die Entwicklung, sie bildet generell das „Herzstück der Geographie" (Falk, 2015, S. 150). Anhand einer Methodentriangulation, bestehend aus zahlreichen Geländebegehungen, Literaturrecherchen und Experteninterviews arbeiteten die Teilnehmenden besondere Aspekte einer Thematik heraus beispielsweise zu dem obengenannten Thema kritischer Konsum oder zur Thematik „Green City Freiburg". Die App-Entwickler verließen die Universität oder Schule, sie eigneten sich neue Räume an, interviewten Experten und spürten geeignete Literatur auf. Die Lernenden erstellten im Folgenden Abbildungen, Texte, fotografierten, nahmen Audios auf oder entwickelten und schnitten Kurzfilme. Sie verglichen historische Bilder mit aktuellen Fotos und integrierten Augmented-Reality-Elemente. Augmented Reality wurde zum Beispiel verwendet, um Hochwasserereignisse zu demonstrieren oder verschwundene Gebäude wieder kurzfristig aufleben zu lassen oder Tiere und Pflanzen einzublenden, die nicht in jeder Jahreszeit anzutreffen sind. Ferner entwarfen die Studierenden häufig ein Quiz zu ihrer App, welche von den Zielgruppen sehr gut angenommen wurde. Eine effektive Anbindung konnte hauptsächlich durch Story Telling erreicht werden und führt nachweislich zu einem tieferen Verständnis der Phänomene (Beck & Cable, 2015). Bei der inhaltlichen Auseinandersetzung mit einem Thema und der didaktischen Aufarbeitung haben sich insbesondere die Experteninterviews als sehr wertvolle Quelle ergeben, um die Inhalte lebendig zu gestalten. Ausschnitte aus Experteninterviews konnten in die App als O-Ton miteingearbeitet werden. Die Erfahrung zeigte auch, dass Studierende und auch Schülerinnen und Schüler den Umgang mit Aufnahmegerät oder Handy und dem Schneiden von Tonspuren sehr gut bewerkstelligen und in die App integrieren können.

Die gewonnenen, didaktisch aufgearbeiteten Inhalte wurden von den Studierenden zunächst in einem HTML-Editor editiert und alle Inhalte in einem multimedialen geographischen Informationssystem eingefügt. Als geographisches Informationssystem verwendeten die Studierenden entweder ArcGIS oder die kostenfreie Version QGIS und pflegten ihre Daten in Shapefiles ein. GIS erwies sich einmal mehr als ein sehr nützliches Tool für die Dokumentation und Ablage der Daten (Estes, 2011; Barnikel, 2015; Falk, 2003a, 2006). Die Apps enthalten demzufolge einerseits die geographischen Daten mit den Koordinaten der Points of Intrest (POIs) und andererseits die Dateien, die den Inhalt des POI präsentieren wie - Texte, Fotos, Audios oder Animationen. Im Laufe des Projektes konnte dieser sehr komplexe Vorgang vereinfacht werden, da das Projektseminar „Studierende generieren Apps für die Öffentlichkeit" mit dem Lehrpreis *Instructional Development Award* der Universität Freiburg (dotiert und mit 70.000 Euro) ausgezeichnet wurde; dies ermöglichte die Entwicklung eines eigenen Baukastens zur App-Erstellung. Dieser Baukasten ist auch von Schülerinnen und Schülern leicht zu bedienen. Aber auch ohne einen eigens kreierten Baukasten können Studierende oder Schülerinnen und Schüler mittlerweile Apps leicht selbst entwickeln beispielsweise mit Storymaps von ArcGIS (http://storymaps.arcgis.com/en) oder mit Actionbound (siehe www.actionbound.de). Derzeit entstehen immer neue Plattformen, welche die Erstellung von Apps kostenlos anbieten; beispielsweise kann man mit „Guidemates" eine kostenlose Audiotour erstellen (www.guidemate.de), oder „future history" eignet sich, um historische Touren zu generieren (https://www.future-history.eu/de). Diese Plattformen erleichtern Lehrenden das Erstellen von Apps, sie können sich schnell selbst einarbeiten, und die technische Umsetzung benötigt mit diesen Tools nur wenig Zeit, was mehr Raum für die inhaltliche Auseinandersetzung mit der jeweiligen Thematik bietet.

Um eine optimierte und qualitativ hochwertige App zu schaffen, testeten die Studierenden nach Fertigstellung ihr eigenes Produkt. Dazu gehörte zum einen der Expertencheck, der den Inhalt wissenschaftlich verifizierte, und zum anderen sammelten die Studierenden Erfahrungen in der empirischen Sozialforschung, indem sie in einem Pretest ihre aufbereiteten Inhalte in einer Forschungseinheit mehrstufig evaluierten – jeweils mit der Zielgruppe, für welche die App entwickelt wurde. Durch die Evaluation der Apps konnten Empfehlungen und Qualitätskriterien für Apps nach dem *Heritage Interpretation*-Konzept entwickelt bzw. verifiziert oder falsifiziert (Ham & Weiler, 2006; Savage & James, 2001) und der Einsatz für das globale Lernen erprobt werden. Entsprach das Produkt den Erwartungen, konnten die Studierenden ihre App schließlich in den Playstore hochladen – dafür wurde die Rahmenapp „Freiblick" von den Studierenden entworfen (siehe Abbildung 1 und im Playstore unter: „Freiblick", die Touren der Rahmenapp werden stets erweitert, überarbeitet oder ausgetauscht.

Abbildung 1: Logo Freiblick und Beispiel App: Kritischer Konsum in Freiburg

Im Folgenden stehen die Apps der Öffentlichkeit zur Verfügung und können von anderen Studierenden bzw. Schülern oder Bürgern genutzt werden. Sie können in den Geographieunterricht eingebunden werden oder von interessierten Nutzern in ihrer Freizeit als Tour durchführt werden. Am Ende des Seminars stand ein kritisch reflektierender Diskurs über das Medium App, über die eigens generierten Inhalte und deren Umsetzung. Hierbei wurden auf die Informationsbeschaffung, die Produktion von Inhalten und den kritischen Umgang mit Informationen sowie den Umgang mit Quellenangaben und verschiedenen Darstellungsformen eingegangen. Jedes Semester entstehen derzeit weitere Touren von Studierenden.

2.4 Weshalb sollen Lernende Apps selbst generieren?

Die intensive Auseinandersetzung mit den Inhalten für die App-Entwicklung fördert die fachwissenschaftliche Kompetenz und führt zu einer vertiefenden kognitiven Durchdringung der Themen. Die Studierenden und Schülerinnen und Schüler lernen die Inhalte in einem geographischen Informationssystem zu sammeln, zu interpretieren, zu klassifizieren und didaktisch aufzubereiten. Neben der Förderung der fachwissenschaftlichen Kompetenzen tritt die anwendungsbezogene, kritisch-reflektierende Auseinandersetzung mit dem Medium. Als App-Entwickler bewegen sich die Lernenden von einer rein rezeptiven Haltung in die Rolle aktiver Wissensvermittler und können ihre Gestaltungskompetenzen erweitern. In einem Projekt mit Schülern der 6. Klasse Sek 1 in der Werkrealschule Bad Krozingen wurde nach der Erstellung einer App erhoben, in welchem Maße die Schülerinnen und Schüler einen Zuwachs in ihren Gestaltungskompetenzen erfahren haben (n = 22) (siehe Abbildung 2). Die Teilkompetenz „an Entscheidungen in der Gruppe teilzunehmen" wurde von den Schülerinnen und Schülern am häufigsten genannt (77%), gefolgt von „mit anderen planen zu können" (68%). Die Hälfte der Schülerinnen und Schüler gab an „sich selbst zu motivieren aktiv zu werden" und 41 % „selbstständig planen und handeln zu können". Ziel des Projektes war es ferner die Fähigkeit komplexe Inhalt auf eine einfache, aber wissenschaftlich korrekte Weise darzustellen, so dass eine Person, die mit dem Objekt nicht vertraut ist, das interpretierte Thema als interessant und inspirierend wahrnimmt. Der Pretest mit der Zielgruppe zeigt schnell, inwiefern dieses Ziel erreicht wurde.

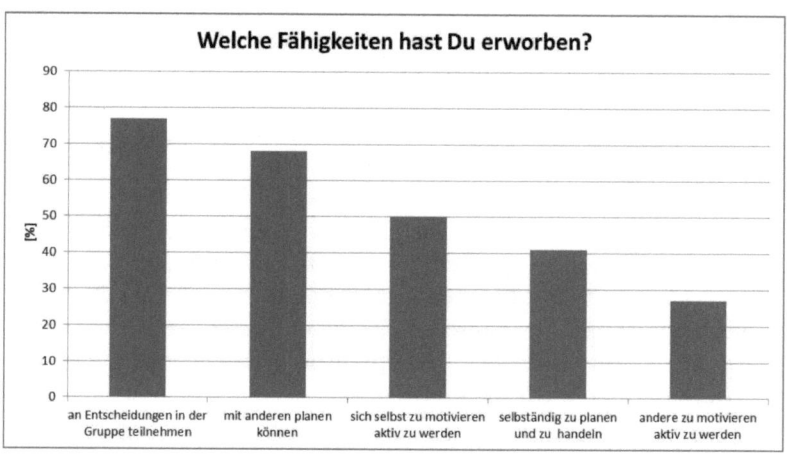

Abbildung 2: Gestaltungskompetenzen. Quelle: Roth 2016, n = 22

Wie bereits erwähnt, bieten die Anwendungen, in den Playstore hochgeladen, zusätzlich einen Mehrwert für die Öffentlichkeit. Im vorliegenden Projekt können Bürgerinnen und Bürger die Apps nutzen, um ihre Umgebung zu erkunden und anhand gut aufbereiteter Hintergrundinterpretationen mehr zu ihrem Umfeld zu erfahren. Auch für Schülerinnen und Schüler hat die Erstellung der Apps dazu beigetragen, sich intensiv mit ihrem Umfeld auseinanderzusetzen. 77% der Schülerinnen und Schüler, die eine App entwickelten, fühlten sich anschließend mehr mit ihrer Umgebung verbunden (n = 22, Roth, 2016). Denn durch das Verstehen und Erleben sorgfältig ausgewählter geowissenschaftlicher Inhalte wird bei Schülerinnen und Schülern das Bewusstsein über den Wert einer Region und die Notwendigkeit des Schutzes erhöht (Kreisel, 2003). In mehreren Schulen läuft derzeit ein weiteres Projekt: das EU-Projekt HIMIS (Heritage Interpretation zur Inklusion von Schülern mit Migrationshintergrund), in welchem Schülerinnen und Schüler mit Migrationshintergrund ebenfalls ihr eigenes Umfeld analysieren. Thematisch setzen sich die Schülerinnen und Schüler insbesondere mit den Grundwerten der Europäischen Union (Artikel 2 des Vertrages über die Europäische Union) wie Toleranz, Nichtdiskriminierung, Glaubens- und Meinungsfreiheit, Gleichheit und Solidarität auseinander und beleuchten diese aus verschiedenen Perspektiven. Ziel des Projektes ist es, dass sich Schülerinnen und Schüler in Italien, Griechenland, Polen und Deutschland mit der eignen Identität auseinandersetzen, globale Zusammenhänge und Entwicklungen reflektieren und infolgedessen interkulturelle Kompetenzen entwickeln und sich in einer pluralen Gesellschaft zurecht- bzw. wiederfinden.

Fazit: Die Studierenden sowie die Schülerinnen und Schüler zeigten sich bei der Umsetzung der Apps hochmotiviert und beschrieben es in der Evaluation des Seminars in ihren eigenen Worten wie folgt:

> „Im Großen und Ganzen hat mir das Seminar großen Spaß gemacht. Vor allem der Teil, in dem wir selbstständig unsere Projekte erarbeiten konnten. Da habt ihr uns viel Freiheit gelassen, sodass wir unserer Kreativität freien Lauf lassen konnten. Innerhalb der Gruppenarbeit wieder viel über Teamwork und mich selbst gelernt.

> Ausgeprägter Praxisbezug durch tatsächliche Konzeption einer App mit der Möglichkeit für kreatives & freies universitäres Arbeiten.

> Konzepte gut umgesetzt; durch Eigenarbeit (App-Erstellung) gut lernbar.

> Der Heritage Interpretation als Ansatz war für mich sehr neu und sehr interessant.

> Motivierend!"

3. „Spuren suchen, Denzlingen entdecken" – Das Konzept interaktiver QR-Code-gestützter Informationsdisplays

3.1 Konzeption und Design der fünfsprachigen Informationsdisplays

Nach einer mehrjährigen Konzeptions- und Entwicklungsphase wurde das Projekt im Juni 2015 der Öffentlichkeit vorgestellt. Die konzeptionelle Leitidee bildet die Verknüpfung „traditioneller" Wissensvermittlung durch Infotafeln mit Elementen des Webbasierten Lernens unter Einbezug von Smartphones zum Auslesen der QR-Codes. Derzeit liefern 12 Displays auf der Gemarkung Denzlingen, ein knapp 14.000 Einwohner zählender Ort nördlich von Freiburg im Breisgau, vielfältige Informationen über geographische und historische Gegebenheiten. Das breite Themenspektrum umfasst zum Beispiel Aspekte der Geomorphologie, der Geologie, der Wald- und Landwirtschaft, der Siedlungsstruktur und der historischen Entwicklung. Auch werden bedeutende historische Gebäude und Orte vorgestellt (Abb. 3). Die Displays laden den Besucher und die Besucherin zunächst mit einer motivierenden Titelzeile und einem kurzen Text zur weiteren Erkundung des Standortes ein. Per QR-Code gelangen Interessierte auf die eigentliche Informationsebene (Abb. 4). Nachdem sich die Besucherinnen und Besucher per QR-Code mit dem Web verbunden haben, wird ihre Aufmerksamkeit in einem ersten Schritt auf vor Ort zu beobachtende Spezifika gelenkt.

In Anlehnung an die Bloomsche Taxonomie (Bloom, 1999) ist die Informationsarchitektur hierarchisch in drei Ebenen aufgebaut. Die eher deskriptiven Primärinformationen auf den vor Ort befindlichen Displays und auf der ersten per Smartphone geöffneten Ebene sind motivierend-einladend gestaltet, werfen eine Reihe von Fragen auf oder fordern zum Beobachten auf. Sofern gewünscht, können sich die Besucher anschließend auf die nächste Ebene der Informationsarchitektur begeben, die weit detailliertere und interaktiv aufbereitete Informationen bietet. Hier finden sich Videos, Quizelemente, interaktive Fragen, Schaubilder, Texte, Fotos, Animationen und diverse Anregungen zur Erkundung der Landschaft und der historischen Objekte. Insgesamt erhält man per QR-Code Zugriff auf derzeit über 70 unterschiedliche Informationsquellen und über 100 Minuten Videosequenzen und Animationen.

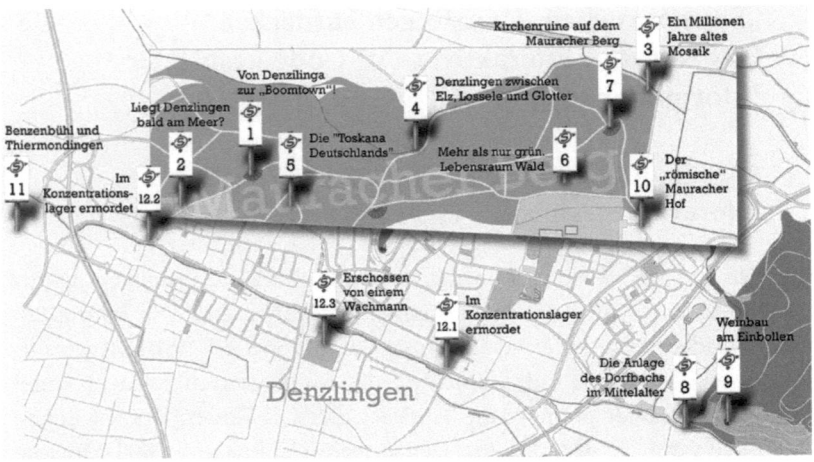

Abbildung 3: Überblickskarte der Tafelstandorte.
Quelle: http://www.spurensuchen-denzlingen.de/

Die dritte Ebene kann aufgrund der Komplexität und des Umfangs der bereitgestellten Informationen als „Expertenebene" bezeichnet werden. Sie beinhaltet kurze Aufsätze, statistisches Material, weiterführende Links und sonstiges, eher wissenschaftliches Material. Der große Vorteil der webbasierten Informationsbereitstellung liegt in der Möglichkeit, sämtliche Ebenen auch nicht ortsgebunden abzurufen. Gegebenenfalls kann also das vertiefende Nachlesen der Fachtexte auch vom heimischen PC aus erfolgen. Ein weiterer Schritt, die Displays barrierefrei zu gestalten, liegt in der Option, sich sämtliche Texte per Voice Output vorlesen zu lassen.

Sämtliche Textmaterialien werden in fünf europäischen Sprachen (Englisch, Deutsch, Polnisch, Italienisch und Französisch) angeboten. Darüber hinaus erfolgt die Verortung sämtlicher Standorte per Geotag und die Einbindung in die Google-Kartensoftware, sodass die Standorte nicht nur leicht auffindbar, sondern auch topographisch vernetzt sind. Problemlos können sich die Nutzer und Nutzerinnen je nach inhaltlicher Intention individuelle Erkundungstouren zusammenstellen und sich vom System von Display zu Display führen lassen. Sowohl die Mehrsprachigkeit als auch die Einbettung der lokalen Phänomene in überregionale und globale Kontexte schafft vielfältige Anlässe zum globalen Lernen an lokalen Besonderheiten; fächerübergreifend werden dabei verschiedene Inhalte beispielsweise über die Zeit des Nationalsozialismus diskutiert. Besonderes Interesse und intensive Nutzung erfährt

2 Liegt Denzlingen bald am Meer?

Unsere Landschaft mit ihren Höhenzügen, Tälern und Ebenen verdankt ihre Entstehung komplexen geologischen, geomorphologischen und klimatischen Prozessen, die seit Millionen von Jahren andauern und noch längst nicht abgeschlossen sind. Betrachten Sie die Umgebung mit Schwarzwald, Vogesen und Oberrheinebene. Wie würde es hier aussehen, wenn die Ebene zwischen Schwarzwald und Vogesen geflutet und ein Meer entstehen würde?

Diese Vorstellung ist nicht unwahrscheinlich, erfahren Sie warum...

www.spurensuchen-denzlingen.de

Abbildung 4: Beispiel eines Displays mit Titelzeile, Motivationstext und QR-Code

das Projekt „Spuren suchen – Denzlingen entdecken" im Zusammenhang mit Besuchen von europäischen und außereuropäischen Gästen der Gemeinde und der Schulen. Regelmäßig erkunden Schülerinnen und Schüler der Gemeinde gemeinsam mit internationalen Austauschgruppen das Projekt, und nicht selten regen die Displays zum Gespräch über Gemeinsamkeiten und Unterschiede des jeweiligen kulturellen Umfeldes und den Umgang mit den Inhalten an – beispielsweise mit dem Nationalsozialismus und der Aufarbeitung dessen und den Schlüssen, welche man daraus zieht. Speziell für Schulen wurden altersspezifisch aufbereitete Begleitmaterialien zur Gestaltung von Unterrichtsgängen und Tagesexkursionen erstellt (diese Materialien können von der Pädagogischen Hochschule Freiburg bezogen werden). Der Bildungsplan 2016 für die SEK I im Fach Geographie enthält zahlreiche Themen, die am Denzlinger Lehrpfad mit den Schülerinnen und Schülern thematisiert werden, beispielsweise:

- Zusammenhänge zwischen naturräumlicher Ausstattung und menschlicher Nutzung an (…) Raumbeispielen erklären sowie Vorteile einer nachhaltigen Nutzung erläutern;
- raumrelevante systemische Strukturen und Prozesse auch hinsichtlich ihrer zukünftigen Entwicklung bewerten.(Ministerium für Kultus,

Jugend und Sport Baden-Württemberg (2016): Bildungsplan 2016 – Anhörfassung. SEK I.)

Alle Aufgaben der Begleitmaterialien sind entsprechend der drei folgenden Anforderungsbereiche angelegt: (1) Reproduktion, (2) Reorganisation & Transfer und (3) Reflexion & Problemlösung. Beispielsweise wird das Thema Wald bearbeitet: Zunächst werden die ökologischen Zusammenhänge erklärt, anschließend werden der Wert der Wälder hinsichtlich einer zukünftigen nachhaltigen Entwicklung und globale Auswirkungen diskutiert.

Weiterführende Informationen und sämtliche Inhalte sind auf der Website des Projektes abrufbar: http://www.spurensuchen-denzlingen.de/.

3.2 Begleituntersuchung

Die Entwicklung und die konzeptionelle Darstellung auf dem Display unterlagen einer wissenschaftlichen Begleitung, die unter anderem eine vorausgehende Erprobung der einzelnen Standorte und der vor Ort präsentierten Materialien umfasste. Seit der Veröffentlichung des Informationsangebotes erfolgen regelmäßige Evaluationen der Praktikabilität (Vermittlungsmethodik) und der Effizienz der Wissensvermittlung. Das empirische Vorgehen umfasst einerseits qualitative Elemente (Auswertungsgespräche, Fragebögen), andererseits wird eine Vielzahl quantitativer Daten erhoben, unter anderem per Google Statistics. Entsprechend notwendige Modifikationen können per Web problemlos umgesetzt werden.

Um die Stärken und Schwächen des Konzeptes zu erfassen, wurde das Angebot mit Studierenden der Pädagogischen Hochschule Freiburg (n = 29) und Schülerinnen und Schülern einer lokalen Realschule (n = 21) getestet. Als Erhebungswerkzeug der Evaluation diente ein Fragebogen, der neben eher geschlossenen Fragen auch Raum für freies Feedback umfasste. Die Intention des Fragebogens war es einerseits, die Erwartungen und die Interessensschwerpunkte der Besucherinnen und Besucher im Vorfeld zu erfassen und andererseits Aussagen über die Qualität des Informationsangebotes zu gewinnen. Während des sich anschließenden Besuchs wurden dazu die einzelnen Displays inhaltlich von den Lehramtsstudierenden differenziert bewertet und analysiert. Zusätzlich wurden jeweils freie Kommentare zu den Aspekten der didaktisch-methodischen

Aufbereitung der Informationen gesammelt. Die Erfassung der Daten an den Einzelstandorten folgt jeweils der gleichen Struktur, wobei die Bewertung auf Basis von Schulnoten erfolgte. Folgende Aspekte wurden evaluiert und kommentiert: Qualität der Informationen (ø = 1.5), Niveaudifferenzierung (ø = 1.8), Interaktivität (ø = 2.1), Technische Umsetzung und Mediendesign (ø = 1.6), Eignung des gewählten Standortes (ø = 1.8), Verknüpfung der bereitgestellten Informationen mit den zu beobachtenden Phänomenen (ø=1.7). Trotz der insgesamt eher positiven Bewertungen wurden von den Testpersonen im ergänzenden schriftlichen Feedback diverse Monita verbalisiert: Diese waren einerseits technischer Natur (hoher Datenkonsum beim Betrachten der Videos, schlechte Netzabdeckung und dadurch bedingt recht langer Aufbau der Seiten, nicht ausreichende Akkulaufzeiten), andererseits wurde unter anderem der hohe Komplexitätsgrad und die Fülle der Informationen auf Ebene drei bemängelt.

Zusätzlich zur Evaluation durch die Probanden erfolgt eine kontinuierliche Erfassung von Informationen über die Nutzer mit Hilfe von Google Statistics. Abgefragt werden unter anderem das Geschlecht und das Alter sowie die Verweildauer an den jeweiligen Displays. In Bezug auf die Informationen zeigt das Programm an, welche Daten abgerufen werden und an welcher Informationsebene die Besucher besonderes Interesse finden. Dabei zeigen sich deutliche Unterschiede der Besucherfrequenz und Verweildauer an den einzelnen Displays, was einerseits mit der Erreichbarkeit, andererseits aber auch mit dem Interesse an den Inhalten in Verbindung gebracht werden kann. Genaueren Aufschluss wird der Abgleich mit den qualitativen Daten ergeben.

Besucht werden die Displays nicht nur von der lokalen Bevölkerung vor Ort, sondern auch, per Internet, von Interessierten weltweit. Erfreulicherweise nutzen die meisten Besucher das Angebot mehrfach.

Alles in allem unterstreicht die überwiegend positive Evaluation den innovativen Charakter der Beschilderung. Besonders hervorgehoben werden die hohe Interaktivität, die Informationsarchitektur und der stark motivierende Charakter. Auch der Aspekt „Augmented Realities" wurde intensiv diskutiert und als „angemessen dosiert" beschrieben.

Die Auswertung der Begehung durch die Schülerinnen und Schüler dokumentiert im Vergleich zu einer im Klassenzimmer unterrichteten Gruppe eine nachhaltigere Erweiterung der Wissensbestände. Begründet liegt dies in der Tatsache, dass die Informationen nicht als isoliertes

Faktenwissen erlernt wurden, sondern interaktiv in jeweiligen Kontexten vor Ort erworben werden konnten. Eine Schülerin schreibt dazu:

„Ich hatte das Gefühl, eine kleine Forschungsarbeit im Gelände durch-zuführen, die Displays stellen Fragen und laden die Besucher dazu ein, die Umwelt zu erkunden. Außerdem werden wichtige Zusatzinformationen angeboten."

Die Attraktivität des Bildungsangebots wird nicht zuletzt durch ein weiteres Schülerstatement belegt: *„Der Spaßfaktor ist wirklich hoch und Videos, Animationen, Fotos, Sliders, Karten und Texte sind sehr motivie-rend, mehr über die Landschaft und die Geschichte zu erfahren."*

4. Zusammenfassung

Smartphones stellen nicht nur im Alltag, sondern auch in der Bildung ein zentrales Informations- und Kommunikationsmedium dar. Als Lern-medium bieten sie die Möglichkeit, umfassende und vertiefende Infor-mationen mit lokalen, vor Ort beobachteten Phänomenen zu verknüp-fen und diese in globale Zusammenhänge einzubetten. Entsprechend ermöglichen die vorgestellten Lernkonzeptionen des Projektes Smart-GEO die Vermittlung der Kernkompetenzen Erkennen, Bewerten und Handeln, die auch im Zentrum des Lernbereichs Globales Lernen stehen. Didaktisch-methodisch realisiert wird die Wissensbildung durch eine Orientierung am Leitbild der nachhaltigen Entwicklung und die Analyse von Prozessen auf unterschiedlichen Handlungsebenen. Ferner ermöglicht der Einsatz von Smartphones in „lebensweltlichen Kontexten" den Wech-sel der Betrachtungsperspektiven (Schreiber & Siege, 2015). Dabei wird vonseiten der Lernenden die Relevanz der Verlässlichkeit von Informatio-nen hervorgehoben.

Als Multimedia-Werkzeuge erweitern Smartphones die Optionen, an außerschulischen Orten zu lernen und vertiefende Einsichten in Räume und Strukturen zu gewinnen. Quasi unisono betonen die Nutzer den hohen Aufforderungscharakter des Mediums und die positiven Lerneffekte der Einbettung medial bereitgestellter Informationen in die subjektiv wahr-genommenen Realitäten vor Ort. Im Bewusstsein um die Gefahr der Manipulation erfordert dies jedoch einen distanziert-kritischen Umgang mit der Lernplattform. Für die Zukunft ist hinsichtlich der Nutzerfreund-lichkeit eine Erweiterung und Optimierung der technischen Möglichkei-ten zu erwarten. Die Einbindung von QR-Codes als Portal in die virtuelle

Welt spiegelt zwar den aktuellen technischen Standard wider, stellt aber mutmaßlich nur einen vorläufigen Schritt dar. Bereits jetzt erweitern VR-Brillen die Zugangsoptionen in die virtuellen Realitäten.

Wie gezeigt bietet das mobile (ortbezogene?) Lernen eine große Bandbreite an Möglichkeiten der Wissensaneignung in unterschiedlichen räumlich-kulturellen Kontexten und die Verknüpfung der Informationen auf unterschiedlichen Maßstabsebenen. Unter der Voraussetzung, dass die Lernarrangements didaktisch fundiert vorbereitet werden, kann die Lerneffizienz im Gelände signifikant gesteigert werden. Insbesondere die Schaffung und Bereitstellung genuiner Inhalte erweist sich als besonders motivierend, wenngleich auch technisch-methodisch herausfordernd.

Unsere Erfahrung zeigte, dass der methodisch-didaktische Ansatz *Heritage Interpretation* erfolgreich glokale Themen vermitteln kann. Das Erstellen eigener Apps motiviert Studierende und Schüler, sich intensiv mit einer Thematik wie beispielsweise dem Klimawandel auseinanderzusetzen und im Folgenden eigene interessante Texte, Filme, Audiodateien oder Augmented Reality zu generieren. Um App-Inhalte zu erstellen, müssen sich die Studierenden ein tiefes Verständnis der beschriebenen und beobachteten Phänomene erarbeiten, sie in einen globalen Kontext stellen und didaktisch aufarbeiten. Die Anwendungen können anschließend in den Playstore hochgeladen werden und von der Öffentlichkeit heruntergeladen und genutzt werden, sodass dieses innovative Bildungsformat einen wichtigen Beitrag zur Förderung globaler Themen in der Öffentlichkeit leistet.

Aus didaktischer und lernpsychologischer Perspektive besteht beim Einsatz mobiler Endgeräte für das globale Lernen jedoch noch erheblicher Forschungsbedarf, eine profunde theoretische Fundierung steht aus.

Literatur

Barnikel, F. (2015). The acquisition of spatial competence – fast and easy multidisciplinary learning with an online GIS. *European Journal of Geography, 2*(6), 6–14.

Beck, L., & Cable, T. (2011). *The Gifts of Interpretation: Fifteen Guiding Principles for Interpreting Nature and Culture.* Third Edition. Urbana: Sagamore.

Bitkom Research (2015). *Digitale Schule – vernetztes Lernen. Ergebnisse repräsentativer Schüler- und Lehrerbefragung zum Einsatz digitaler Medien im Schulunterricht.* Verfügbar unter https://www.bitkom.org/

Bitkom/Publikationen/Digitale-Schule-und-vernetztes-Lernen.html
[01.09.2017]

Bloom, B. S., Engelhart, M. D., Furst, E. J., Hill, W. H., & Krathwohl, D. R. (1956). *Taxonomy of educational objectives: The classification of educational goals. Handbook I: Cognitive domain.* New York: David McKay Company.

Chatel-Messer, A. (2015). *Heritage Interpretation als Element eines nachhaltigen Naturtourismus im Pilotprojekt Interpretationsraum Kandel, Südschwarzwald – eine Evaluation mittels GPS-Tracking.* Freiburg: University of Freiburg.

Estes, M. H. (2011). Geographical information systems in portugese geography education. *European Journal of Geography, 6*(3), 6–15.

Falk, G. (2003a). GIS in der Unterrichtspraxis: Schüler erkunden Londons Bankside. *GeoBIT/ GIS,* 49–52.

Falk, G. (2003b). *Didaktik des computergestützten Lehrens und Lernens. Illustriert an Beispielen aus der geographieunterrichtlichen Praxis.* Berlin.

Falk, G. (2004). Internetunterstützter Geographieunterricht – Potenziale und Grenzen. *Geographie und Schule, 147,* 8–15.

Falk, G. (2006). Regionale Erziehung: eine GIS-unterstützte Nahraumerkundung für das 5./6. Schuljahr. In S. Reinfried, & H. Haubrich (Hrsg.), *Geographie unterrichten lernen. Die Didaktik der Geographie* (S. 322–325). Berlin: Cornelsen.

Falk, G. (2007). Modern Technology in German Geography Curricula. In S. Catling, & E. Taylor (Eds.), *Proceedings of the IGU-HERODOT conference.*

Falk, G. (2015). Exkursionen. In S. Reinfried, & H. Haubrich (Hrsg.), *Geographie unterrichten lernen. Die Didaktik der Geographie* (S. 150–153). Berlin: Cornelsen.

Falk, G., & Hoppe, W. (2004). GIS – Ein Gewinn für den Geographieunterricht? Überlegungen zum Einsatz moderner Geoinformationssysteme im Unterricht. *Praxis Geographie, 2,* 10–12.

Falk, G., & Nöthen, E. (2004). Lärm. Schüler erforschen mit GIS stadtökologische Phänomene. *Praxis Geographie, 2,* 35–38.

Feierabend, S., Plankenhorn, T., & Rathgeb, T. (2016). *KIM – Studie: Kinder + Medien, Computer + Internet, Basisuntersuchung zum Medienumgang 6- bis 13-Jähriger in Deutschland.* Stuttgart: Medienpädagogischer Forschungsverbund Südwest. Verfügbar unter https://www.mpfs.de/fileadmin/files/Studien/KIM/2016/KIM_2016_Web-PDF.pdf [01.09.2017]

Fögele, J. (2016). From content to concept teaching global issues with geographical principles. *European Journal of Geography, 7*(1), 6–17.

France, D., Powell, V., Mauchline, A. L., Welsh, K., Park J., Whalley, W. B., et al. (2016). Ability of students to recognize the relationship between using mobile apps for learning during fieldwork and the development of graduate attributes. *Journal of Geography in Higher Education, 40*(2), 182–192.

Ham, S., & Weiler, B. (2006). *Development of a Research-based Tool Kit for Evaluating Interpretation. Australian Collaborative Research Centre for*

Sustainable Tourism. Verfügbar unter http://www.crctourism.com.au/ CRCBookshop/page.aspx?page_id=2&productID=475 [03.09.2017]

Interpret Europe (2018). Verfügbar unter http://www.interpnet.com/NAI/interp/About/About_Interpretation/nai/_About/what_is_interp.aspx?hkey =53b0bfb4-74a6-4cfc-8379-1d55847c2cb9 [03.04.2018]

Kingston, D. et al. (2012). Experiences of using mobile technologies and virtual field tours in Physical Geography: implications for hydrology education. *Hydrology Earth System Science, 16*, 1281–1286.

Knudson D. M., Cable T., & Beck, L. (1995). *Interpretation of Cultural and Natural Resources* (2. Aufl.). State College: Venture.

Kreisel, W. (2003). *Die Rolle der Geowissenschaften für den Tourismus.* Freiburg: Freiburger Arbeitsgemeinschaft Landschaftsinterpretation.

Ludwig, T. (2012). *Basiskurs Natur- und Kulturinterpretation: Trainerhandbuch.* Werleshausen: Bildungswerk Interpretation.

Medienpädagogischer Forschungsbund Südwest (2017). *Jugend, Information, (Multi-)Media. Basisstudie zum Medienumgang 12- bis 19-Jähriger in Deutschland.* Verfügbar unter https://www.mpfs.de/fileadmin/files/ Studien/JIM/2017/JIM_2017.pdf [01.01.2018]

Medzini, A., Meishar-Tal, H., & Sneh, Y. (2014). Use of mobile technologies as support tools for geography field trips. *International Research in Geographical and Environmental Education, 24*(1), 13–23.

Ministerium für Kultus, Jugend und Sport Baden-Württemberg (2016): *Bildungsplan 2016 Geographie – Anhörfassung. SEK I.*

MMB-Institut (2011). MMB-Trendmonitor II *Weiterbildung und Digitales Lernen heute und in drei Jahren: Mobile und vernetzte Szenarien im Aufwind Ergebnisse der Trendstudie MMB.* Learning Delphi.

Munro, J. K., Morrison-Saunders, A., & Hughes, M. (2008). Environmental Interpretation: Evaluation in Natural Areas. *Journal of Ecotourism, 7*(1), 1-14.

National Association for Interpretation (2016). verfügbar unter http://www.interpnet.com/NAI/interp/About/About_Interpretation/nai/_About/what_ is_interp.aspx?hkey=53b0bfb4-74a6-4cfc-8379-1d55847c2cb9 [08.11.2017]

Papafragkaki, A., & Photis, Y. N. (2014). GIS-based location analysis of administrative regions. Applying the median and covering formulations in a comparative evaluation framework. *European Journal of Geography, 5*(3), 37–59.

Roth, M. (2016). *Heritage Interpretation im Schulunterricht – Mehrgewinn durch die Erstellung eines virtuellen Interpretationspfads durch Schülerinnen und Schüler? Eine Projektevaluation. Erste Staatsprüfung für das Lehramt an Werk-/Haupt-/Realschulen.* University of Education Freiburg.

Savage, G., & James, J. (2001). *A Practical Guide to Evaluating Natural and Cultural Heritage Interpretation. Exit Interviews. Observation Methods. Focus Group Discussions.* Verfügbar unter www.magsq.com.au/_dbase_ upl/workshopBG.pdf [01.01.2018]

Schreiber, J.-R., & Siege, H. (Hrsg.). (2015). *Orientierungsrahmen für den Lernbereich Globale Entwicklung im Rahmen einer Bildung für nachhaltige Entwicklung.*

Schulze, U., Gryl, I., & Kanwischer, D. (2015). Spatial Citizenship education and digital geomedia: composing competences for teacher education and training. *Journal of Geography in Higher Education, 39*(3), 369–385.

Sharma, N. K., & Mehrotra, S. (2014). Mobile Application Development with Augmented Reality. *International Journal of Computer Sciences and Engineering, 2*(5), 20–25.

Tilden, F. (2008). *Interpreting our Heritage.* University of North Carolina.

Tubb, K. N. (2003). An Evaluation of the Effectiveness of Interpretation within Dartmoor National Park in Reaching the Goals of Sustainable Tourism Development. *Journal of Sustainable Tourism, 11*(6), 476–498.

Welsh K. E., & France, D. (2012). Smartphone and fieldwork. *Geography,* 97(1), 47-51.

Welsh, K. E., France, D., Whalley, W. B., & Park, J. R. (2012). Geotagging. Photographs in Student Fieldwork, *Journal of Geography in Higher Education, 36*(3), 469–480.

Autorinnen und Autoren

Prof. Dr. Nina Brendel, geb. 1984, ist seit 2017 Juniorprofessorin für Geographische Bildung an der Universität Potsdam. Ihre Forschungsschwerpunkte liegen im Bereich Bildung für nachhaltige Entwicklung/ Globales Lernen, Reflexionsprozesse in Geographieunterricht und geographischer Hochschullehre sowie digitale und virtuelle Lernumgebungen (mobile Endgeräte, Neue (digitale) Lernkulturen, Virtual und Augmented Reality) in der geographischen Bildung.
Nach dem Studium für das Lehramt an Gymnasien (Fächer Deutsch/ Erdkunde) an der Universität Bayreuth und der Macquarie University Sydney (Australien) absolvierte sie ihr Referendariat in Schwabach und Weißenburg i. Bay. Anschließend war sie als wissenschaftliche Mitarbeiterin am Institut für Didaktik der Geographie der Westfälischen Wilhelms-Universität Münster tätig, wo sie 2016 promovierte.

Dr. Anna Chatel, geb. 1974, Dozentin an der Pädagogischen Hochschule und der Universität Freiburg, promoviert im Feld der professionellen Vermittlung von Natur und Kultur nach dem methodisch-didaktischen Ansatz Heritage Interpretation. Sie gewann den innovativen Lehrpreis der Universität Freiburg: Instructional Development Award (dotiert mit 70.000 €) für ihr Modul zum Globalen Lernen: „Natur und Kultur mobil". Ihr Projekt Nest Schauinsland wurde 2010 von der UNESCO als UN Dekade Projekt zur „Bildung für nachhaltige Entwicklung" ausgezeichnet. Sie ist Leiterin der Arbeitsgruppe Heritage Interpretation an der Universität Freiburg und setzte zahlreiche nationale und internationale Projekte im Sinne einer Bildung für nachhaltige Entwicklung und dem Globalen Lernen um. 2010 gründete sie mit Partnern den Dachverband Interpret Europe.

René Danz, M.A. geb. 1978. Nach dem Studium der Geschichte und Erziehungswissenschaften an der Technischen Universität Dresden sowie der University of Exeter (UK) war er langjährig an der Landesarbeitsstelle Schule und Jugendhilfe in Dresden im Bereich der Schulentwicklung und Lehrerfortbildung tätig. Seit 2016 ist er Projektleiter für den Orientierungsrahmen Globale Entwicklung (OR) bei Engagement Global.

Prof. Dr. Gregor C. Falk, nach seinem Lehramtsstudium der Geographie, Anglistik und Politik an der Technischen Universität Berlin widmete sich Gregor Falk in seiner Promotion der nacheiszeitlichen Entwicklung der deutschen Nordseeküste. Nach einer Assistenzzeit an der Humboldt Universität Berlin und zahlreichen Auslandsaufenthalten wechselte er an die Pädagogische Hochschule nach Freiburg, wo er seit 2005 die Professur für Physische Geographie und Didaktik innehat. Sein Fokus liegt einerseits auf didaktischen Themen wie dem Globalen Lernen, sowie fachlichen Fragen zum Klima- und Landnutzungswandel. Er ist Direktor des Instituts für Geographie und ihre Didaktik an der Pädagogischen Hochschule in Freiburg und Vizepräsident der Geounion Alfred-Wegener-Stiftung.

Mag. Matthias Haberl M.A., geb. 1981, Bildungsreferent und Campaigner bei der entwicklungspolitischen Organisation Südwind. Trainer und Moderator im Bereich Projektmanagement, Demokratisierung und Konfliktmanagement in Nordafrika, Zentral- und Mitteleuropa sowie Asien. Herausgeber der Online Plattform www.competendo.net sowie von www.blickwechseln.info. Herausgeber mehrerer Handbücher und Publikationen zu Globalem Lernen sowie zu Trainings. Studium der Politikwissenschaft an der Universität Wien und der Jagiellonen Universität Krakow, Studium der „Interdisziplinären Balkanstudien" an der Universität Wien.

Prof. Dr. Detlef Kanwischer, geb. 1965, lehrt und forscht seit 2012 am Institut für Humangeographie an der Goethe-Universität Frankfurt. Seine Forschungsschwerpunkte liegen in der Erforschung von metakognitiven Fähigkeiten beim Lernen mit (Geo)Medien und der Verknüpfung von außerschulischen und innerschulischen Lernprozessen. Detlef Kanwischer hat an der Universität Osnabrück Geographie, Politikwissenschaft und Arbeits- und Organisationspsychologie studiert. Nach seinem Studium war er an der Friedrich-Schiller Universität Jena tätig und hat dort zum Thema „E-Learning, selbstgesteuertes Lernen und geographische Lehrerbildung" promoviert. Seine weiteren universitären Stationen waren die Universität Flensburg, die Philipps-Universität Marburg und die Universität Koblenz-Landau, Campus Landau.

Dr. Anne-Kathrin Lindau, geb. 1972, studierte Lehramt für Geographie und Deutsch für Gymnasien an der Martin-Luther-Universität

Halle-Wittenberg. Nach dem Referendariat promovierte sie und sammelte zehn Jahren schulpraktischen Erfahrungen. Seit 2008 ist sie im Bereich Didaktik der Geographie der der Martin-Luther-Universität Halle-Wittenberg als Lehrkraft für besondere Aufgaben beschäftigt. Ihre Forschungsschwerpunkte sind Lehrerprofessionalisierung, Bildung für nachhaltige Entwicklung, Outdoor Education, Wildnisbildung und sprachsensibler Geographieunterricht.

Prof. Dr. Martin Lindner, geb. 1956, ist Professor für die Didaktik der Biologie und Geographie an der Martin-Luther-Universität Halle-Wittenberg seit 2010. Davor war er Studienrat für Biologie und Chemie in Schleswig-Holstein, zunächst 7 Jahre an einem Gymnasium und danach abgeordnet an das IPN in Kiel (Leibniz-Institut für die Didaktik der Naturwissenschaften und Mathematik) und das Bildungsministerium in Kiel. Er lehrte an der Universität Flensburg und koordinierte das bundesweite Entwicklungsprogramm für den naturwissenschaftlichen Unterricht SINUS auf Landesebene. In weiteren Projekten zum MINT-Unterricht war und ist er national und international tätig, u. a. im Rahmen von Erasmus+.

Exam. Geogr. Johanna Mäsgen, geb. 1985, arbeitet als Lehrkraft für Anthropogeographie, Fachmethodik und Fachdidaktik am Geographischen Institut der Universität zu Köln. Sie promoviert bei Prof. Dr. Gabriele Schrüfer an der Westfälischen Wilhelms-Universität in Münster über Auswirkungen des Zentralabiturs auf das Handeln von Geographie-Lehrer_innen. Sie ist Promotionsstipendiatin der Heinrich-Böll-Stiftung. Ihre derzeitigen Arbeits- und Forschungsschwerpunkte sind: professionelle Handlungskompetenz von Lehrer_innen, Zentralabitur, formative Leistungserfassung und Handlungskompetenz von Schüler_innen.

Lisa Rosa, Jg. 1954, hat 20 Jahre als Lehrerin für Musik, Geschichte und Politik an einer (West-)Berliner Gesamtschule und einem Hamburger Gymnasium gearbeitet. Seit 2005 ist sie am Landesinstitut für Lehrerbildung und Schulentwicklung Hamburg in der Lehreraus- und -fortbildung tätig. Ihr Arbeitsbereich „Lernen in der Wissensgesellschaft" enthält die Schwerpunkte Lerntheorie, Medientheorie, Media Literacy und historisch-politisches Lernen. Mit Referendaren und Lehrern erarbeitet und erprobt Lisa Rosa Möglichkeiten der Lernprozessgestaltung mit Web 2.0-Medienformen und Konzepten des Projektlernens im Lernbereich Gesellschaft.

2016 erschien ihre Lehrerhandreichung „Globales Lernen. Aspekte einer Postwachstums-Ökonomie" http://li.hamburg.de/publikationen/5307326/globales-lernen-postwachstum/
Arbeit: http://li.hamburg.de/demokratie/kontakt
Blog: http://shiftingschool.wordpress.com
Twitter: http://twitter.com/lisarosa

Christina Schnorr, Silvia Vetter und Stefan Claus haben in Halle (Saale) Lehramt für Geographie und Englisch bzw. Sport studiert und dieses mit der Ersten Staatsprüfung 2017 abgeschlossen. Zur Zeit absolvieren sie ihr Referendariat in verschiedenen Bundesländern.

Prof. Dr. Gabriele Schrüfer, geb. 1968, lehrt und forscht seit 2010 am Institut für Didaktik der Geographie an der Westfälischen Wilhelms-Universität in Münster. Ihre Forschungsschwerpunkte liegen vor allem im Globalen Lernen/Bildung für nachhaltige Entwicklung, Interkulturellem Lernen, Lernen im digitalen Zeitalter sowie „Afrika" im Geographieunterricht. Nach ihrem Studium war sie drei Jahre als Gymnasiallehrerin tätig. Anschließend arbeitete sie als Akademische Rätin/Akademische Oberrätin am Lehrstuhl für Didaktik der Geographie an der Universität Bayreuth.

Dr. Uwe Schulze, geb. 1980. Seit April 2013 ist Uwe Schulze wissenschaftlicher Mitarbeiter in der Arbeitsgruppe Geographiedidaktik am Institut für Humangeographie der Goethe-Universität Frankfurt. Zuvor war er am Institut für naturwissenschaftliche Bildung an der Universität Koblenz-Landau, Campus Landau, und davor am Fachbereich Geographie der Philipps-Universität Marburg tätig. Seine Forschungsschwerpunkte sind u.a. die kompetenzorientierte Geoinformationsausbildung in der Hochschule sowie die Bedeutung digitaler Geomedien in Schule und Gesellschaft. Sein Lehrportfolio umfasst grundlegende, aber auch methodisch-anwendungsbezogene Veranstaltungsformen in den Bereichen Geographische Informationssysteme, Mediendidaktik und Räumliche Sozialisation und Stadt. Darüber hinaus ist er im Bereich der Hochschuldidaktik sowie der Lehrerfortbildung aktiv.

Mag.a Dr.in Ingrid Schwarz, geb. 1967, lehrt am Institut für Geographie und Regionalforschung an der Universität Wien, an der Kirchlichen Pädagogischen Hochschule Wien/Krems und am BG Zehnergasse in Wiener

Neustadt. Leiterin von Südwind Niederösterreich - verantwortlich für die Konzeption, Durchführung und Evaluierung von Projekten zu „Globalem Lernen", „Bildung für Nachhaltige Entwicklung" und „Forschendes Lernen". Besonderer Schwerpunkt bei europäischen Bildungskooperationen und internationalen Schul- und Forschungsprojekten. Langjährige Erfahrungen in der Aus- und Weiterbildung von LehrerInnen in Geographie und Wirtschaftskunde. Arbeits- und Forschungsschwerpunkte: Globales Lernen, Bildung für Nachhaltige Entwicklung, Global Citizenship, Diversität und Raum, Gender Mainstreaming/Geschlechterrollenkritische Didaktik, Wertebasierte Wirtschaftsdidaktik, Nachhaltige Regionalentwicklungen. Herausgeberin der Online Plattform www.competendo.net.

Dr. Teresa Segbers, geb. 1984, ist an der Goethe-Universität Frankfurt als wissenschaftliche Mitarbeiterin am Institut für Humangeographie im Bereich Geographiedidaktik tätig. Sie studierte Geographie und Sport für das gymnasiale Lehramt und den Masterstudiengang „Abenteuer- und Erlebnispädagogik" an der Philipps-Universität Marburg, wo sie anschließend in der universitären Lehre tätig war. Ihre Forschungsinteressen fokussieren sich auf das außerschulische Lernen, insbesondere auf die ästhetische Erfahrung und das Abenteuer als Bildungskategorien, auf die Exkursionsdidaktik, Service Learning und transkulturelle Bildung.

Mag.a Jana Teynor, geb. 1990, Bildungsreferentin bei Südwind Niederösterreich; 2008-2014 Individuelles Diplomstudium der Internationalen Entwicklung an der Universität Wien und der Universität Uppsala; 2015-2018 Teilnehmerin des Universitätslehrgangs Global Citizenship Education an der Alpen Adria Universität Klagenfurt. Herausgeberin der Online Plattform www.competendo.net.

Dipl.-Pol. Stephanie Widholm, geb. 1984. Nach dem Studium der Politikwissenschaften und Soziologie an der Universität Augsburg absolvierte sie ein wissenschaftliches Volontariat bei der Initiative „Bildungspartner NRW" und war als Referentin im LVR-Zentrum für Medien und Bildung in Düsseldorf tätig. Seit 2015 leitet sie das Projekt „Bildung für nachhaltige Entwicklung" bei Engagement Global. Kern dieses Projekts ist ein internationales Netzwerk von Bildungsfachkräften (ESD Expert Net), das gemeinsam länderübergreifende Ansätze und Strategien sowie Weiterbildungsangebote und Materialien zu BNE entwickelt.